모바일 미래보고서 2022

모바일 미래보고서 2022

커넥팅랩 지음

펜트업

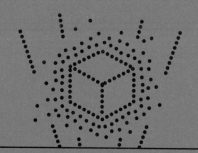

비즈니스북스

모바일 미래보고서 2022

1판 1쇄 발행 2021년 9월 28일
1판 4쇄 발행 2021년 10월 27일

지은이 | 커넥팅랩
발행인 | 홍영태
편집인 | 김미란
발행처 | (주)비즈니스북스
등 록 | 제2000-000225호(2000년 2월 28일)
주 소 | 03991 서울시 마포구 월드컵북로6길 3 이노베이스빌딩 7층
전 화 | (02)338-9449
팩 스 | (02)338-6543
대표메일 | bb@businessbooks.co.kr
홈페이지 | http://www.businessbooks.co.kr
블로그 | http://blog.naver.com/biz_books
페이스북 | thebizbooks
ISBN 979-11-6254-237-8   03320

팬데믹을 넘어
엔데믹으로

과학전문 학술지 〈네이처〉Nature에서는 2021년 1월, 전 세계 20여 개국 100여 명의 면역학자와 전염병 연구자 등 전문가들에게 코로나19가 퇴치될 수 있을지에 대해 물었다. 이 조사에서 응답자의 약 90퍼센트는 '아니다'라고 답했다. 변이 바이러스가 지속적으로 출몰하고, 시간이 지날수록 백신 면역력이 줄어들기 때문에 코로나바이러스가 독감처럼 잔존할 것이라 예상했다.

사실상 빨리 코로나19가 근절될 것이라 예측하는 것은 어렵다. 가장 이상적인 기대는 백신 보급을 통해 글로벌 집단 면역이 형성되는 것인데, 국가별 백신의 접종 상황이 상이하기 때문에 불가능하다. 오히려 백신 접종과 의료 체계로 인한 빈부 격차만 느껴질 정도다. 결국 코로나19 팬데믹Pandemic은 주기적으로 발생하는 감염병을 의미하는 엔데믹 Endemic으로 남을 가능성이 크다. 다만 백신 접종률이 점차 증가하고, 머지않아 치료제도 개발될 것이라 코로나19는 통제 가능한 엔데믹이 될 것이라 예상된다. 기존과는 다른 엔데믹 속 일상이겠지만 머지않아 우리는 다시 한번 변화의 시점을 맞이하게 될 것이다.

이러한 상황에서 2021년 주요 키워드로 제시했던 온택트Ontact 트렌드는 지속될 것으로 보인다. 코로나19 팬데믹 속에서 안전을 위해 선택했던 '비대면'은 어느새 표준이 됐다. 또한 비대면의 한계를 온라인이 빠르게 대체하며 '접촉 없는 연결'을 의미하는 '온택트'를 대세로 만들었다. 온택트는 미디어, 커머스, 금융 등 모든 산업 분야로 확대되며 전 세대의 디지털 경험을 증가시켰다.

2021년이 온택트였다면, 2022년을 대표하는 키워드는 무엇일까? 바로 펜트업Pent-up이다. 펜트업은 외부 요인으로 억눌린 소비 심리가 폭발하는 현상인 '펜트업 효과'Pent-up Effect에서 따온 말로 이 책에서는 코로나19 이후 바뀐 소비 패턴에 대응하기 위해 등장한 IT 산업과 기술 트렌드를 설명한다.

백신 보급으로 점차 일상을 찾아가는 2022년, 팬데믹으로 억눌렸던 소비가 분출하면서 이에 부응하기 위해 새롭고 다양한 기술이 폭발적으로 등장할 것이다.

마스크를 벗고 일상으로 돌아오더라도 사람들의 하루는 코로나19 이전의 모습과 분명 다르다. 온택트로 인하여 디지털 경험이 풍부해진 그들은 코로나가 잠잠해진 세상에서도 편리한 디지털 서비스에 적극적으로 반응할 것이기 때문이다.

백신 접종률이 높아지는 엔데믹 시기에는 우선 트래블 버블Travel bubble 이 가시적으로 먼저 일어날 예정이다. 방역 우수 지역 간에 여행이 시작되면서 백신 여권이 현실화되고 그동안 코로나19로 눌려 있던 여행, 공연, 영화 산업 등 대면 산업이 정상화될 것이다. 동시에 온택트 시기에 고도화된 메타버스, AI 등도 함께 폭발적으로 성장한다.

이렇듯 2022년은 억눌렸던 소비와 기술 발전이 일어나면서 산업 전반이 활기를 되찾을 것이다. 이런 변화를 가장 잘 보여주는 키워드는 '펜트업'이다. 이 키워드를 중심으로 미래를 선도할 여섯 가지 산업(메타버스, 스트리밍, ESG, AI, 네트워크, 금융)에서 어떤 변화가 일어날지를 상세히 살펴보자.

저자들을 대표하여, 현경민

이제는 기술이
소비자의 지갑을 연다

펜트업 트렌드 1. 디지털 사피엔스로 진화한 4050을 잡아라

기존의 IT 트렌드들은 주로 디지털 경험에 익숙한 1980년대 초부터 2000년대 초 사이에 탄생한 밀레니얼 세대 중심의 서비스가 많았다. 하지만 펜트업 트렌드는 팬데믹으로 인해 디지털 서비스를 경험하기 시작한 중장년층까지 수용한다. 이들은 이미 오프라인 매장에서 쇼핑하는 대신 온라인 커머스를 이용하고, 은행에 방문하는 대신 인터넷 뱅킹을 이용하는 등의 변화를 경험했다.

2021년 3월, 과학기술정보통신부가 한국지능정보사회진흥원과 함께 조사하여 발표한 '2020 인터넷이용실태조사'에서 중장년층의 온라인 커머스와 인터넷 뱅킹의 이용률이 코로나19 이전보다 상승했다고 밝혔다. 전 연령대의 온라인 커머스 이용률은 전년 대비 5.8퍼센트포인트가 증가했는데 50대와 60대의 증가율은 각각 16.1퍼센트포인트, 10.6퍼센트포인트로 평균 상승률보다 높게 나타났다(〈도표 0-1〉).

또한 인터넷 뱅킹의 평균 상승률이 11.6퍼센트포인트인 반면, 50대는 23.2퍼센트포인트, 60대는 23.6퍼센트포인트의 상승률을 보였다. 온라인 커머스와 인터넷 뱅킹의 이용률 상승을 모두 중장년층에서 주도한 것이다(〈도표 0-2〉).

특히 커머스 분야에서 중장년층의 디지털 경험이 증가하고 있다는 것은 여러 수치 자료로 확인되고 있다. 카카오에 따르면 2020년 추석을 앞두고 카카오톡 선물하기에서 50대와 60대의 거래액은 전년 대비 각각 115퍼센트와 122퍼센트 증가했다. 흥미로운 것은 50대와 60대 간의 선물하기 거래액도 146퍼센트와 209퍼센트 증가했다는 것이다. 2021년 설 연휴 직전의 구매액 또한 전년 대비 각각 104퍼센트와 114퍼센트 증가했다. 해당 기간에 30~40대가 50~60대에게 선물하는 거래액도 전년 대비 88퍼센트 성장하며 중장년층의 모바일 커머스 경험이 누적되고 있다는 것을 보여 준다.

펜트업 트렌드에서는 디지털 경험이 풍부해진 중장년층을 타깃으로 한 서비스들이 주목받고 있다. 4050세대 여성을 타깃으로 2020년 9월 론칭한 패션 앱, 퀸잇Queenit이 대표적이다. 퀸잇은 출시 7개월 만에 다운로드 100만 회를 달성했는데 이용자 중 80퍼센트가 40세 이상 여성

도표 0-1 **2020 인터넷이용실태조사의 온라인 커머스 이용률 비교**

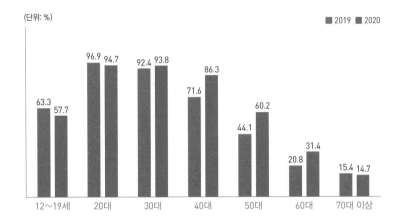

(단위: %)

■ 2019 ■ 2020

출처: 과학기술정보통신부, 한국지능정보사회진흥원

도표 0-2 **2020 인터넷이용실태조사의 인터넷 뱅킹 이용률 비교**

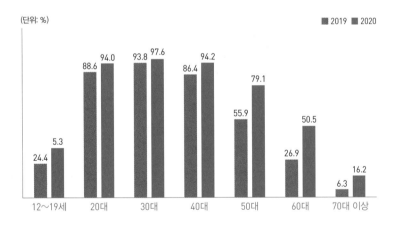

(단위: %)

■ 2019 ■ 2020

출처: 과학기술정보통신부, 한국지능정보사회진흥원

● **4050세대 여성의 쇼핑 플랫폼, 퀸잇**

이다. 빅데이터 플랫폼 기업 아이지에이웍스igaworks에 따르면 퀸잇의 이용자 수는 2021년 1월 약 17만 명에서 같은 해 5월 72만 명으로, 5개월간 4배 이상 성장한 것으로 나타났다.

퀸잇은 아이디와 비밀번호 없이 휴대전화 번호로 쉽게 가입 및 로그인할 수 있고, 글씨 크기와 상품 이미지도 크게 제공해 편의성을 증가시켰다. 또한 4050세대가 선호하는 백화점 브랜드가 직입점해 골프웨어와 아웃도어까지 상품 라인업을 확장하고, 구매 데이터를 통해 맞춤형 추천을 제공하며 큰 인기를 끌고 있다. 퀸잇은 2021년 5월 소프트뱅크벤처스, 카카오벤처스 등으로부터 55억 원의 투자를 이끌어 내기도 했다.

퀸잇 외에도 모라니크moranique, 푸미FUMI 등 중장년층의 여성을 타깃으로 한 패션 앱이 주목받고 있다. 또한 카카오스타일도 2021년 7월 중장년층 여성을 위한 패션 플랫폼 포스티Posty를 출시했다.

이렇게 중장년층 여성을 타깃으로 한 커머스가 주목받는 이유는 단순하다. 바로 돈이 되기 때문이다. 2021년 6월 기준 행정안전부 주민등록 인구통계에 따르면 2030세대의 여성인구 대비 4050세대의 여성인구는 약 1.3배가량 더 많다. 그리고 4050세대가 2030세대 대비 높은 소비 여력을 가졌다는 것도 특징이다. 코로나19 여파로 중장년층의 디지털 경험이 누적되며 느낀 편리함은 향후 펜트업 트렌드에서도 그대로 남아 시장을 더욱 성장시킬 것으로 예상된다.

한편, 통계청이 매월 발표하는 온라인 쇼핑 동향에 따르면 2021년 상반기 온라인 쇼핑 거래액과 모바일 쇼핑 거래액은 전년 대비 매월 평균 20퍼센트 이상씩 증가하고 있다. 이미 2020년에 코로나가 시작되어 그 전년 대비 두 통계 수치가 증가하였음에도 지속적인 상승세를 보이고 있는 것이다. 이러한 추세는 계속 유지될 것으로 예상된다.

펜트업 트렌드 2. IT기술로 퀵커머스를 리딩하라

커머스 기업들은 품질과 가격이 비슷한 온라인 커머스의 차별화를 위해 고민하고 있다. 그리고 이를 위한 전략으로 라스트 마일Last Mile에 집중하고 있다. 라스트 마일은 중간 물류 지점에서 최종 목적지인 고객에게 이르는 거리인 최종 배송 단계를 의미한다. 고객과의 직접적인 만남이 이뤄지는 최종 단계이기 때문에 만족도와 직결되는 매우 중요한 과정이다.

마켓컬리Market Kurly 서비스를 운영하는 컬리는 2021년 3월 경기 김포에 약 2만 5,000평 규모의 물류센터를 새로 가동하며 일평균 물류 처리량을 기존 대비 2배 상승시켰다. 이를 통해 새벽배송 서비스인 '샛별배송'의 범위를 수도권에서 충청권으로 확대했고, 2021년 연내에 영남과 호남 등 남부권까지 확장할 예정이다. SSG닷컴도 농산물 등의 신선식품을 유통하기 위한 콜드체인Cold Chain 물류센터를 청주에 구축해 2021년 7월부터 충청권의 새벽배송 서비스를 시작했다.

네이버는 CJ대한통운과 협업해 축구장 90여 개 크기에 달하는 20만 평의 물류센터를 구축할 계획이다. AI, 로봇, 클라우드 등의 기술을 기반으로 구축된 물류센터를 통해 네이버 스마트스토어의 당일배송 또는 새벽배송을 확대할 전망이다. 각 기업들은 전국 단위의 새벽배송 서비스를 제공하는 쿠팡을 견제하기 위해 앞다퉈 준비하고 있다.

새벽배송에 이어 근거리 거점에서 1시간 내외로 물품을 배송하는 퀵커머스도 주목받고 있다. 퀵커머스는 배달의민족의 'B마트', 쿠팡이츠의 '쿠팡이츠 마트' 등 배달앱 인프라에 커머스를 더해 시작된 서비스다. GS리테일, CJ올리브영, 현대백화점, 카카오커머스 등 편의점 업계와 화장품 업계를 비롯한 다양한 유통업계에서 퀵커머스 서비스를 내놓으며 성장세를 보이고 있다. 배달의민족과 요기요의 운영사인 딜리버리히어로Delivery Hero는 전 세계 퀵커머스 시장이 2030년을 기준으로 600조 원까지 성장할 것으로 전망했다.

펜트업 시대에는 고객의 수요를 얼마나 빠르고, 편리하게 만족시키느지가 중요한 경쟁력이 될 것이다. 특히 온라인 커머스 분야가 그동안 상품 구성, 결제의 편의성, 할인 혜택 등으로 경쟁해 왔다면 앞으로의 펜트업 트렌드에서는 IT기술로 라스트 마일을 단축시키는 기업이 승기를 잡게 될 것이다.

펜트업 트렌드 3. 소비자의 세계를 확장하라

2021년 1월 1일 오후 1시, SM엔터테인먼트는 동방신기, 슈퍼주니어, 레드벨벳, 에스파 등 자사를 대표하는 가수들의 'SMTOWN LIVE' 콘서트를 온라인으로 중계했다. 2008년 이후로 글로벌 주요 도시에서 개최되던 콘서트를 코로나19로 힘든 시간을 보내는 팬들을 위해 온라인 무료 공연으로 기획한 것이다. 공연은 네이버 V LIVE, 유튜브, 틱톡 등 다양한 플랫폼으로 제공됐는데, 186개국에서 약 3,600만 스트리밍을 기록하며 한국 온라인 콘서트 사상 최대 시청 수치를 기록했다.

코로나19 이후 이미 온라인 공연은 대세로 자리 잡고 있다. BTS를 비롯해 트와이스, 블랙핑크, 슈퍼엠 등 다양한 아티스트들의 공연이 온라인으로 수차례 진행됐다. 온라인 공연의 한계를 극복하고 몰입감을 높이기 위해 3D 기술, 증강 현실AR 등이 적용되고 IoT 응원봉까지 활용되며 새로운 공연 문화가 만들어지고 있다.

최근에는 온라인 공연이 메타버스Metaverse로 확장되는 경우도 증가하고 있다. 메타버스는 가상, 초월 등을 의미하는 메타Meta와 현실 세계를 의미하는 유니버스Universe의 합성어로 가상 세계를 의미한다. BTS는

● 블랙핑크와 있지의 제페토 버전 뮤직비디오

© SM ENTERTAINMENT / JYP

〈포트나이트〉라는 게임에서 〈다이너마이트〉 음원의 안무 버전 뮤직비디오를 최초로 공개했고, 힙합 가수 트래비스 스콧은 아예 온라인 콘서트를 〈포트나이트〉에서 진행하기도 했다. MZ세대가 즐기며 놀이하는 공간에 공연 문화가 더해진 것이다.

한편, 인기 걸그룹인 블랙핑크와 있지ITZY는 대표적인 메타버스 서비스 제페토Zepeto와의 콜라보로 뮤직비디오를 제작해 공개하기도 했다. 특히 블랙핑크와 세계적인 팝스타 셀레나 고메즈Selena Gomez가 컬래버레이션한 〈아이스크림〉 뮤직비디오는 아티스트들이 직접 등장하지 않는 영상임에도 불구하고 공개된 지 5개월 만에 1억 뷰를 돌파하며 큰 인기를 끌었다.

메타버스가 제공하는 디지털 경험은 기존의 온라인과는 다르다. 메타버스는 오프라인 경험을 가상 세계로 확장하는 역할을 하고 있다. 이미 대학교의 입학식, 축제 행사, 기업의 신입사원 연수 등 다양한 분야에 적용되며 MZ세대에게는 점차 익숙한 서비스가 돼 가고 있다. 발 빠른 기업들은 이미 메타버스를 MZ세대와 소통할 수 있는 주요 채널로 인식해 자체 서비스를 개발하거나 제휴 또는 투자를 이어 가고 있다. 또한 메타버스는 단순한 콘텐츠와 게임의 영역을 넘어 새로운 SNS, 회의 솔루션, 가상자산 투자 수단 등 다양한 분야로 역할이 확대될 전망이다. 메타버스는 펜트업 트렌드에 부응하며 단순한 온라인 연결을 넘어 오프라인의 경험을 더하는 시도가 지속될 것이다.

펜트업 트렌드 4. ESG, 가치를 팔아라

펜트업의 또 다른 특징은 자신의 가치관과 신념을 지향하는 가치 소비가 증가한다는 것이다. 이는 코로나19를 거치며 전 세대에 걸쳐 변화된 인식으로 특히 환경에 대한 관심이 높아졌다.

최근 들어 전 세계는 가장 추운 겨울과 가장 더운 여름을 보내고 있다. 2020년 겨울에는 북극 온난화의 영향으로 한파와 폭설에 시달리고, 2021년 여름에는 고기압이 정체하며 뜨거운 공기를 대지에 가두는 열돔 현상으로 폭염에 폭우까지 이어졌다. 여기에 코로나19 팬데믹까지 더해지며 많은 사람이 자연 앞에서 인간은 한없이 작은 존재라는 것을 새삼 느꼈다.

전 세계 곳곳에서 지속되고 있는 자연재해의 원인은 조금씩 다르지만 이를 대하는 사람들의 인식은 비슷하다. 이대로는 안 된다는 것이다. 더 큰 재해를 막기 위해 변화가 필요하다는 것을 인지하고, 이것이 곧 새로운 선택의 기준이 되고 있다.

탄소 배출이 적거나 재활용이 가능한 제품을 이용하는 등의 소신 있는 선택은 비단 환경 분야에만 국한되지 않는다. 인종차별, 성차별 등의 사회적 현상과 기업의 부정부패, 갑질 행위도 고객들의 선택에 영향을 미치고 있다. 이른바 ESG라는 새로운 기준이다.

ESG는 환경Environment, 사회Social, 지배 구조Governance의 약자로 기업이 환경과 사회에 미치는 영향력을 중요시하고, 지배 구조를 투명하게 개선하여 지속 가능한 경영을 유지하는 것을 의미한다. 이른바 착한 제품, 착한 기업을 선택하는 것으로 고객들은 의사를 표현하고 있다.

대표적인 사례로 무無라벨 생수를 꼽을 수 있다. 롯데칠성음료는 2020년 1월에 상품 정보가 적힌 비닐 라벨을 제거한 무라벨 생수, 아이시스 에코를 출시했다. 라벨을 제거해 불필요한 쓰레기를 줄이고 페트병의 분리배출이 용이해져 재활용률을 높일 수 있어 큰 인기를 끌었다. 아이시스 에코는 2020년에만 1,010만 개가 판매되며 대세가 됐고, 다른 기업의 생수 상품들도 무라벨을 적용하기 시작했다. 이후 무라벨은 타음료 분야에도 적용되며 ESG의 대표적인 상품군이 되었다.

삼성전자, 애플, 구글, 마이크로소프트, 월마트, GM 등 글로벌 기업들은 CESConsumer Electronics Show, MWCMobile World Congress 등 글로벌 IT 전시회를 통해 ESG 전략을 발표하고 있다. 이산화탄소 배출량을 줄일 계획과 구형 제품을 재활용할 수 있는 방법들을 내놓고 있는 것이다. 또한 인종차별, 성차별에 반대하며 다양성 포용의 가치를 강조하고, AI 기

술을 활용함에 있어서도 윤리적 기준이 필요하다고 강조하고 있다.

ESG의 중요성은 기업의 투자와도 직결되고 있는데, 블랙록BlackRock, 테마섹Temasek, 피델리티Fidelity 등 글로벌 투자 기관들은 이미 ESG가 주요 투자 지표임을 공표했고, ESG 경영을 실천하지 않을 경우 투자금을 회수하겠다고 압박하기도 했다.

여기에 각국 정부들까지 탄소 중립을 선언하고, ESG 투자 계획을 밝히며 그 중요성이 높아지고 있다. 고객의 선택과 기업의 전략, 정부의 정책이 더해진 ESG는 향후 필수 가치가 될 것이다.

펜트업 트렌드 5. 온오프라인을 하이브리드하라

코로나19는 최악의 전염병으로 전 세계의 많은 사람을 감염의 공포 속에 살게 만들었다. 끝없이 지속될 것 같았던 긴장감은 백신 접종률 향상과 치료제 개발 예상을 통해 머지않아 극복할 수 있을 것이라는 기대를 높이고 있다. 이제는 팬데믹 이후의 삶을 생각해 볼 때가 된 것이다.

세계적인 석학 유발 하라리는 "폭풍이 지나가면 어떤 세계에 살 것인가를 자문해 봐야 한다. 우리는 이전과는 다른 세계에 살게 될 것이다."라고 말했다. 다양한 분야에서 우리의 삶을 바꾸는 뉴노멀New Normal이 등장하게 될 것이고, 온라인을 기반으로 오프라인이 더해지는 하이브리드 현상이 모든 산업에서 일어날 것이다.

온라인이든 오프라인이든 어느 한쪽만 공략해서는 살아남을 수 없다. 어떤 산업이든 온오프라인을 함께 성장시킬 때 시너지가 몇 배로 일어난다.

이와 함께 IT 산업은 급속도로 성장해 기존의 산업과 연합하여 새로운 서비스와 기술들이 계속 등장한다. 이전에는 단순히 전문가들의 영역으로만 치부됐던 IT 산업의 일들이 점차 일상 속에 스며들어 새로운 시대가 찾아왔다는 것을 사람들은 점점 실감하게 될 것이다.

이 책에서는 메타버스, 스트리밍, ESG, AI, 네트워크, 금융의 6개 산업에서 일어나는 변화를 상세하게 다뤘다. 메타버스, ESG는 새롭게 부상해 향후 5년을 이끌어가게 될 핵심 산업이 될 것이고 스트리밍, AI, 금융, 네트워크 사업은 기존의 발전을 토대로 더욱더 고도화될 것이다.

이제는 매년 급변하는 산업 흐름을 파악하고 대비하는 것이 무엇보다 중요한 시대가 되었다. 이 책은 미래 먹거리 사업을 구상하고, IT 트렌드를 놓치지 않으려는 사람들에게 든든한 힘이 되어줄 것이다.

호모 언택트

위성 인터넷 　오토 라벨링 　노코드 개발 플랫폼

초거대 AI

언더 디스플레이 카메라 　시티즌 디벨로퍼

울트라 와이드밴드 　5G, 6G 　**AI** 　친환경 데이터센터

소셜임팩트

특화망 　**네트워크** 　탄소 발자국 　**ESG** 　서울선언문

ESG경영

지속가능한 패션

Pent-up

디지털 예술 　데이터 프라이버시

BCI 　인공지능 윤리

시각특수효과 　**메타버스** 　CBDC 　백신 여권

금융

아바타

XR 　디지털 의상 　금융 플랫폼 　MZ세대 투자 열풍

가상 오피스 　디파이 　가상자산

소셜 오디오 　**스트리밍**

업스트리밍 　OTT 　게임 스트리밍

방구석 1열

NFT 　라이브 커머스 　코드 커팅

원격 의료

| 차례 |

책머리에 펜데믹을 넘어 엔데믹으로　　　　　　　　　　　　　　005

서문　이제는 기술이 소비자의 지갑을 연다
펜트업 트렌드 1. 디지털 사피엔스로 진화한 4050을 잡아라 008 · 펜트업 트렌드 2. IT기술로 퀵커머스를 리딩하라 012 · 펜트업 트렌드 3. 소비자의 세계를 확장하라 014 · 펜트업 트렌드 4. ESG, 가치를 팔아라 016 · 펜트업 트렌드 5. 온오프라인을 하이브리드하라 019

2022년을 주도할 모바일 키워드　　　　　　　　　　　　　　021

CHAPTER 1　메타버스

두 번째 지구에서 부의 기회를 찾다

▶ **뜨는 것들의 세상에 살다**
왜 메타버스에 올라타야 하는가 029 · 메타버스 1위, 로블록스의 성공 비결 034 · 구찌의 메타버스 마케팅 038 · 왜 2억 명의 MZ세대들은 제페토에 열광할까 043

▶ **메타버스를 구현하는 기술들**
AR, VR, MR을 넘어 XR로 049 · 사전 시각화, 영화와 게임의 경계를 허물다 055 · 1시간만에 똑 닮은 아바타 만들기 061 · 캐릭터와 내가 함께 입는 디지털 의상 066 · 대체 불가능한 토큰, NFT의 모든 것 074

▶ **일상이 바뀌는 곳에 기회가 있다**
사무실 대신 게더 타운에서 회의하기 080 · 메타버스에 올라타기 위한 차세대 인터페이스 086

CHAPTER 2 스트리밍

LIVE ON! 무엇이든 실시간으로 즐긴다 ((•))

▶ OTT 공룡들의 치열한 생존 경쟁

OTT가 바꾸는 미디어 산업 지도 097 · 구독자들이 넷플릭스를 해지하는 이유 104 · 최단 기간 1억 구독자를 모은 디즈니 플러스 108 · 스포티파이의 강력한 큐레이션 전략 111

▶ 라이브 스트리밍, MZ세대들의 실시간 쇼핑 놀이터

왜 줌은 흥하고 클럽하우스는 망했을까 116 · 구매전환율을 높이는 획기적 방법 120 · 방구석 1열에서 소통하며 콘서트 보기 125

▶ 스트리밍 서비스의 미래

원격 의료 시대가 온다 128 · 콘솔 없이 고사양으로 게임하기 131 · 업스트리밍으로 완성되는 자율주행 135

CHAPTER 3 ESG

지구를 사랑하는 가장 IT적인 방법

▶ 왜 전 세계 1등 기업들은 ESG를 공부할까

이제 ESG는 상식이다 143 · 착한 기업에 돈쭐 내는 소비자들 147

▶ 빅테크 기업들의 ESG 기술 대잔치

빅테크 기업들의 기발한 탄소 줄이기 150 · 구글 맵의 '가장 친환경적인 경로' 157 · AI에도 윤리가 필요하다 163 · 페이스북 vs. 애플의 데이터 프라이버시 대결 166 · 누구나 게임 안에서는 평등하다 178 · 지배 구조를 개선하는 블록체인 180

▶ 환경을 생각할 때 돈이 벌린다

환경과 기술은 상리의 관계 185 · 지갑이 얼리는 방향이 달라지나 190

CHAPTER 4 　 AI
AI, 모두의 기술이 되다

⫸ 인간이어도, 로봇이어도 괜찮아

여전히 FAAMG은 AI에 집중한다 199 · 개인 PT보다 잘 알려주는 AI 트레이너 205 · AICC, AI로 진화하는 차세대 고객센터 211 · AIoT 플랫폼, 우리 아파트가 달라졌어요 216 · 아주 프라이빗하게 출퇴근하기 219 · AI로 똑똑하게 반려동물 케어하기 222

⫸ 인간의 뇌가 AI의 미래다 : 초거대 AI의 등장

AI 성능은 데이터가 결정한다 228 · 데이터 이코노미를 위한 연합 작전 233 · 어떤 문제든 인간처럼 해결한다 236

CHAPTER 5 　 네트워크
5G로 접속하면 상상은 현실이 된다

⫸ 질적 성장의 시대가 도래하다

글로벌 표준이 된 5G 서비스 247 · 5G가 LTE보다 잘 안 터지는 이유 252

⫸ 누구나 이통사가 된다

'5G 어드밴스드' 시대의 시작 259 · 디지털 전환의 마스터키 '사설망' 264

⫸ 5G 스마트폰의 진화와 UWB 기술의 등장

가격은 내려가고 성능은 올라간다 272 · 스마트폰, 어디까지 좋아질 수 있을까 277 · UWB, 애플이 주목한 무선통신 최강의 기술 281

⫸ 아마존과 스페이스 X의 위성 인터넷 전쟁

일론 머스크, 우주에 1,600개 위성을 쏘다 286 · 왜 삼성전자는 6G를 주목하는가 294

CHAPTER 6 　금융

진격의 빅테크, 소비자의 지갑을 사로잡다

⫸ MZ세대가 움직이면 뜬다

카카오뱅크가 이토록 인기 있는 까닭 305 · 모든 은행의 꿈, 금융 플랫폼 315 · 주식투자도 재밌게 '토스증권 UX 혁신' 319

⫸ 요즘 것들의 블록체인 돈 벌기 기술

투자은행이 바라본 비트코인 가격 전망 324 · 디파이 '이자 농사' 한 번 해볼까 329 · 소액으로 강남 빌딩도 사고 예술품도 산다 335

⫸ 펜트업 시대 금융과 인증의 변화

CBDC는 비트코인을 위협할까 341 · 아직도 공인인증이 불편한 까닭 348 · '나는야, 접종자' 백신 여권으로 인증 완료 353

엔데믹 시대, 표면적으로는 일상으로 되돌아온 것 같지만 우리는 이전과 같은 사람들이 아니다. 단절을 경험했고, 단절 속에서 연결의 가능성을 몸소 체험했다. 그 중심의 기술이 메타버스다. 메타버스 플랫폼에서는 마치 현실처럼 사람을 만날 수도 있고, 일할 수도 있고, 문화생활을 즐길 수도 있다. 이는 가상 공간만으로 그치는 것이 아니라 현실 세계로 뻗어 나간다. 이 무한한 가능성을 가진 플랫폼을 선점할 기업은 누가 될 것인가?

CHAPTER 1

메타버스

두 번째 지구에서
부의 기회를 찾다

뜨는 것들의
세상에 살다

왜 메타버스에 올라타야 하는가

2009년에 개봉한 영화 〈아바타〉는 획기적 컴퓨터 그래픽 기술을 바탕으로 유례없는 흥행 성적을 거뒀으며, 2021년까지 전 세계 박스 오피스 1위의 흥행 기록을 가지고 있다. 이 영화는 다리가 불편한 주인공 제이크 설리가 판도라 행성에서 실행되는 아바타 프로그램에 참가하며 벌어지는 서사시다. 극 중에서 제이크는 원통 캡슐 형태의 접속 장치에 들어가 판도라 행성의 나비족과 동일한 외형을 가진 아바타의 신경에 접속한다. 제이크는 이 아바타를 통해 나비족의 언어를 배우고 소통하며 점차 신뢰를 얻고 마침내 그들과 하나가 돼 간다.

© 〈아바타〉 공식 홈페이지 / 〈레디 플레이어 원〉 공식 홈페이지

제이크를 비롯한 인간들의 사회는 실제 세계이고, 아바타를 통해 활약했던 판도라 행성은 가상 세계라고 가정해 보자. 설리가 사용했던 접속 장치는 아직 개발되지 않았으니 미래의 VR 장치라고 생각하자. 현실

의 사용자가 어떤 장치를 통해 가상 세계에 접속해 가상과 현실이 상호 작용 하고 동시에 복합적인 경험을 하는 것, 이것이 바로 메타버스의 개념이다.

2018년에 개봉한 영화 〈레디 플레이어 원〉은 이러한 개념을 더 명확하게 표현하고 있다. 극 중 배경은 2045년이며, VR 장치인 고글을 통해 가상 세계 플랫폼인 오아시스에 접속할 수 있다. 이 시대의 사람들은 오아시스를 통해 누구든 원하는 캐릭터가 될 수 있고 무엇이든 할 수 있으며 어디든 갈 수 있다. 가상 세계에서의 활약에 따라 현실 세계에서의 삶이 결정되기 때문에 많은 사람이 대부분의 시간을 오아시스에 접속해 어려운 현실을 벗어나려는 데 사용한다. 물론 우리가 만들고자 하는 메타버스 시대는 이처럼 암울한 세상은 아니지만 지금보다 더 많은 시간을 가상 세계에서 보내게 될 전망이다.

메타버스의 사전적 의미는 초월과 가상을 의미하는 '메타', 세계와 우주를 의미하는 '유니버스'를 합성한 것이다. 1992년에 닐 스티븐슨Neal Stephenson이 발표한 소설 《스노우 크래시》Snow Crash에서 처음 등장한 용어로, 이 소설에서 아바타라는 용어 역시 처음 사용됐다. 그러나 현재 사용되는 메타버스의 의미는 이 소설에서 제시한 것과는 다소 차이가 있으며, 관점에 따라 다양하게 해석되고 활용된다.

가장 대중적인 의미는 앞에서 설명한 것처럼 가상 세계에서 아바타의 모습으로 구현된 개인들이 소통, 놀이, 업무, 경제적 활동을 하는 플랫폼 서비스라고 볼 수 있다. 나아가 현실과 비현실이 공존하고 상호 긴

도표 1-1 ASF의 메타버스 네 가지 분류

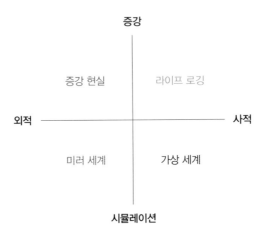

용 하는 가상 세계의 의미로 확장되고 있다.

기술 연구 단체인 ASFAcceleration Studies Foundation에서는 메타버스를 네 가지로 분류했다(〈도표 1-1〉). 첫 번째는 증강 현실Augmented reality이다. 이미 대중들에게 널리 알려진 기술로 실제 세계를 디스플레이에 띄우고 디지털 데이터를 겹쳐서 보여 줘 마치 실제 존재하는 사물처럼 보이게 해 준다. 나이언틱Niantic이 출시한 모바일 게임, 〈포켓몬 고〉Pokemon go 가 대표적인 성공 사례다. 자동차에 보급된 전방 표시 장치Head Up Display도 이 범주에 속한다.

두 번째는 라이프 로깅Life logging이다. 사람 또는 사물이 취득하는 경험과 정보를 데이터로 변환해 수집하고 저장하는 기술이다. 소셜 미디어 서비스인 페이스북Facebook, 인스타그램Instagram도 사람들의 일상을 디지털화해 기록하는 서비스이므로 라이프 로깅의 범주에 들어간다. 이보다 좀 더 확장된 서비스로는 나이키의 트레이닝 클럽Nike training club이 있다. 나이키 트레이닝 클럽은 스마트폰과 웨어러블 디바이스를 통해 사람들의 운동 기록을 저장하고 다른 사람들과 공유할 수 있다. 이를 통해 개인의 동기 부여를 도우면서도 나이키는 많은 사람의 운동 데이터를 수집할 수 있다.

세 번째는 미러 세계Mirror world다. 현실 세계의 요소들을 가상 세계로 투영한 것을 말한다. 네이버 지도, 카카오 맵, 구글 어스 등이 대표적이다. 다양한 기술들로 데이터를 수집하고 디지털화해 현실 세계에 효율성을 더하거나 한층 확장할 수 있게 해 준다.

마지막은 가상 세계Virtual world다. 컴퓨터로 재현한 디지털 세계를 통칭한다. 게임 형태와 비게임 형태로 나누기도 하는데, 현재는 이 둘의 경계도 모호해졌다. 대표적으로 로블록스Roblox, 제페토, 〈포트나이트〉, 〈리니지〉 등을 꼽을 수 있다.

이해를 돕기 위해 몇 가지 분류와 대표적인 제품을 예로 들었지만, 최근 메타버스는 이러한 분류와 경계를 넘나들고 있다. 예를 들어 로블록스는 소셜 미디어로서의 역할도 수행하며 구글 어스는 VR, AR과의 결합을 시도 중이다.

메타버스는 기존에 발전해 왔던 기술과 서비스들이 코로나 시대를 맞아 서로 융합히면서 안전히 새로운 형태로 진화 중이다. 사람들이 일상으로 복귀할 가까운 미래에 펼쳐질 펜트업 시대의 메타버스는 기존의 분류가 무의미할 만큼 더욱 긴밀하고 복잡한 기능들로 엮여 있을 것이다.

메타버스 1위, 로블록스의 성공 비결

2021년을 대표하는 키워드 중 하나가 메타버스라고 해도 과언이 아닐 것이다. 2019년 1월, 넷플릭스는 주주들에게 이러한 내용의 메일을 발송했다. "HBO보다는 〈포트나이트〉가 넷플릭스의 더 큰 라이벌이다." HBO는 미국의 인기 유료 채널로 〈소프라노스〉, 〈밴드 오브 브라더스〉, 〈왕좌의 게임〉, 〈더 와이어〉, 〈체르노빌〉 등 수십 년간 명작 드라마를 제작해 온 것으로 유명하다. 〈포트나이트〉는 전 세계에서 가장 많은 이용자 수를 자랑하는 에픽게임즈Epic games의 멀티 플랫폼 게임이다. 인터넷 동영상 스트리밍 서비스인 넷플릭스가 HBO보다는 〈포트나이트〉를 가장 강력한 경쟁자로 인식했다는 것은 사람들이 집에서 시간을 보내며 소비하는 콘텐츠가 TV 채널에서 게임을 통한 메타버스로 이동하는 것을 경계했다고 볼 수 있다.

사실 에픽게임즈의 CEO 팀 스위니Tim Sweeney는 메타버스가 웹의 차세대 버전이며 완전히 새로운 형태의 서비스가 될 것이라는 발언을 공개적으로 여러 번 해 왔다. 이는 자사의 게임인 〈포트나이트〉를 엔터테인먼트 서비스에 그치지 않고 공상 과학 소설에 나오는 것처럼 가상 세계에서 쇼핑과 업무, 휴식을 즐기는 메타버스로 확장할 것을 예고한 것이다.

세계 최대 그래픽카드 제조 업체인 엔비디아의 CEO 젠슨 황 역시 "메타버스가 다가오고 있다."라고 발언하며 적극적으로 대응할 것임을 시사했다. 페이스북도 가상 현실 플랫폼 호라이즌Horizon 을 발표하며 본격적인 메타버스 경쟁에 참여했다. 시장조사 업체 스트래터지 애널리틱스Strategy Analytics 는 2025년 메타버스 시장 규모를 약 2,800억 달러(한화 약 311조 원)로 전망했다.

많은 사람에게 메타버스 시대가 임박했음을 알린 계기는 메타버스 플랫폼인 로블록스가 2021년 3월 10일 뉴욕 증시에 상장된 일이었다. 상장 당일에 시가총액 43조 원을 넘어선 것으로 큰 화제가 됐다. 이는 1982년에 설립돼 〈심즈〉, 〈니드 포 스피드〉, 〈FIFA〉, 〈NBA〉 시리즈 등 유수한 히트작을 만들어 내며 공룡 게임 제작사로 군림했던 EA Electronic Arts 의 시가총액을 넘어선 금액이다.

로블록스는 2004년 데이비드 바수츠키David Baszucki 와 에릭 카셀Erik Cassel 이 설립한 게임 플랫폼이다. 언뜻 보면 초등학생이 즐길 법한 단순한 외형을 가진 게임이지만 10대 사이에서 선풍적 인기를 끌고 있고, 메타버스를 가장 충실하게 구현했다는 평가를 받으며 많은 주목을 받고 있다.

로블록스는 게임을 제작하고 그 결과물을 다른 사람들과 공유해 함께 플레이하는 플랫폼 서비스다. 다시 말해 게임을 구동하는 엔진과 게임 제작 도구, 제작된 게임들을 목록화하고 추천해 주는 기능이 결합된 서비스다. 마치 유튜브를 통해 누구나 영상을 만들어 공유하며 수익을 얻을 수 있는 것처럼 로블록스에서는 누구나 게임을 만들 수 있으며, 창작물들을 다른 사람들과 함께 즐길 수 있다.

게임 제작은 로블록스 스튜디오라는 도구로 이루어진다. 초등학생들도 사용할 수 있을 만큼 직관적이면서 다양한 장르의 게임을 만들 수 있다. 이렇게 제작된 게임은 암호 화폐 기반 서비스를 통해 소득으로 이어진다. 그 덕분에 로블록스 전용 게임을 제작하는 전문 게임 제작사가 생기기도 했다. 또한 로블록스는 게임 내 메시지를 통해 사용자끼리 소통할 수 있는 소셜 네트워크 서비스의 기능도 수행한다.

이러한 시스템은 개발사가 사용자에게 일방적으로 게임을 제공하는 것이 아니라 사용자가 스스로 새로운 게임을 만드는 방식이므로 무궁무진한 콘텐츠가 빠르게 생성된다. 매일 업데이트하는 다양한 게임들을 친구들과 즐기기도 하고 특별한 요소들을 가미한 게임을 직접 만들 수도 있으며, 동시에 소셜 네트워크 서비스로도 소비할 수 있어 빠르게 사용자를 늘리고 있다.

이와 같은 장점들은 일상생활의 많은 부분을 공유하고 소비할 수 있는 흡인력으로 이어졌으며, MZ세대의 뜨거운 호응을 이끌어 냈다. 특히 코로나 시대를 경험하면서 더욱 빠르게 성장했는데, 2021년 6월 기준 로블록스의 월간 순수 이용자MAU, Monthly Active Users는 약 1억 5,000만 명이다. 사용자의 약 33퍼센트는 16세 미만의 10대로 구성돼 있으며, 미국 9~12세 어린이 중 약 66퍼센트가 로블록스 사용자라고 알려졌다. 국내 초기 스마트폰 메신저 시장을 빠르게 장악한 카카오가 어떻

● 로블록스의 게임 〈우디드 크릭〉Wooded creek **과 로블록스 스튜디오**

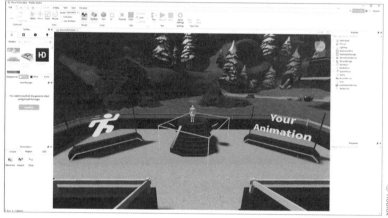

© Roblox

게 성장했는지 생각해 본다면, MZ세대 사이에서의 로블록스의 위상과
성장 가능성은 실로 대단한 것이다.

구찌의 메타버스 마케팅

메타버스를 가장 많이 활용하고 있는 분야는 마케팅일 것이다. 대중의 관심을 쉽게 끌 수 있고 새로운 경험을 제공할 수 있기 때문이다. 특히 최근에는 명품 패션 브랜드들이 메타버스를 활발하게 이용하고 있는 추세다.

구찌는 글로벌 모바일 게임 〈테니스 클래시〉Tennis clash의 게임 캐릭터가 자사의 옷과 신발을 착장할 수 있게 했다. 그리고 이 의상과 동일한 디자인의 제품들을 실제 구찌 온라인 몰에서 구입할 수 있도록 유도했다. 2021년 2월에는 네이버 제트의 AR 아바타 기반 메타버스 소셜 플랫폼 제페토를 통한 마케팅을 실시했으며, 5월에는 로블록스에 VR 구찌 가든을 공개하고 로블록스 캐릭터들이 착용할 수 있는 아이템들을 발매했다. 이 아이템들은 캐릭터에만 장착할 수 있는 가상의 상품이지만 사용자들 사이에서 가격이 계속 치솟았고 7월에는 약 4,115달러(한화 약 486만 원)에 달했다. 놀랍게도 실제 세상의 구찌 가격보다 더 비싼 가격이다. 효과적인 마케팅으로 고객 충성도를 확보한 사례라고 할 수 있다.

루이비통은 2019년에 한국에서 흔히 롤이라고 불리는 인기 게임 〈리그 오브 레전드〉LOL, League of legend의 캐릭터들을 모티브로 한 LOL 캡슐 컬렉션을 발매했다. 당시 모든 제품이 한 시간 만에 품절되기도 했다. 루이비통 역시 캐릭터들이 입을 수 있는 의상을 판매하고, 이 의상을 입은 캐릭터들의 그래픽 효과에 루이비통 로고를 등장시켰다. 다른 브랜

● 〈테니스 클래시〉의 구찌 의상과 〈리그 오브 레전드〉 루이비통 트로피 케이스

© GUCCI / Riot Games

드들과 차별화한 부분은 e-스포츠를 공략했다는 점이다. LOL은 전 세계에 걸쳐 프로 리그가 있으며, 이 중 우수한 성적을 거둔 팀들을 초청해 일 년에 한 번 최강팀을 선발하는 월드 챔피언십을 개최한다. 루이비통은 이 대회의 우승 트로피를 담을 수 있는 케이스를 특별 제작해 대회 내내 선보였다. 이 해의 월드 챔피언십 최대 동시 시청자는 4,400만 명

으로 집계됐다. 사용자들이 일 년 중 가장 주목하는 이벤트, 그중에서도 최고로 스포트라이트를 받는 대상에 자사의 제품을 멋지게 결합시킨 전략이었다.

버버리 역시 홈페이지에 자사의 로고와 의류를 활용한 캐릭터들이 등장하는 게임을 꾸준히 공개하고 있다. 〈비 바운스〉B bounce 와 〈랫베리〉 Ratberry 이후 가장 최근에 선보인 게임인 〈비-서프〉B-surf 는 버버리 고유의 캐릭터가 서핑 시합을 벌이는 간단한 게임이다. 서핑 보드와 의상들을 버버리의 여름 컬렉션으로 꾸밀 수 있게 했다.

품절 대란을 일으켰던 콘솔 게임기 닌텐도 스위치Nintendo Switch 의 전용 게임 〈모여봐요 동물의 숲〉에는 한동안 명품 브랜드의 향연이 펼쳐졌다. 이 게임은 사용자가 쉽게 캐릭터 의상을 만들고 공유할 수 있는 기능을 제공했다. 그러자 사람들은 샤넬, 루이비통, 오프 화이트 등 유명 패션 브랜드의 옷을 제작해 입고 공유하기 시작했다. 명품 브랜드 발렌티노Valentino 와 마크 제이콥스Marc Jacobs 등이 직접 뛰어들어 이 게임에 의상을 제공하기도 했다. 이용자들의 놀이를 마케팅으로 활용한 것이다. 2020년 중순에는 미국 대통령 조 바이든Joe Biden 의 캐릭터가 등장하기도 했다. 당시 선거 활동에 활용하기 위한 대선 캠프의 결정이었다. 게임 내에 바이든 진영의 로고를 입을 수 있도록 티셔츠를 제공하기도 했다.

코로나 시대를 맞아 대규모 인원이 모이기 어려워지자 공연이나 사회 행사를 메타버스를 이용해 실시한 사례도 증가하고 있다. 에픽게임

● 〈모여봐요 동물의 숲〉에 등장한 발렌티노 의류들과 조 바이든 캠프

© VALENTINO / Joe Biden

즈의 〈포트나이트〉에서는 미국의 힙합 가수 트래비스 스콧의 가상 콘서
트가 열렸다. 이 콘서트에는 1,230만 명이 접속했으며, 상품 판매 수익
은 오프라인 대비 10배의 매출인 2,000만 달러(환화 약 229억 원)를 달성

● 〈포트나이트〉 트래비스 스콧의 콘서트와 〈마인크래프트〉 UC버클리의 졸업식

했다. 뒤이어 8월에는 여성 싱어송라이터 아리아나 그란데Ariana Grande
도 〈포트나이트〉를 통해 메타버스 콘서트를 열었다. 이 콘서트는 사흘
에 걸쳐 진행되었으며, 앞선 트래비스 스콧의 콘서트보다 더 많은 사람
이 관람한 것으로 알려졌다. 또한 제페토에서 실시된 블랙핑크 아바타

의 팬 사인회에는 무려 4,600만 명의 팬들이 몰리기도 했다. UC버클리 대학은 마이크로소프트의 게임인 〈마인크래프트〉Minecraft를 통해 졸업식을 진행했다.

이러한 메타버스를 통한 이벤트들은 실제 현실에서의 감동을 그대로 대체하기는 어렵겠지만 오프라인 활동이 어려운 시기에 공간의 제약 없이 유사한 경험을 많은 사람에게 제공할 수 있다. 더불어 상대적으로 비용도 저렴하다는 장점이 있다. 메타버스는 대표적인 펜트업 서비스로 많은 사람의 참여를 유도하고 새로운 경험을 제공하며 다양한 분야로 빠르게 확산될 전망이다.

왜 2억 명의 MZ세대들은 제페토에 열광할까

국내에서 메타버스로 가장 주목받은 서비스는 아마도 네이버 제트의 메타버스 소셜 플랫폼 제페토일 것이다. 2020년 말 기준 전 세계 2억 명이 이용하는 인기 서비스다. 초창기의 제페토는 자신의 캐릭터를 꾸미고 다른 사람들의 캐릭터를 구경하는 서비스였다. 인공지능을 통해 사용자의 개성을 담아내고 예쁜 디테일을 추가해 호감 가는 캐릭터를 생성할 수 있어 상당한 주목을 받았다.

여기에 실제 세계에서 유행하는 패션 아이템과 스타일을 발 빠르게 반영해 제페토 캐릭터들의 의상과 액세서리로 착용할 수 있도록 했다. 트렌디한 메이크업과 헤어 스타일은 물론이고 구찌, 나이키, 크리스찬

● 제페토 월드로 구현된 교실과 블랙핑크 하우스

© NAVER Z

루부탱 등의 패션 브랜드와 협업해 아이템을 출시하기도 했다.

이후 '제페토 월드' 서비스가 출시되면서 명실상부한 메타버스 플랫폼이 됐다. 제페토 월드는 작은 세계를 구현한 여러 개의 월드로 구성돼

● 제페토로 구현된 블랙핑크와 구찌의 의상들

© NAVER Z

있는데, 월드마다 고유의 개성과 콘텐츠가 있어 일상에서 찾아보기 어려운 환상적인 경험을 즐길 수 있다. 버추얼 미술관에서는 르네상스 시대의 명화들을 감상할 수 있으며, 연예인들의 뮤직비디오 촬영 현장을 그대로 옮기기도 했다. 블랙핑크와 같은 K-팝 스타나 해외 셀러브리티, 디즈니 캐릭터들을 만날 수 있는 월드도 있다. 물론 일상적 경험을 가상세계로 옮긴 '학교' 같은 월드도 인기다. 이러한 월드들을 방문하면서 찍은 셀카는 SNS를 통해 공유할 수 있으며, 동영상으로 만들어 유튜브에 공유하기도 한다.

이러한 제페토의 아바타 스타일링과 개성 있는 월드는 사용자들에게 강한 인상을 남겼다. 특히 마케팅으로 활용된 사례가 많은데, 대표적인 것이 구찌 본사가 위치한 피렌체를 구현한 구찌 빌라다. 이 월드에 가면 구찌 의상들을 구경하고 내 아바타에 착장할 수 있다.

로블록스에서 게임 제작자가 수익을 올리듯, 제페토에서도 아바타의 의상과 액세서리를 제작하고 판매할 수 있다. 의상과 액세서리를 쉽게 제작할 수 있도록 가이드와 도구를 제공함으로써 실제 세계의 브랜드들이 쉽게 제페토로 진입할 수 있도록 유도한다. 더불어 일반 사용자들도 다양한 종류의 콘텐츠를 생산하고 공유할 수 있다.

제페토의 메타버스 시스템은 로블록스에 견줘 결코 뒤지지 않는 경쟁력과 완성도, 확장 가능성을 자랑한다. 또한 제페토의 아바타는 전 세계 MZ세대를 관통하는 K−팝의 패션과 이미지를 재현한다는 강점을 가지고 있다. 이미 2억 명의 사용자와 훌륭한 마케팅 사례를 확보한 제페토는 앞으로 더욱 강력한 영향력을 발휘하는 마케팅의 각축장이 될 전망이다.

방탄소년단 소속사 하이브HYBE의 자회사 위버스 컴퍼니는 팬 커뮤니티 서비스 위버스Weverse를 출시했다. 아티스트와 글로벌 팬들이 함께 만들어 가는 공간을 표방하며, 2021년 초 기준으로 누적 다운로드 수가 2,500만 건을 넘어섰다.

위버스에서는 아티스트별 멤버십을 구독할 수 있고 상품 및 독점 콘텐츠를 판매하고 있으며, 온·오프라인 콘서트 등 행사의 예매도 진행하고 있다. 그리고 전 세계의 팬들이 아티스트에 대해 편하게 소통할 수 있도록 서로의 글과 댓글을 자동으로 각국의 언어로 번역해 주는 서비스를 제공한다. 전 세계에 퍼져 있는 팬들을 국경과 언어를 초월한 가상

● 하이브의 위버스 앱과 재탄생한 싸이월드 콘셉트

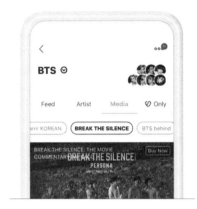

© HYBE / Cyworld Z

세계에 모아 주는 역할을 수행하는 것이다. 여기에 그레이시 에이브럼
스Gracie Abrams, MAX, 제러미 주커Jeremy Zucker 등 글로벌 아티스트들까
지 영입해 글로벌 서비스로의 위상을 갖추었다.

또한 모회사 하이브는 네이버와 협업해 스트리밍 기술을 확보했으
며, 2020년 10월에는 제페토의 개발사인 네이버 제트에 70억 원을 투
자하기도 했다. 기존 서비스와 새로 확보한 기술들과의 시너지가 기대
되는 대목이다.

싸이월드는 그래픽스 기술 기업인 에프엑스기어fxGear와 손잡고 최신
기술을 기반으로 기존의 서비스를 계승한 메타버스 서비스를 개발하고
있다.

싸이월드는 2000년도 초반 전성기를 누린 소셜 네트워크 서비스로

서 당시 한국에서 페이스북보다 더 높은 점유율을 가지고 있었다. 미니미와 미니룸이라는 가상 세계와 아바타를 제공했으며 이를 꾸밀 수 있는 아이템과 배경 음악을 판매했다. 이러한 상품들은 도토리라는 가상화폐를 이용해 구입할 수 있었다. 이미 메타버스의 구성 요소들을 갖추고 있었던 것이다. 전성기 시절의 데이터를 복원해 최신 기술을 이용한 메타버스로 펼쳐 낸다면 경쟁력 있는 서비스로 재탄생할 가능성이 높다.

앞선 사례에서 볼 수 있듯 메타버스 분야는 기술력과 더불어 강력한 지식재산권IP과 브랜드가 경쟁력으로 이어지고 있다. 치열하게 펼쳐지는 메타버스 선점 전쟁에서 K-팝과 드라마, 예능 프로그램 등의 한류 콘텐츠들은 국내 메타버스 서비스들에 강력한 무기가 될 수 있을 것이다. 국내 기업이 펜트업 시대에 메타버스 분야를 대표하는 글로벌 리딩 컴퍼니로 성장하는 것을 기대해 본다.

메타버스를 구현하는 기술들

AR, VR, MR을 넘어 XR로

2021년 2월, SK텔레콤은 페이스북의 VR 장비인 오큘러스 퀘스트 2 Oculus Quest 2를 정식 수입해 판매했으며 완판 행렬로 이어졌다. 오큘러스 퀘스트 2는 전 세계에서 2021년 2월까지 약 500만 대가 판매된 것으로 추정된다. 머리에 착용하는 헤드 마운티드 디스플레이 장치HMD, Head Mounted Display가 최근 몇 년간 시장으로부터 외면당하고 있었다는 것을 감안하면 상당히 놀라운 성과다. 기술의 발전으로 장비의 무게가 줄어들었고 성능도 좋아진 반면, 가격은 저렴해진 결과다. 또한 메타버스 시대를 맞이해 즐길 수 있는 콘텐츠들이 늘어난 것도 하나의 이유일 것이다. 게임 플랫폼인 스팀Steam에서도 VR 게임의 접속자가 급증하는 추세다. 스팀을 통해 VR 게임을 즐긴 접속자 수가 100만 명이 되는 데까지는 3년이 걸렸다. 이후 200만 명에 도달하기까지는 1년밖에 걸리지 않았다. VR 장비가 이미 대중들에게 수용됐고 확산이 가속화되고 있다고 해석할 수 있다.

이를 예측하고 지난 몇 년간 IT 공룡들이 적극적으로 뛰어들어 투자해 온 분야인 XR eXtended Reality은 국내에서 확장 현실 또는 가상 융합 기술로 번역되고 있다. 여기에서 'X'는 수학에서의 변수를 의미한다. 증강 현실AR과 가상 현실VR, 그리고 혼합 현실MR, Mixed Reality을 모두 포함하며, 이후 등장할 새로운 개념의 기술까지 포괄한다는 의미의 용어다. 회계 컨설팅 그룹인 프라이스워터하우스쿠퍼스PwC는 메타버스의 발전에 힘입어 XR 시장이 2025년에는 537조 원, 2030년에는 1,700조 원까지 성장할 것으로 예측했다.

오큘러스 퀘스트 2를 개발한 페이스북은 2014년부터 CEO 마크 저커버그가 VR을 핵심 산업으로 규정하며 꾸준히 투자해 왔다. 가상 현실 헤드셋 제작 업체 오큘러스 VR을 인수한 이후 2018년 보급형 모델인 오큘러스 고와 오큘러스 퀘스트를 발표했다. 이 과정을 통해 점증적으로 완성도를 높여 왔기 때문에 오큘러스 퀘스트 2가 출시 초반부터 큰 인기를 얻었을 것이라 판단된다.

또한 페이스북은 최근 몇 년간 이러한 장비들을 활용할 수 있는 VR 플랫폼을 공격적으로 발표하고 있다. 2019년에 VR 기반의 SNS 메타버

● 페이스북 호라이즌과 오큘러스 퀘스트 2

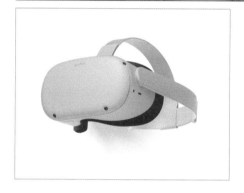

스인 호라이즌Horizon을 선보인 바 있으며, 2020년 9월 말에는 VR 기반

작업 도구인 인피니트 오피스Infinite office를 소개했다. 이러한 플랫폼들

은 컴퓨터나 모바일 장비보다는 VR 기기를 사용하는 데 초점을 두고 있

다. VR 장비와 플랫폼을 동시에 선점하려는 페이스북의 야심이 엿보이

는 대목이다.

오큘러스 퀘스트 2의 등장 이전, 가장 진일보했다고 평가받는 MR 장비는 2019년 11월에 출시된 마이크로소프트의 홀로렌즈 2Hololens 2다. 홀로렌즈 2는 가격을 크게 높인 대신 압도적 성능을 자랑한다. 일반 소비자보다는 기업용으로 발매했다고 봐야 할 것이다. 마이크로소프트는 2021년 5월에 이러한 홀로렌즈 2를 이용해 다른 사람들과 대화하고 업무 내용을 공유할 수 있는 플랫폼인 MS 메시Mesh를 공개했다. 그러나 페이스북과 달리 마이크로소프트가 자사 장비 공급에 애를 먹고 있는 부분은 아직 해결해야 할 숙제다.

반면 마이크로소프트는 애저Azure라는 강력한 클라우드 기술을 가지고 있어 발전이 기대된다. 최근 몇 년간 게임 IP를 확보해 메타버스를 구성할 수 있는 경쟁력을 확보한 점도 주목할 부분이다. 2014년에 〈마인크래프트〉 제작사 모장 스튜디오Mojang studio를 인수하고 2021년 3월에 유명 비디오게임 콘텐츠를 제작한 제니맥스 미디어ZeniMax Media를 75억 달러(한화 약 8조 원)에 인수했다. 제니맥스 미디어는 8개의 게임 제작사로 구성돼 있는데, 그중에는 〈엘더스크롤〉The Elder Scroll 시리즈, 〈폴아웃〉Fallout 시리즈 등 오픈 월드 게임open world game의 명가로 불리는 베데스다Bethesda 게임 스튜디오가 포함돼 있다.

오픈 월드 게임이란 게임의 장르 중 하나로, 정해진 경로를 따라 진행되는 것이 아니라 대부분의 장소로 사용자가 자유롭게 이동하며 게임을 즐길 수 있는 특징이 있다. 쉽게 말해 현실 세계를 가상 세계로 가장 실

● 마이크로소프트 홀로렌즈 2와 오픈월드 게임 〈엘더스크롤 5〉 플레이 장면

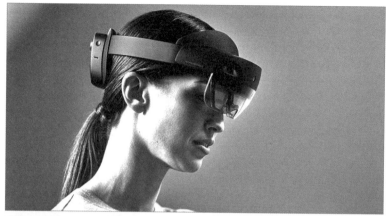

© Microsoft / Bethesda Softworks

감 나게 옮긴 것이 오픈 월드 게임이라고 할 수 있다. 그만큼 많은 제작 비용과 노하우가 필요해 제작 난이도가 높은 장르다. 세계에서 오픈 월 드를 가장 잘 만든다는 평가를 받는 제니맥스 미디어의 직원 2,300여

● **SKT의 점프 스튜디오와 점프 버추얼 밋업을 이용한 순천향대학교 메타버스 입학식**

명과 게임 IP를 확보한 마이크로소프트가 이를 어떻게 활용할 것인지 귀추가 주목된다.

앞서 언급한 SK텔레콤 역시 XR에 빠르게 대응하고 있는 기업 중 하나다. 2020년 말에 아시아 최초로 MR 콘텐츠를 제작할 수 있는 '점프 스튜디오'를 개설한 데 이어, 2021년 8월에는 새로운 메타버스 플랫폼인 이프렌드ifland를 출시하였다. 이프렌드는 2019년에 개발한 점프 버추얼 밋업Jump virtual meetup 서비스를 바탕으로 대규모 업그레이드를 통해 개발된 것으로, 가상 공간에서 아바타를 통해 소셜 커뮤니케이션을 하는데 특화된 서비스를 제공할 예정이다.

2021년 순천향대학교는 버추얼 밋업 서비스 기능을 이용해 캠퍼스가 구현된 메타버스 공간에서 신입생 입학식을 진행했으며, SK텔레콤 역시 구직자들과 실무자들이 아바타 형태로 참여하는 채용 설명회를 개최하기도 했다.

사전 시각화, 영화와 게임의 경계를 허물다

넷플릭스를 통해 개봉한 국산 영화 〈승리호〉는 높은 완성도의 컴퓨터 그래픽으로 호평을 받았다. 승리호의 시각 효과를 담당한 덱스터 스튜디오와 위지윅 스튜디오의 탁월한 기술력과 더불어 '사전 시각화'Previz, Previsualization 작업에 에픽게임즈의 언리얼 엔진Unreal Engine을 사용했다는 것도 화제가 됐다.

사전 시각화란 본격적인 영화 제작에 앞서 컴퓨터 그래픽만으로 시나리오에 따라 간략하게 영화를 만드는 작업을 말한다. 카메라 구도나 연기자의 동선을 미리 구현해 봄으로써 제작 중에 발생할 수 있는 시행착오를 줄인다. 사전 시각화는 할리우드를 중심으로 십여 년 전부터 사용되던 기술이지만, 당시에는 기술적 한계로 인해 컴퓨터 그래픽이 많이 쓰이는 영화들의 일부에만 사용됐다. 하지만 최근에는 실시간으로 촬영 현장의 수정 사항이 반영돼 효율이 높아졌을 뿐만 아니라 결과 품질도 향상됐는데, 그 중심에 바로 언리얼 엔진이 있다. 게임 제작을 위해 만들어진 언리얼 엔진의 성능이 점차 좋아지면서 게임 산업의 경계를 허물고 영화를 비롯한 다양한 분야에서 광범위하게 활용되고 있는 것이다.

영화에서 시각 특수 효과VFX는 사실적이고 화려한 장면을 연출하는데 요긴하게 활용되고 있다. 최근에는 마블과 워너브라더스의 히어로물을 필두로 영화에서 필수 요소로 여겨지고 있다. 일부 영화에서는 실제 촬영 장면보다 컴퓨터 제작 장면이 더 많은 수준에 이르렀다. 목표하는 결과물에 따라 조금씩 차이가 있지만 VFX를 구현하는 과정에서 렌더링Rendering과 시뮬레이션Simulation은 가장 중요한 부분이며, 그만큼 많은 비용과 시간이 투자된다.

렌더링이란 빛의 속성과 물질의 특성을 계산해 화면 내의 물체와 자연 현상이 어떠한 색으로 보일지 결정하는 기술을 말한다. 시뮬레이션이란 물리, 수학적 요소들을 이용해 자연 현상을 재현하는 기술을 통칭한다. 이러한 렌더링과 시뮬레이션은 많은 계산을 할수록 복합적인 요소들을 고려할 수 있기 때문에 더 사실적인 결과를 낸다. 보통 제작진이나 배우들이 인터뷰 때 영화 제작비의 한계 때문에 VFX 결과가 아쉽다고

● 〈승리호〉에 적용된 VFX와 언리얼 엔진을 이용한 〈어벤져스: 에이지 오브 울트론〉

© Dexter 유튜브 / Epic Games

하거나 후반 작업에 몇 달씩 걸린다고 말한다면 대부분 렌더링과 시뮬레이션 작업에 해당될 것이다. 그런데 그래픽 요소들을 계산하는 과정을 전담하는 그래픽 처리 장치GPU, Graphics Processing Unit와 그래픽 카드가 등장하고 이를 응용한 기술들이 개발되면서 이러한 어려움은 상당 부분 해소됐다. 그 덕분에 동일한 시간 동안 더 많은 연산을 수행할 수 있게 됐고, 더 실감 나는 결과를 만들어 낼 수 있게 됐다. 영화의 VFX를 예전보다 더 사실감 있게 표현하게 된 데는 이러한 기술들이 복합적으로 함께 발전한 공로가 크다.

반면 게임은 영화보다 훨씬 제약이 많은 환경에서 작동한다. 영화는 많은 시간과 비용을 들여 제작한 뒤에 이용자에게 완성된 결과물만 보여 주지만, 게임은 이용자의 입력에 실시간으로 대응해 빠르게 결과를 만들어야 하기 때문이다.

1초에 수십 개의 결과 이미지를 모니터에 출력해야 하므로 제한된 시간 내에서 수행할 수 있는 계산 양만 가지고도 그럴듯한 결과를 내야 한다. 영화에서 사용하는 많은 기법 중에서 극히 일부만 게임에서 사용할 수 있기 때문에 영화보다 게임의 영상 품질이 떨어질 수밖에 없는 것이다.

그러나 최근 그래픽 카드의 발전으로 상황이 많이 달라졌다. 예전에는 실시간으로 소화할 수 없던 복잡한 계산이 가능해지면서 영화에서만 사용할 수 있던 사실적이고 실감 나는 연출을 상당수 게임에서도 구현할 수 있게 됐다. 좋은 그래픽의 게임을 온전히 즐기려면 고가의 성능 좋은 그래픽 카드를 구입해야 한다는 말도 이러한 배경에서 나왔다.

그래픽 카드의 등장과 연산 기술의 발전은 인공지능 기술에도 기여했다. 그래픽 연산은 아주 많은 행렬 연산으로 이루어지고, 이를 효율적

● 뛰어난 성능을 보여 주는 에픽게임즈의 언리얼 엔진 5

© Epic Games

으로 빠르게 수행하기 위한 연구가 꾸준히 이루어졌다. 그런데 인공지

능 기술 중에서 딥러닝Deep learning처럼 아주 많은 행렬 연산으로 이루어

지는 기법들이 GPU를 이용한 연산 기술을 활용해 발전하기 시작했다.

　인공지능 분야에서는 학습을 통해 얻은 뉴럴 네트워크를 이용해 많

은 연산을 대체하려는 연구가 활발하게 진행되고 있어 흥미롭다. 이러

한 연구 결과는 연산량의 제약이 있는 그래픽 기술을 보완하거나 더 나

아가 대체하는 데 활용할 수 있어 결과적으로 그래픽 기술의 향상으로

이어질 전망이다. 즉, 그래픽 기술과 인공지능 기술은 어느 정도 상호

보완 하는 형태로 발전하고 있는 셈이다(〈도표 1-2〉).

　이러한 과정에서 일어진 기술 중 하나의 예로 엔비디아의 RTXDI R.T.X.

도표 1-2 'GPU-그래픽 기술-인공지능' 관계도

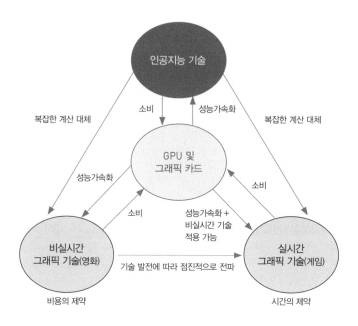

Direct Illumination 기술을 들 수 있다. 이는 인공지능을 활용해 수백만 개의 조명과 그림자를 실시간으로 계산하는 기법이다. 불과 몇 년 전만 해도 많은 예산을 투자한 영화에서나 볼 수 있었던 수준의 컴퓨터 그래픽이 실시간으로 재현되는 것이다. 이처럼 복잡한 계산을 인공지능 기술로 하는 시도는 앞서 설명한 렌더링과 시뮬레이션 기법들을 빠르게 개선하거나 대체하고 있다. 이러한 추세를 고려하면 앞으로도 영화와 게임의 경계는 점점 더 줄어들 전망이며, 지금 영화에서 보여 주는 특수 효과도 몇 년 안에 모바일 게임으로 즐길 수 있게 될 것이다.

REAL-TIME RAY-TRACING OF HUNDREDS OF LIGHTS

© NVIDIA

1시간만에 똑 닮은 아바타 만들기

2021년 2월, 언리얼 엔진의 개발사 에픽게임즈는 캐릭터 제작 툴인 메타휴먼 크리에이터를 발표했다. 디지털 캐릭터를 제작하려면 숙련된 디자이너들도 몇 개월씩 작업을 해야 한다. 반면 클라우드 기반의 스트리밍 애플리케이션인 메타휴먼 크리에이터는 한 시간 정도의 작업 시간으

● 에픽게임즈의 메타휴먼 크리에이터

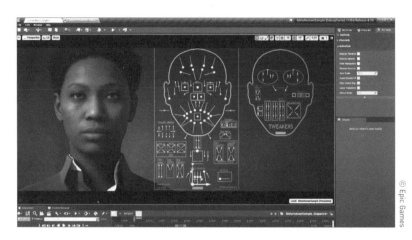

로 실사 수준의 캐릭터를 제작할 수 있는 혁신적 기술이다. 사용자 컴퓨
터에서 조작이 이루어지지만 대다수의 연산은 막강한 성능의 클라우드
서버에서 이루어진다. 또한 캐릭터 프리셋Preset을 제공해 사용자가 원하
는 캐릭터를 쉽게 설정할 수 있고, 이후 개성을 부여하는 디테일 요소들
을 섞을 수 있도록 작업 편의성을 높였다. 그 결과 사용자는 빠른 시간
내에 원하는 결과를 편집하면서도 많은 연산을 거친 높은 품질의 작업
물을 제작할 수 있다.

　기존에는 실사에 가까운 정교한 캐릭터들은 제작하는 데 많은 비용
이 들었기 때문에 영화나 게임 산업에서만 일부 사용됐다. 그러므로 현
실 세계의 나를 가상 세계로 옮기는 것은 쉬운 일이 아니었다. 그러나

메타휴먼 크리에이터와 같은 기술이 대중화되면 개인마다 아주 사실적인 아바타를 소유할 수 있다. 정교하게 재현된 셀러브리티, 유명 캐릭터나 동물 등 아바타들의 수도 기하급수적으로 늘어날 수 있다. 정교한 아바타의 대중화가 본격적으로 이루지는 것이다.

엔씨소프트는 인공지능 기반의 이미지 생성 기술을 활용해 캐릭터를 디자인하는 기법을 연구 중이다. 연예인이나 이용자 사진을 인공지능으로 3차원 캐릭터로 변환하는 것을 목표로 하는데, 인물 사진의 이목구비 위치를 파악하고 캐릭터의 외형을 결정하는 파라미터로 변환하는 방식을 사용하고 있다. 또한 험악한, 부드러운, 날카로운, 귀여운과 같은 단어를 입력하면 인공지능이 그 단어에 맞는 외형을 설계해 주는 기술도 연구하고 있다.

앞서 소개한 최신 기술들이 등장하기 전에는 사실적으로 정교하게 표현된 아바타보다 간편하고 빠르게 제작할 수 있으면서도 개인의 개성을 잘 표현할 수 있는 아바타가 흔히 사용됐다. 정해진 템플릿을 제공하고 이목구비와 체형, 피부톤 등을 사용자가 적당히 수정해 개성을 표현하는 방식이다. 이러한 방식을 캐릭터 커스터마이징Character Customizing이라고 한다. 특히 게임에서 많이 활용돼 왔다. 사용자가 자신이 만든 고유의 캐릭터로 플레이한다는 느낌을 갖게 해 몰입도를 높이는 효과가 있다. 또 자기 캐릭터들을 커뮤니티에 공유하기도 하는데, 연예인을 꼭 닮은 캐릭터나 개성 있는 캐릭터를 통해 인기를 끌기도 한다.

제페토는 게임에서 제공하는 기본 템플릿 대신 인공지능을 통해 사

● 엔씨소프트의 캐릭터 이미지 변환 프로그램 (위: 실사, 아래: 변환 결과)

용자의 사진을 아바타로 변환하는 방식을 제공한다. 게임의 커스터마이징 툴과 유사하지만 모바일에서 쉽게 조작할 수 있는 인터페이스를 갖췄다. 눈, 코, 입, 눈썹의 모양과 위치를 지정할 수 있으며, 마치 사진 보정 앱처럼 피부 톤과 헤어스타일, 얼굴 윤곽선 등을 조정할 수 있다.

　2017년에 설립된 미국의 아바타 기업인 지니스genies 역시 제페토처럼 인공지능을 이용한 3차원 아바타 제작 기술을 개발 중이다. 지니스는 원래 애니메이션 캐릭터처럼 움직이는 2차원 아바타를 제작하는 기술과 SNS를 결합한 형태의 서비스를 개발해 왔다. 그러나 2020년부터 모든 사용자들에게 개인화된 3차원 아바타를 제공하고, 아바타가 착용할 수 있는 액세서리나 의상을 판매하고 교환하는 플랫폼으로 전환을 시도하고 있다. 2021년 5월 6,500만 달러(한화 약 730억 원)를 투자받기도 했다. 메타버스 시대에 아바타 제작 기술이 얼마나 기대를 모으고 있는지 알 수 있는 대목이다.

● 제페토의 캐릭터 커스터마이징 화면과 지니스의 캐릭터

아이폰의 미모지Memoji 나 갤럭시 AR 이모지Emoji 처럼 스마트폰에서 아바타를 쉽게 만들 수 있는 기능을 통해 사용자들은 점차 자신의 아바타를 다양한 플랫폼에 공유하는 데 익숙해지고 있다. 위에서 설명한 기술들과 융합된다면 캐릭터 제작 난이도를 낮춰 전문적 지식 없이도 양질의 캐릭터를 양산하는 결과를 가져올 것이다. 카카오톡의 이모티콘 대신 자신의 아바타를 활용하는 새로운 형태의 감정 표현이 등장할 수

있고, 챗봇chatbot과 같은 대화형 서비스와 결합해 새로운 형태로 발전할 가능성도 있다. 아울러 메타버스 시대의 아바타는 본인을 표현하는 명함이자, 가상 세계에만 존재하는 또 하나의 자아로 활용된다. 분명한 것은 모든 사람이 메타버스 안에서 최소 하나 이상의 아바타를 만들 것이고, 펜트업 트렌드에 힘입어 파생될 수많은 메타버스 서비스에 대응해 아바타 기술 역시 빠르게 발전할 전망이다.

캐릭터와 내가 함께 입는 디지털 의상

많은 사람이 기억하지 못하지만 디즈니의 애니메이션 〈슈렉 1〉Shrek에서 주인공 슈렉의 의상은 단 한 벌이었다. 그러나 후속 시리즈가 나오면서 슈렉과 등장인물들의 의상은 점차 다양해지기 시작했다.

2013년 큰 인기를 얻은 디즈니의 애니메이션 영화 〈겨울 왕국〉Frozen의 주인공 엘사는 이전에는 찾아보기 어려웠던 화려하고 사실적인 드레스를 선보였다. 또한 다양한 등장인물들이 겨울이라는 주제에 맞게 두껍고 따뜻한 의상을 각자 개성에 따라 다채롭게 입고 등장했다. 이렇게 애니메이션 캐릭터들의 의상 가짓수가 많아지고 개성을 갖추기 시작한 것은 가상 의상의 제작 기술이 발전했기 때문이다.

2010년도 이전에는 캐릭터 의상 제작 방식이 찰흙을 빚는 것과 유사했다. 큰 덩어리를 캐릭터의 몸에 적당히 입히고 디테일을 깎아 내는 방식이었다. 이 방식은 제작 난이도가 높을 뿐만 아니라 의상의 디테일이

● 가상 의상 제작 화면과 완성된 의상을 입은 가상 모델

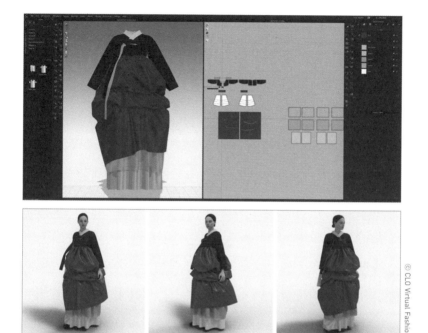

© CLO Virtual Fashion

나 움직임을 표현하는 데 한계가 있었다. 그러나 현재 애니메이션과 게임 분야에서 캐릭터들의 의상 제작 방식은 완전히 바뀌었다.

한국의 클로버추얼패션CLO Virtual Fashion이 개발한 마블러스 디자이너Marvelous designer는 캐릭터 의상을 제작할 때 사람이 입는 의상의 실제 제작 방식을 컴퓨터로 재현하고 있다. 의상 패턴 조각을 2차원상에서 디자인하고, 바느질해 3차원 캐릭터 위에 입히는 방식을 제안한 것이다. 이러한 방식은 의류 산업에서의 노하우를 그대로 접목시킬 수 있고, 실

생활에서 볼 수 있는 의상을 손쉽게 재현할 수 있다. 또한 의상의 움직임을 사실적으로 재현하기 어려웠던 기존 방식의 한계를 극복하면 애니메이션과 게임에도 다양한 의상을 활용할 수 있게 된다.

실제 세계에서 패션 디자이너가 스케치한 의상이 우리가 입는 옷으로 탄생하기까지는 많은 공정이 필요하다. 스케치는 아직 2차원 이미지에 불과하므로 사람이 입을 수 있는 3차원의 옷으로 탄생하려면 작은 패턴 조각들을 만들어 꿰매야 한다. 이렇게 만든 의상을 마네킹에 입힌 다음 디자이너가 느낌과 디테일, 핏 등을 확인해 마음에 들 때까지 몇 번이고 작업을 반복해야 한다.

이러한 과정을 거쳐 완성된 패턴들은 해외 공장으로 보내져 샘플로 제작되는데, 이러한 샘플 역시 몇 번의 수정을 거친다. 디자이너가 거주하는 나라와 공장이 있는 나라가 다른 경우가 많아 항공 우편을 이용하더라도 제작 샘플을 확인하는 데까지 최소 며칠에서 몇 주가 걸린다. 만약 스포츠 의류라면 몸의 움직임을 방해하지 않는지, 내구성에 문제가 없는지 등 별도의 테스트를 추가한다. 우리가 매장에서 만져 보고 입어 보는 의상은 이러한 일련의 시행착오를 거쳐 탄생하게 된다. 컴퓨터 기술을 통해 시행착오와 비용을 감소시키려는 시도는 당연한 과정일 수밖에 없다(〈도표 1-3〉).

현재 국내 클로버추얼패션의 클로3Dclo3D를 선두로 미국의 옵티텍스Optitex, 싱가포르의 브라우즈웨어Browzwear 등이 디지털 패션 제작 소프트웨어를 개발해 경쟁하고 있다. 전통적이고 보수적인 패션 산업에서

도표 1-3 디지털 의상 도입 후 제작 공정의 변화

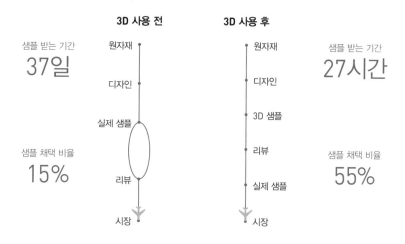

출처: 클로버추얼패션

도 캐릭터의 의상 제작 혁신 기술과 성공적인 결과물들을 근거로 대형 업체를 중심으로 디지털 의상 제작 기술을 도입하고 있다.

실제 판매하는 의류를 가상 세계의 아바타에 입히는 사례는 메타버스를 통한 마케팅에 빈번히 등장한다. 그러기 위해서는 가상 세계의 의상을 별도로 제작해야 한다. 앞에서 소개한 가상 의상 제작 기술과 디지털 기반 의류 제작 기술은 디테일의 차이는 있지만 근본적으로는 유사한 방식이다. 그러므로 아주 적은 비용으로 애니메이션 캐릭터의 의상을 실제 의상으로 전환할 수 있다. 물론 반대로 실제 의상을 게임 캐릭터에 입히는 것도 수월하다. 즉, 디지털 의상 제작 방식이라면 하나의 디자인으로 실제 세계와 가상 세계에서 함께 생산할 수 있는 것이다.

또 한 가지, 많은 메타버스 관련 기술이 주로 현실 세계의 대상물을 가상 세계에 재현하는 데 의미가 있다. 그러나 의상의 경우에는 가상 세계에서 아바타가 입었던 것들을 실제 세계에서 재현하는 것도 수월하다. 지금까지 의류 제품들은 특정 캐릭터나 로고를 인쇄하거나 상징성 있는 색깔을 활용하는 정도에 그쳤지만 이제는 캐릭터가 입고 있는 동일한 의상을 현실 세계에서 재현할 수 있다. 인기 있는 캐릭터의 의상이 실제 세계에서도 유행해 많은 사람이 입고 다니는 사례가 곧 등장할 것이다. 이와 연계한 마케팅이나 마니아층을 중심으로 새로운 문화가 파생될 여지도 충분하다.

디지털 의상 제작 외에도 패션 업계에서 주목하고 있는 기술은 고객의 신체에 맞는 의상을 찾아서 추천해 주는 피팅 서비스다. 온라인 쇼핑을 통해 의류를 구입하는 일이 일상이 됐지만 여전히 몸에 맞는 사이즈를 찾기는 어렵다. 온라인으로 구입한 의상을 배송받아 입어 보고 몸에 맞지 않는다면 교환이나 반품을 해야 한다. 이때 발생하는 비용은 고객에게도 기업에게도 손해다. 만약 사용자의 신체 치수에 따라 적절한 사이즈를 컴퓨터가 찾아 준다면 이러한 비용을 획기적으로 절감할 수 있다.

아마존은 고객의 신체 정보에 맞춰 티셔츠를 제작하는 메이드 포 유Made for you 서비스를 선보였다. 고객이 신체 사이즈와 사진 두 장을 아마존 서버에 올리면, 신체 데이터를 추출해 맞춤복을 제작해 주는 서비스다. 2020년 아마존은 고객의 신체를 3D 스캔한 뒤 머신러닝을 통해 어울리는 옷을 추천해 주는 에코 룩Echo look 서비스를 종료했다. 별도의 장비가 필요했기 때문이다. 그리고 지난 몇 년간 인공지능 기술과 스마트폰 카메라가 개선되면서 새로운 서비스로 대체한 것으로 보인다.

2021년 5월, 월마트는 이스라엘의 가상 피팅 기술 스타트업인 지킷Zeekit 을 인수했다. 지킷은 사용자가 사진을 업로드하거나 체형, 키, 피부색 등을 선택하면 적절한 신체 치수를 찾아 주고 이를 통해 가상 환경에서 의상을 입어 보고 친구들에게 공유하는 서비스를 개발해 왔다.

노스페이스, 팀버랜드 등 유명 브랜드를 소유한 미국의 글로벌 패션기업 VF 코퍼레이션도 인공지능 기반의 모바일 신체 스캐닝 업체인 3D룩과 협업해 중국 시장을 대상으로 가상 피팅 서비스를 제공할 계획으로 알려졌다.

글로벌 패스트패션 업체인 H&M도 베를린에 위치한 연구소 H&M비욘드와 NeXR 테크놀로지와 협업해 가상 피팅 서비스를 개발하고 있다. 국내에서는 LG전자가 자사 패션 브랜드 헤지스와 협업해 인공지능 기반의 싱큐 핏ThinkQ Fit 을 선보인 바 있다. 3D 카메라 기술을 이용해 사용자의 신체를 계측하고 다양한 가상 의상에 대한 피팅감을 알 수 있게 했다.

사용자의 신체를 계측하는 기술과 함께 의상의 정확한 치수 계측도 필요하다. 전통 방식으로 제작한 의상을 가상 피팅 기술에 적용하려면 별도의 측정 작업이 필요하다. 반면 디지털 기술로 제작한 의상은 이미 상세한 치수가 디지털화돼 있는 데이터들이다. 클로버추얼패션은 디지털 의상 제작 노구를 제작하는 사사의 프로_1램 글도3D의 의싱을 대싱

● 월마트의 지킷

● 클로버추얼패션의 온라인 피팅 서비스

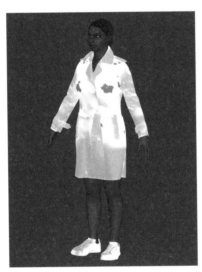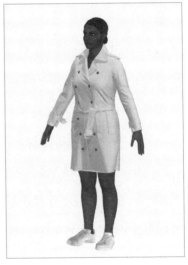

으로 온라인 피팅 서비스를 제공한다.

최근 패션계에서 주목하고 있는 키워드는 지속 가능한 패션Sustainable Fashion이다. SPA 브랜드들이 성장하면서 옷을 저렴하게 구입해 오래 입지 않고 소비해 버리는 문화가 생겼다. 이러한 소비문화의 변화는 환경에 큰 부담으로 작용하게 됐다. 지속 가능한 패션은 이 같은 빠른 소비로부터 환경을 고려하려는 움직임이다. 환경 보호에 유리한 천연 소재를 사용하거나 나아가 재활용 소재를 활용한 의상 등을 선보이고 있다.

디지털 의상 제작 기술은 의상 샘플에 사용되는 자원들과 커뮤니케이션에 소비되는 비용을 혁신적으로 감축시키는 효과가 있다. 또한 의상에 사용되는 부자재들이 기록돼 미래에 재활용도 가능하다.

덴마크의 패션 업체 베스트셀러Bestseller는 2025년까지 의상 제작에 소비되는 샘플의 양을 파격적으로 줄이는 목표를 설정하고, 재고 없는 디지털 플랫폼을 개발하고 있다. H&M 역시 디지털 의상 제작 기술을 도입해 낭비 없이 자유롭게 실험할 수 있게 됐으며, 빠르면서도 지속 가능한 패션을 만들 수 있다고 밝혔다.

2021년 5월, 패션 브랜드 헤지스는 디지털 샘플을 제작하고 가상 품평회를 통해 제품을 출시했다. 또한 FW 시즌에는 디지털 공정을 더욱 확대할 것이며 이를 통한 그린 디자인을 선도하겠다는 포부를 밝힌 바있다.

혁신적 기능과 많은 장점에도 디지털 의상 제작 기술이 전통적인 방식을 완전히 대체하려면 많은 시간이 필요할 것이다. 업계 종사자들이 노하우와 경험을 소프트웨어로 대신할 수는 없기 때문이다. 그러나 많은 패션 회사가 일부의 작업 공정을 대체하기 위한 기술들을 도입하고 있으며, 대학을 포함한 교육 기관에서도 커리큘럼으로 자리 잡고 있다.

특히 패션 업계는 펜트업 효과에 매우 큰 수혜를 입을 것으로 예상된다. 백신 보급으로 점점 마스크를 벗게 되면서 꾸밈에 대한 관심이 증가할 것이기 때문이다. 메이크업, 패션 시장 등이 펜트업 효과를 제일 먼저 이끌 것이다. 이를 대비해 제작 공정을 단순화하고 시행착오를 줄이기 위한 디지털 의상 제작 기술을 더 빠르게 수용할 전망이다.

대체불가능한 토큰, NFT의 모든 것

2017년 이더리움 기반으로 출시된 디지털 고양이 수집 게임인 〈크립토키티〉를 계기로 대체 불가능한 토큰NFT, Non Fungible Token의 개념이 대중적으로 널리 알려졌다. 〈크립토키티〉에서는 고양이 간 교배를 통해 새로운 고양이를 얻을 수 있고, 이렇게 생성된 고양이들의 특성이 제각각이었기 때문에 이용자들의 수집 욕구를 자극했다.

드래곤Dragon이라는 고양이가 600이더리움, 당시 시세로 약 2억 원에 거래되며 NFT의 잠재력을 세상에 널리 알렸고 많은 이용자가 〈크립토키티〉에 몰렸다. 그 여파로 이더리움 플랫폼 전체의 거래가 지연되는 사태가 벌어지기도 했다.

NFT는 블록체인 기술을 활용해 디지털 콘텐츠에 고유한 인식 값을 부여하는 기법이다. 비트코인 등의 다른 디지털 토큰은 상호 교환이 가능하지만, NFT는 각 토큰이 고유한 값을 유지하므로 다른 NFT로 대체 불가능하다. 예를 들어 평범한 신발에 농구 스타 마이클 조던이 사인을 하면 희소성과 가치가 높아져 가격이 폭등하는 것과 비슷한 개념이다.

NFT는 디지털 콘텐츠에 복제하기 어려운 희소성과 상징성을 부여하고, 특정인의 소유권 정보를 기록한다. 또한 블록체인 기술을 사용하기 때문에 전체가 아닌 일부분에 대한 소유권도 가질 수 있다. 말하자면 조던이 사인한 신발의 5퍼센트만 소유할 수도 있는 것이다.

비단 〈크립토키티〉의 사례가 아니더라도, 게임은 현재 NFT를 가장 효과적으로 활용할 수 있는 분야다. 본래 게임 아이템은 게임 내에서 플레이를 통해서 얻을 수 있는 요소로, 개발사에 의해 손쉽게 복사나 가치 조정이 이루어지곤 했다. 그러므로 돈을 주고 게임 아이템을 구매했음에도 개발사가 이에 대한 소유권과 통제권을 온전히 가지게 된다. 그런데 유료로 구매하는 게임 아이템의 비중이 높아지면서 게임 서비스 종료 시 개발사에 의해 일방적으로 가치가 소멸되는 것이 부당하다는 이용자들의 불만이 늘어나고 있다.

이러한 상황에서 게임 아이템과 연동된 NFT를 발행해 이용자에게 게임 아이템의 소유권을 부여하려는 시도가 등장했다. 이 경우 아이템의 소유권이 개별 플랫폼이 아닌 블록체인에 기록되기 때문에 특정 게임에서 획득한 아이템을 다른 게임으로 가져가는 것도 기술적으로 가능하나.

게임과 더불어 NFT의 활용을 활발하게 시도하고 있는 분야가 바로 디지털 예술이다. 디지털 예술은 특성상 복사가 손쉬워 활발한 거래가 이뤄지지 않았다. 그러나 디지털 예술 작품을 NFT로 발행하면 그 소유권과 거래 이력을 명확히 표시할 수 있고, 블록체인 기술을 통해 진위 여부도 확실히 판단할 수 있다.

이미 크리스티와 소더비 등 세계적 미술품 경매사들이 NFT를 적용한 디지털 예술의 경매에 적극 나서고 있으며, 2021년 3월 디지털 아티스트 비플의 작품 〈나날들: 첫 5,000일〉Everydays: the First 5000 Days 은 디지털 미술품 사상 최고가인 6,930만 달러(한화 약 780억 원)에 낙찰돼 세상을 깜짝 놀라게 했다.

일론 머스크의 연인으로 알려진 아티스트 그라임스Grimes 는 디지털 그림 10점을 경매에 내놓았는데, 20분 만에 580만 달러(한화 약 65억 원)에 낙찰됐다. 흔히 짤방이라고 부르는 애니메이션 이미지로 제작된 냥캣Nyan cat 은 이더리움 300개, 당시 시세로 약 5억 원에 판매되기도 했다. 국내에서도 피카프로젝트가 2021년 3월에 국내 최초로 진행한 NFT 미술품 경매에서 마리킴 작가의 디지털 작품인 〈미싱 앤드 파운드〉Missing and Found가 288이더리움, 약 6억 원 수준에 낙찰된 바 있다.

앞에서 설명한 것 외에도 NFT의 활용 가능성은 무궁무진하다. 특히 메타버스 생태계와 결합했을 때 엄청난 잠재력이 있다. NFT를 활용하면 메타버스 플랫폼의 다양한 이용자 창작 콘텐츠에 희소성, 소유권을 부여할 수 있기 때문이다. 메타버스 이용자는 NFT로 자신만의 디지털

● 비플의 〈나날들: 첫 5000일〉

© beeple

창작물을 상품화해 이를 가상자산 등의 대가를 받고 판매할 수 있으며,
또한 현실의 세계의 화폐로 환전도 가능하다.

NFT를 통해 구입한 디지털자산은 다른 사람에게도 재판매할 수 있
어 고가의 미술품처럼 투자의 대상으로 여겨지기도 한다. 실제로 블록
체인 기반 메타버스 게임 플랫폼인 더샌드박스에서는 이용자들이 게임

● 더샌드박스에서 **NFT**로 이용자들의 창작품이 거래되는 모습

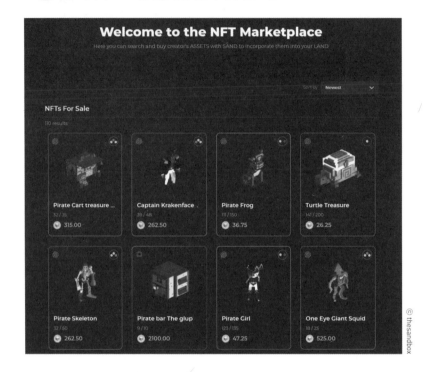

내 가상 공간과 아이템을 NFT로 제작해 소유권을 확보하고 자체 가상 자산인 샌드SAND로 거래할 수 있다.

가상 현실 플랫폼인 디센트럴랜드Decentraland에서는 NFT를 통해 가상의 부동산도 거래할 수 있다. 디센트럴랜드는 제한된 크기의 디지털 부동산을 제공한다. 디지털 부동산을 통해 학교를 설립하거나 광고를 하는 데 사용할 수 있고 심지어 다른 사람에게 임대해 수익을 창출할 수

도 있다. 부동산의 소유권은 NFT를 통해 증명된다. 또한 가상 부동산은 현실처럼 개인 간 거래와 경매로 구입할 수 있다. 게다가 중심부는 변두리 지역보다 더 높은 가격을 형성하고 있어 현실의 부동산과 유사한 형태를 띠고 있다. 향후 NFT 기반의 메타버스 생태계가 확장돼 다른 메타버스 플랫폼 간 NFT 창작물을 이전할 수 있게 된다면 NFT의 활용 가치는 더욱 커질 것이다.

일상이 바뀌는 곳에 기회가 있다

사무실 대신 게더 타운에서 회의하기

지금은 이전보다 훨씬 많은 사람이 재택근무를 경험했다. 이처럼 재택근무 형태를 급격하게 늘린 것은 대부분의 개인뿐만 아니라 회사에서도 처음 시행하는 일이었을 것이다.

이 경험 덕분에 일하는 공간, 오피스라는 개념도 새롭게 정의되고 있다. 특정한 공간을 확보한 다음 사람들이 그 공간에 모여서 일해야 하는지, 실제로 사람들이 모여서 실행하는 회의와 토론이 가장 효율적인 것인지 등 업무 환경에 대한 근본적 고민이 이어지고 있다. 나아가 코로나 시대의 근무 환경이 재택근무였다면 펜트업 시대에는 메타버스와 오프

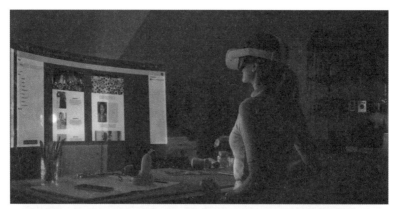

라인 사무실의 혼용이 새로운 근무 환경으로 자리 잡을 전망이다.

그중에서도 페이스북의 인피니트 오피스는 상상 속의 재택근무 환경이 마침내 실용화된 것 같은 서비스다. 이 서비스를 이용하는 사람들은 장소에 구애받지 않고 VR 헤드셋을 통해 가상 세계의 사무실에 접속해 널찍한 여러 대의 가상 모니터를 통해 업무를 볼 수 있다. 비용과 공간의 제약이 있는 실제 현실과는 달리 가상 세계에서의 디스플레이는 개수와 크기, 배치가 매우 자유롭다. 많은 영화에서 등장했던 것처럼 손을 이용해 스크린 위치를 바꾸거나 교환할 수 있으며, 새로운 디스플레이를 꺼낼 수도 있다. 또한 주변기기 전문 제조사 로지텍Logitech과 협업해 가상 공간과 연계해 사용할 수 있는 키보드도 제공한다.

AR 기반 협업 플랫폼인 스페이셜Spatial은 가상 오피스에 집중한 서비스다. 인공지능 기술을 이용해 사진을 3차원 홀로그램 아바타로 변환하고, AR 기기를 통해 재현한다. 가상 공간에서 회의를 진행하면서 다른 사람의 아바타 제스처를 볼 수 있고, 회의 주제와 관련된 이미지를 보거나 조작할 수 있다. 특히 고개를 돌려 옆 사람에게만 속삭이거나, 특정 인물에게 다가가서 대화할 수 있는 기능을 제공함으로써 다른 사람과 함께 있는 느낌을 만들어 준다. 단순히 화면만 공유하는 기존의 원격 회의를 넘어 공간을 공유하고 몸짓과 속삭임이라는 중요한 커뮤니케이션 도구까지 더해진 셈이다.

실제 세계의 공간을 클래식한 그래픽의 2차원 게임 세계로 변환한 게더 타운Gather town은 최근 굉장히 주목받고 있는 서비스다. 사무실, 회의실, 대학 등의 공간은 한눈에 파악할 수 있는 도트 그래픽으로 레이아웃을 재구성했다. 이 가상 공간에서는 한 이용자의 아바타에 다른 이용자의 아바타가 가까워지면 자동으로 마이크가 켜져 서로 대화를 할 수 있다. 반대로 멀어지면 자동으로 연결이 끊긴다. 실제 세상의 대화를 흥미로운 방법으로 재현한 것이다. 그뿐만 아니라 회의실과 같은 공용 공간

● 스페이셜 콘셉트 이미지와 데모 영상

© Spatial

에서는 사람들이 지나가면 자동으로 연결돼 함께 대화할 수 있다. 화이
트보드나 간단한 게임 등도 제공한다. 점심을 먹으러 가거나 휴게실에
가는 것도 효과적으로 공유할 수 있다.

　이미 많은 기업에서 코로나 시대가 종식돼도 이전과 달리 재택근무

● 게더 타운으로 구성된 가상 세계와 구동 화면

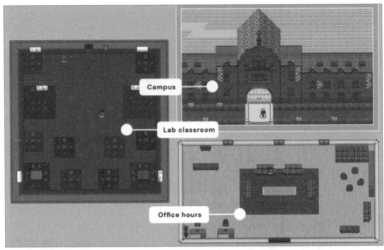

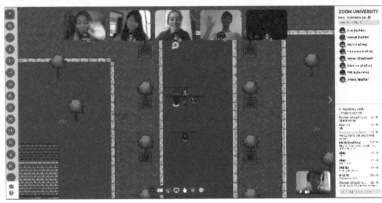

© Gather Presence

인원 비율을 대폭 늘리거나, 아예 재택근무 체제를 유지할 계획이라고
밝혔다. 2021년 6월, 네이버의 계열사 라인플러스는 근무 체계를 완전
재택근무로 전환했다. 앞으로도 사무실 근무와 재택근무를 혼합해 원하

는 직원만 출근하는 시스템을 유지할 것이라고 한다. 미국의 트위터, 페이스북 역시 영구적으로 재택근무를 허용했다. 국내 부동산 스타트업 직방은 메타버스 오피스 플랫폼인 '메타폴리스'를 자체 개발했고 완전 재택근무제로 전환했다. 코로나 시대의 재택근무 경험과 업무 도구의 발전으로 업무 효율성이 증대했다고 판단했기 때문이다.

가상 오피스 환경에서는 공간의 한계를 뛰어넘어 전 세계 사람들이 하나의 공간에서 일하는 것이 가능하다. 사무실을 운영하는 비용도 절감할 수 있고, 메신저나 문서를 통해 정보를 공유하는 현재의 방식도 동영상과 이미지 캡처 등으로 쉽게 대체할 수 있다. 이를 통해 개개인이 출퇴근하는 데 드는 시간과 비용을 오롯이 자기 계발과 취미로 전환할 수 있다. 어쩌면 코로나 시대를 거치면서 인류는 각자의 공간에서 효율적으로 일하고 관리하는 훈련을 받는 것일지도 모른다. 펜트업 시대에는 큰 건물에 많은 사람이 모여 일하는 현재의 근무 형태가 비효율적인 과거의 업무 방식으로 치부될지도 모른다.

한편 메타버스를 활용한 근무 환경은 업무 생산성도 높일 수 있다. 지금의 업무 형태는 모니터와 키보드, 마우스를 중심으로 이루어지는 반면 VR 인터페이스를 이용하면 더 효과적인 업무 방식이 가능해지기 때문이다. 새로운 사용자 경험이 업무 효율성 증대에 기여한다면 특정 직업군을 중심으로 메타버스 근무 체제가 빠르게 자리 잡을 것으로 예상된다.

메타버스에 올라타기 위한 차세대 인터페이스

페이스북의 리얼리티 랩은 근육 감지 팔찌를 선보였다. 이 팔찌는 근전도 검사법을 이용해 1밀리미터 정도의 손가락 움직임과 같은 세밀한 근육의 움직임도 측정할 수 있다. 키보드로 대표되는 현재의 입력 장치를 대체하려는 시도인 것이다. 타이핑뿐만 아니라 가상 세계의 물건을 잡거나 움직이는 동작도 가능하다.

또한 레이밴Ray-ban과 협업해 AR 글라스 프로젝트인 아리아Aria를 진행하고 있다. AR 글라스는 고글 형태의 HMD 장비와 비교해 더 가볍고 자유로운 시야를 얻을 수 있는 장점이 있다. 가상 세계보다 현실 세계에 더 초점을 둔 장비로, 스마트폰이나 헤드셋 없이도 정보를 취득하고 커뮤니케이션을 할 수 있다.

애플은 지난 수십 년간 인류의 인터페이스를 주도하고 있는 기업이라고 해도 과언이 아니다. 애플 컴퓨터를 출시하면서 현재의 표준 인터페이스인 마우스와 그래픽 유저 인터페이스GUI를 선보였다. 아이폰을 출시한 이후에는 터치, 시리로 구현된 음성, 애플 펜슬까지 꾸준히 주도권을 쥐어 왔다. 또한 아이폰 운영체제인 iOS에 개발자들을 위한 AR 키트kit를 제공하며 AR 개발 생태계를 구축하려는 노력을 지속해 왔고 2017년부터 AR 글라스 출시를 준비하고 있다. 한편 2021년 애플의 세계 개발자 콘퍼런스WWDC에 메타버스에 대응하는 새로운 인터페이스를 공개할 것이라는 많은 루머에도 이에 대한 언급은 없었다. 그러나 행사 직후 많은 미디어와 전문가들이 늦어도 2023년 초에는 출시될 것으로

● 페이스북의 차세대 인터페이스인 근육 감지 팔찌

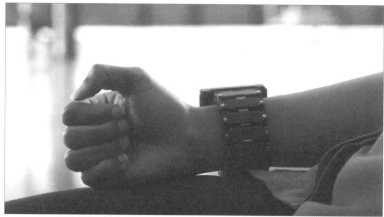

© Facebook

예상하고 있다.

2021년 3월에는 애플의 XR 기기를 조작할 수 있는 반지 형태의 장치 특허가 공개됐다. 반지에 부착된 센서를 이용해 착용자의 손가락 움직

● 애플의 반지 형태의 인터페이스

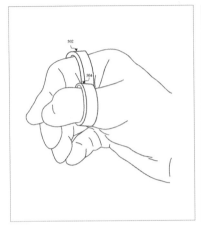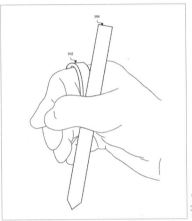

© Apple

임을 감지하고 다른 물체와의 관계를 파악할 수 있다고 알려졌다. 또한 단독으로 사용이 가능하지만 엄지손가락과 집게손가락에 두 개를 착용해 더 정확한 감지가 가능할 것으로 예상된다.

　신체의 움직임을 가상 세계에 전달하는 디바이스들도 개발에 탄력을 받을 전망이다. 2021년 하반기에 출시 예정인 버툭스Virtuix의 옴니 원 Omni one 은 가정에서 사용할 수 있는 VR용 트레드밀treadmill 이다. 트레드밀은 한국에서는 흔히 러닝머신으로 번역된다. 옴니 원은 한 방향으로 달릴 수 있도록 설계된 기존 장비와는 달리 사용자가 360도 전 방향으로 자유롭게 움직일 수 있고, 점프하고 웅크리는 동작도 인식할 수 있다. 이러한 트레드밀을 VR 헤드셋과 함께 이용한다면 굉장히 몰입감 있

● 가상 세계를 탐험하는 장비들인 버툭스 옴니 원과 즈위프트

© Virtuix / Zwift

는 가상 세계를 체험할 수 있다.

또한 즈위프트Zwift는 온라인에서 전 세계 사람들과 함께 자전거를 타거나 러닝을 할 수 있는 서비스다. 각자 가지고 있는 실내용 자전거나

트레드밀에 센서를 부착한 뒤, 모니터를 통해 다른 사람들의 아바타와 경쟁하거나 협력해 운동을 즐긴다. 또한 즈위프트는 경사도와 노면을 시뮬레이션하는 트레이닝 장비를 추가 판매해 정교하고 몰입감 있는 환경을 제공하고 있다.

뇌와 기계를 직접 연결해 조작하는 인터페이스인 뇌–컴퓨터 인터페이스BCI, Brain-Computer Interface는 생각보다 더 가까운 미래에 상용화될지도 모른다. BCI는 주로 의료 분야에서 뇌 질환을 치료하거나 장애인의 신체 장애를 극복하는 목적 등으로 연구돼 왔지만 최근에는 컴퓨터 인터페이스로 주목받고 있다.

2016년 일론 머스크가 BCI 개발을 위한 스타트업 뉴럴링크Neuralink를 설립했고, 2021년 4월에는 유튜브를 통해 원숭이 뇌에 인터페이스를 심고 이를 통해 생각만으로 게임을 하는 영상을 공개했다. 처음에는 원숭이가 컨트롤러를 손으로 조정하면서 게임을 플레이하고 뇌파 신호를 컴퓨터에 전달했다. 게임에 대한 보상으로 원숭이의 입에 꽂힌 금속 빨대를 통해 바나나 스무디가 나오는데, 원숭이는 이를 더 많이 받아먹기 위해 게임 방법을 학습한다. 이를 통해 인공지능이 원숭이의 뇌파와 컨트롤러의 입력 신호 사이의 연관 관계를 학습하고 결국 뇌파만으로 컨트롤러의 동작을 유추하게 되는 것이다. 영상 후반부에서는 원숭이가 여전히 컨트롤러를 손으로 잡고 있지만, 컨트롤러의 케이블이 빠져 있어 뇌파로만 게임을 플레이하고 있는 것을 잘 보여 준다.

페이스북도 2019년 BCI 기술 스타트업 컨트롤랩스CTRL-labs를 인수한

● 머리에 심은 BCI를 통해 뇌파로 게임을 하는 원숭이

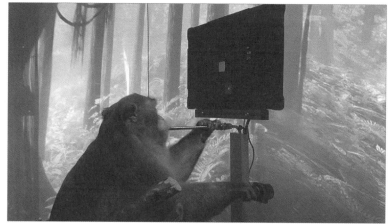

© Neuralink

바 있다. 컨트롤랩스는 앞서 소개한 페이스북의 리얼리티 랩에 합류해 차세대 인터페이스를 개발하고 있다. 가까운 미래에는 두피에 센서를 붙여 뇌파를 읽는 방식이 등장할 것으로 기대된다. 정확성은 비교적 떨어져도 컴퓨터나 모바일 장비를 조작하는 정도는 가능한 수준으로 알려졌다.

메타버스 시대에 기존 인터페이스 장비들이 사용자들에게 충분한 경험을 제공하지 못하는 것은 자명하다. HMD 헤드셋과 AR 글라스와 같이 가상 세계를 출력하는 기기를 장착했을 때 키보드와 마우스로는 원활한 입력을 기대하기 어렵다. 그러므로 메타버스의 등장은 새로운 기술과 이를 활용하는 장비들의 개발을 촉진시키는 계기가 될 전망이다.

페이스북의 근육 감지 팔찌나 애플의 반지 형태의 새로운 인터페이스가 메타버스 시대에 표준 장비로 자리 잡을 수도 있을 것이다. 또한 터치스크린을 지닌 아이팟과 스마트폰, 그리고 인터넷 통신 기기라는 세 가지 장비가 하나로 통합돼 아이폰이 탄생한 것처럼 메타버스를 구성하는 기술들이 결합돼 새로운 인터페이스로 탄생할 수도 있다.

요즘 핫한 메타버스 기술에는 어떤 것이 있을까?

XR: 확장 현실 또는 가상 융합 기술. 증강 현실과 가상 현실 그리고 혼합 현실을 모두 포함하는 개념이다.

3D 사전 시각화: 본격적인 작업 이전에 시각 효과에 대해 정확한 계획을 세우고 점검하는 사전 작업. 많은 메타버스 서비스에 쓰이는 중심 기술이다.

메타 휴먼 크리에이터: 언리얼 엔진의 에픽게임즈에서 개발한 캐릭터 제작 툴. 한 시간 정도의 작업만으로 실사 캐릭터를 제작할 수 있다.

'메타버스株'에 주목하라!

세계 증시가 폭락해도 IT 기술주에 대한 관심은 계속된다. 그 중심에 메타버스 관련주가 있다. 나스닥에 상장한 '게임판 유튜브'라고 불리는 로블록스부터 메타버스에 지속적인 투자를 계속하는 네이버 제페토까지, 기업들의 치열한 기술 전쟁이 계속된다. 이 외에도 메타버스 관련주들만 묶은 '메타버스 ETF'가 인기라고 하니 2022년에도 이 테마에 대한 기대감은 계속될 것이다.

스트리밍 산업은 시장이 포화되면서 경쟁이 치열해지고 있다. 넷플릭스의 독주로 시작했지만, 현재 강력한 후발 주자들이 시장 파이를 나누는 중이다. 많은 기업이 새로운 활로로 오디오 스트리밍, 게임 스트리밍, 의료 스트리밍 등 다양한 형태의 미래형 스트리밍 서비스를 시작하면서 활기가 더해지고 있다.

CHAPTER 2

스트리밍

LIVE ON!
무엇이든
실시간으로 즐긴다

OTT 공룡들의
치열한 생존 경쟁

OTT가 바꾸는 미디어 산업 지도

넷플릭스 성공 이후 OTT_{Over the Top} 시장 경쟁이 점차 심화되면서 이제
는 시장 포화의 단계에 이르렀다. 이미 억 단위의 구독자 수를 확보한 아
마존 프라임, 디즈니 플러스뿐만 아니라 애플 티비 플러스, 쇼타임,
CBS, 디스커버리 플러스 등의 서비스들이 매년 새롭게 론칭하고 있다.
그로 인해 2014년 125개 수준이던 미국 내 OTT 서비스의 수는 2020년
들어 275개 이상으로 늘어났다.

　　그러나 무분별하게 론칭한 일부 OTT 서비스는 너무 쉽게 서비스 중
단으로 이어지기도 한다. 2018년에는 무려 19개 서비스가 중단됐고,

도표 2-1 미국 내 OTT 서비스 수

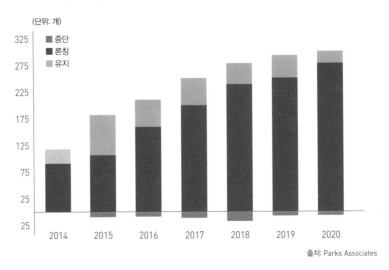

(단위: 개)

■ 중단
■ 론칭
■ 유지

출처: Parks Associates

2020년에도 6개 이상의 서비스가 중단됐다(〈도표 2-1〉).

최근 OTT 서비스와 미디어 산업은 새로운 국면을 맞고 있다. 케이블 TV를 해지하는 코드 커팅cord-cutting 현상이 가속화되고 있는 점도 대표적인 변화 중 하나다. 일례로 2020년 한 해 동안 미국에서 600만 가구 이상이 추가로 케이블 TV를 해지했다. 전체 이용 가구 수의 7퍼센트에 달하는 수치다. 다수의 미국인이 기존에 이용하던 컴캐스트나 타임워너와 같은 케이블 TV 서비스를 해지하고 OTT 서비스로 대거 이동했기 때문이다.

미국 케이블 TV의 월 이용 요금은 70달러(한화 약 8만 원)에서 최대 140달러(한화 약 16만 원)에 달하지만 넷플릭스는 월 요금이 13.99달러

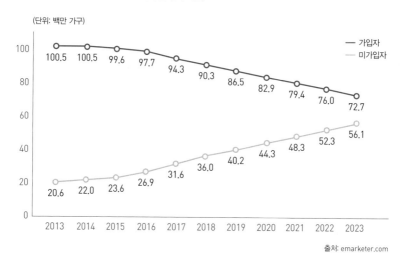

도표 2-2 케이블 TV 가입자와 미가입자의 비율

(단위: 백만 가구)

— 가입자
— 미가입자

가입자: 100.5, 100.5, 99.6, 97.7, 94.3, 90.3, 86.5, 82.9, 79.4, 76.0, 72.7

미가입자: 20.6, 22.0, 23.6, 26.9, 31.6, 36.0, 40.2, 44.3, 48.3, 52.3, 56.1

2013 2014 2015 2016 2017 2018 2019 2020 2021 2022 2023

출처: emarketer.com

(한화 약 1만 6,000원)에서 17.99달러(한화 약 2만 원) 정도밖에 하지 않는
다. 더구나 케이블 TV보다 넷플릭스가 소비자 경험 측면에서 더 다양한
볼거리와 사용 편의성을 제공하고 있어 미국 내 코드 커팅 현상은 가속
화됐다. 리서치 그룹인 TDG의 조사에 따르면 2030년이면 케이블 TV
를 구독하는 가정이 전체 26퍼센트로 하락해 사실상 서비스 소멸 수준
까지 이를 것으로 예상된다.

통계상으로도 미국 내 케이블 TV 이용률은 해가 갈수록 감소하고 있
다. 2007년까지는 100퍼센트에 가까운 이용률을 지속해서 유지해 왔지
만 넷플릭스가 미국 서비스를 시작한 2007년부터 그 비중은 지속적으
로 하락하며 2021년에는 79퍼센트를 기록했다(〈도표 2-2〉). 반면 넷플

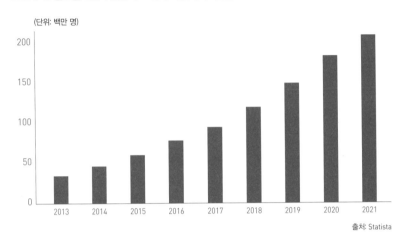

(단위: 백만 명)

출처: Statista

릭스의 글로벌 구독자는 2013년 3,000만 명 수준이었으나 이후 빠르게 늘어나면서 2021년에는 2억 명을 넘어섰다(〈도표 2-3〉). 글로벌 OTT 가입자 수 또한 2017년에 4억 명을 돌파했고, 2021년에는 6억 5,000만 명에 달할 것으로 예상하고 있다.

OTT 산업으로 나타나고 있는 펜트업 트렌드는 미디어의 생산에서 유통, 소비까지 아우르는 미디어 산업 전반에도 변화를 일으키고 있다. 이 시대의 변화 양상은 네 가지로 나눠 볼 수 있다.

첫째로 폐쇄적 구조 안에서 미디어를 생산하고 유통하는 형태가 점차 개방적으로 변화한다. 즉, 기존에는 채널 사업자로 불리는 공영 방송국이나 케이블 TV 사업자들이 직접 콘텐츠를 제작하고 자신의 채널 안에서만 독점적으로 프로그램을 방영했지만 이제는 콘텐츠가 제작되는 곳과 유통되는 곳이 분리돼 방송국 고유의 콘텐츠들도 OTT를 통해 대부분 시청할 수 있다. 예를 들어 KBS, MBC, SBS 공영 방송국의 드라마, 다큐멘터리, 예능 같은 프로그램들도 OTT 서비스로 시청할 수 있고, 미국의 HBO 케이블 채널에서만 볼 수 있었던 HBO전용 드라마도 왓챠나 HBO 맥스 등의 OTT 서비스로 시청할 수 있다.

둘째로 콘텐츠 사업자, 채널 사업자, OTT 사업자들 간의 새로운 전략적 경쟁 및 공생 관계가 수립되기 시작했다. 넷플릭스는 자체 콘텐츠가 부족하다는 단점을 보완하기 위해 200여 개가 넘는 방송사와 영화사에 콘텐츠 제휴를 맺었다. 2020년에는 일본 애니메이션 제작사인 지브리 스튜디오에 총 2조 원을 투자하는 등 새로운 콘텐츠 사업자를 확보하기 위해 끊임없이 노력하고 있다. 그뿐만 아니라 이용자들이 케이블 TV 셋톱박스를 통해 자사 서비스를 이용할 수 있도록 케이블 TV 사업자들과도 제휴를 확대하고 있다. 케이블 TV 사업을 사양 산업으로 만들어버린 넷플릭스가 오히려 이들과 제휴를 맺고 있다는 점을 보면 그만큼 현재 OTT 서비스의 영향력이 얼마나 성장했는지 알 수 있다.

셋째로 상당수의 채널 사업자가 직접 OTT 시장에 뛰어들기 시작했다. 〈왕좌의 게임〉, 〈밴드 오브 브라더스〉, 〈프렌즈〉 등의 IP를 보유해 미국 드라마의 대표 방송국으로 성장한 HBO는 이전에는 케이블 TV 채널을 통해서만 자사의 콘텐츠를 송출해 왔지만, 2020년에는 자체 OTT 서비스인 HBO 맥스를 론칭했다. HBO 맥스에서는 HBO 자체 드라마는 물론 계열사인 워너브라더스, 카툰 네트워크, DC 유니버스 등의 작

© HBO

품들을 주로 스트리밍 하고 있다. 특히 2021년 개봉되는 17편의 워너브
라더스 신작 영화를 영화관 개봉과 동시에 HBO 맥스에도 공개하고 있
다. 이러한 HBO의 행보는 영화계에 적지 않은 논란을 야기했다. 미국
지역 영화관이 수입에 타격을 피할 수 없기 때문이다. 크리스토퍼 놀란
과 드니 빌뇌브 등의 영화 관계자들은 HBO의 결정에 대해 비판의 목소
리를 쏟아 냈으며, 몇몇 영화관 운영진들은 워너브라더스의 영화를 상
영하지 않겠다는 보이콧을 진행하기도 했다.

마지막으로 콘텐츠 제작 환경이 개선됐다. OTT 사업자 간에 콘텐츠
확보 경쟁이 심화되면서 콘텐츠 투자 비용이 대폭 확대됐기 때문이다.

2019년

● 방송 콘텐츠 제작 위축
− 집단 제작을 기반으로 하는 콘텐츠 제작 위축
− 현장 일부 방송 프로그램 제작 취소, 해외 촬영 및 공개방송 축소

2020년

● TV 시청 및 뉴스 시청률 증가
− 집 안 거주 시간 증가로 TV 이용률 증가
− 뉴스 시청률 증가, 재난 방송 성격 강화
− 확산 정체기에도 전년을 상회하는 시청률 기록

넷플릭스는 1년 전체 매출의 70퍼센트에 해당하는 금액을 콘텐츠 확보를 위해 사용하고 있으며 후발주자인 HBO와 디즈니도 OTT 전용 콘텐츠 확보 경쟁에 뛰어들었다. 실제 넷플릭스의 지원을 받아 콘텐츠를 만드는 국내 제작자들에 따르면 넷플릭스가 제작비 지원금에 대해서도 관대할 뿐만 아니라 제작 과정에도 크게 간섭하지 않아 자유롭게 작품을 만들 수 있다고 한다.

코로나19 발발 초기에는 많은 인원이 동원되는 집단 제작 콘텐츠의 축소, 일부 현장 제작 프로그램의 폐지, 시상식 같은 미디어 관련 현장 행사들의 취소, 영화관 방문 관객의 급감 등 미디어 제작 및 유통 시장에서 일부 악영향이 일어났다. 그러나 펜트업 효과로 인해 OTT 시장이

급성장하면서 다시 미디어 제작으로 적극적 투자가 이어지고, 전체 미디어 산업의 파이를 키우는 선순환 구조가 형성됐다(〈도표 2-4〉). 닐슨 코리아의 조사에 따르면 소비자들이 집 안에 머무는 시간이 늘어나면서 2020년 평균 TV 시청 시간도 전년 대비 3~4퍼센트 증가했으며 이러한 추세는 2021년까지도 계속되고 있다.

구독자들이 넷플릭스를 해지하는 이유

소비자들은 다양한 OTT 서비스 중에서 주로 어떠한 기준으로 새로운 서비스를 구독하거나 해지할까? 신용평가기관인 S&P에서 넷플릭스를 해지했던 경험이 있는 소비자들을 대상으로 분석한 결과, 서비스 해지의 주요 이유는 콘텐츠의 부족(51퍼센트), 구독 비용(31퍼센트), 기술적 원인(10퍼센트), 기타(8퍼센트) 순으로 나타났다. 여러 OTT 서비스들이 저마다의 경쟁력을 확보하기 위해 개인 맞춤형 큐레이션, UI/UX 혁신, 화질 개선 및 각종 프로모션 등 많은 변화를 시도하고 있지만 OTT 서비스의 성패는 결국 콘텐츠의 양과 질에 달려 있다. 그런 만큼 각 OTT 사업자들은 더 양질의 콘텐츠를 확보하기 위해 치열하게 경쟁하고 있다(〈도표 2-5〉).

2007년 넷플릭스는 OTT 서비스를 시작하면서 20세기 폭스, 월트 디즈니, HBO 등의 채널 사업자 및 미디어 제작사들과 다양한 콘텐츠 제휴를 맺었다. 당시 제작사들은 넷플릭스의 잠재력을 높게 보지 않았

도표 2-5 소비자들이 OTT 서비스를 해지하는 이유

넷플릭스 구독 해지 원인	분류	비중
구독료 인상	비용	18%
신작 영화의 부족	콘텐츠	16%
체험 기간 만료	비용	10%
TV 콘텐츠의 부족	콘텐츠	10%
경쟁사 OTT 서비스가 콘텐츠가 더 많아서	콘텐츠	7%
고전 영화의 부족	콘텐츠	6%
경쟁사 OTT 서비스 콘텐츠를 보기 위해	콘텐츠	6%
스트리밍 관련 문제	기술적 원인	5%
오리지널 콘텐츠의 부족	콘텐츠	5%
고전 TV 콘텐츠의 부족	콘텐츠	4%
고객 대응 문제	기술적 원인	3%
신규 시즌에만 구독함	비용	3%
앱의 불편함	기술적 원인	2%
기타	기타	7%

출처: S&P

기 때문에 여러 킬러 콘텐츠를 저렴한 로열티로 제공해 왔다. 덕분에 많은 제작자로부터 다수의 킬러 콘텐츠를 확보한 넷플릭스는 강력한 미디어 유통 경쟁력을 지니게 됐고, 곧 채널 사업자들의 지위를 위협할 수준까지 성장했다 그러자 넷플릭스에 콘텐츠를 제공하던 업체들이 점차 저작권료를 인상하거나 라이선싱 자체를 중단하기 시작했다.

예를 들어 2019년 11월 월트 디즈니는 자체 OTT 서비스인 디즈니 플러스를 출시하면서 넷플릭스에 대한 콘텐츠 라이선싱을 전면 중단했다. 디즈니의 발표 직후 넷플릭스 주가는 11퍼센트나 하락했다. 콘텐츠 수급에 위기를 맞은 넷플릭스는 새로운 콘텐츠를 확보하고 오리지널 콘텐츠를 직접 제작하는 데 심혈을 기울이고 있다.

2020년 넷플릭스가 지브리 스튜디오와 콘텐츠 제휴 계약을 맺은 것도 이러한 이유 때문이다. 넷플릭스는 〈센과 치히로의 행방불명〉, 〈원령공주〉 등을 포함한 기존 지브리 스튜디오의 총 21개 애니메이션 영화를 20개 언어로 더빙하고 28개 언어의 자막을 만들어 총 190개국에 서비스를 시작했다. 미야자키 하야오 감독은 본래 스트리밍 서비스에 대한 반감이 심했고 DVD/블루레이를 통한 판매만 고수해 왔다. 그런데 넷플릭스에게 자신의 신념을 양보하게 된 이유는 이들의 과감한 투자 결정 때문이다.

넷플릭스에서는 지브리 애니메이션을 방영하는 조건으로 작품당 계약 비용을 1,000억 원으로 산정했다. 전체 작품 수 21개를 감안하면 총 계약 금액은 2조 원이 넘는다. 넷플릭스의 2020년도 매출이 27.8조 원, 영업 이익이 5.1조 원임을 감안하면 넷플릭스 전체 매출의 상당 부분을 지브리에 투자한 셈이다. 그뿐만 아니라 넷플릭스는 전방위로도 과감한 콘텐츠 투자를 이어나가고 있다. 2014년 3.4조 원 규모였던 콘텐츠 제작 투자 비용을 2020년에는 19.5조 원까지 증가시켰다(〈도표 2-6〉).

도표 2-6 넷플릭스 연간 콘텐츠 투자 금액

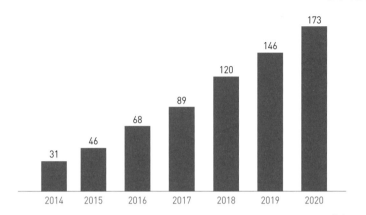

(단위: 억 달러)

173
146
120
89
68
46
31

2014　2015　2016　2017　2018　2019　2020

출처: Statista

　넷플릭스는 오리지널 콘텐츠 확보에도 역량을 집중하고 있다. 2013년 〈하우스 오브 카드〉의 성공을 시작으로 〈오렌지 이즈 더 뉴 블랙〉, 〈기묘한 이야기〉 등 매년 수십 편의 영화와 시리즈물을 생산하고 있다. 이를 위해 케냐 베리스, 숀다 라임스 등 할리우드의 A급 각본가들을 각각 1억 달러(한화 약 1,148억 5,000만 원), 1.5억 달러(한화 약 1,722억 8,250만 원) 규모의 계약금을 들여 영입했다. 2021년에는 아시아 콘텐츠에도 1조 원 이상을 투자하며 세계적으로 폭넓은 시청자 층을 확보하기 위해 노력하고 있다.

　또한 넷플릭스는 콘텐츠 기획 단계에서부터 이용자들의 프로그램 이용 패턴 빅데이터를 적극 활용하고 있다. 이를 통해 단순히 시청률이나 이용 시간 데이터를 확인하는 것을 넘어 어느 장면에서 이용자들이 일시 정지를 하거나 되감기를 하는지, 어느 장면에서 주로 채널을 돌리는지, 얼마나 긴 시간 동안 콘텐츠 시청을 고민하는지까지 확인하고 있다. 이러한 빅데이터를 바탕으로 시청자들이 선호하는 연출 방식, 장면, 배우, 주제, 색감 등 여러 가지 사항들을 확인하고 프로그램 제작에 반영하고 있다.

최단 기간 1억 구독자를 모은 디즈니 플러스

디즈니의 OTT 서비스인 디즈니 플러스는 2019년 11월에 첫 서비스를 시작했다. 넷플릭스 OTT 론칭 시기보다 12년이나 늦은 셈이다. 그러나 서비스를 시작한 지 16개월 만에 가입자 1억 명을 달성하며 현존하는 OTT 사업자 중에서 가장 빠른 가입자 성장세를 보이고 있다. 또한 월트 디즈니 내부에서는 2024년까지 디즈니 플러스의 총 가입자 수 3억 5,000만 명을 달성할 것으로 예측하고 있다. 또한 업계에서는 2023년을 기점으로 디즈니 플러스와 넷플릭스의 가입자 수 순위가 뒤바뀔 것으로 예상하고 있다.

디즈니 플러스의 큰 강점은 무엇보다 디즈니가 보유한 강력한 IP들이다. 2005년 밥 아이거가 CEO로 취임한 이래로 2006년 픽사, 2009년 마블 엔터테인먼트, 2012년 루카스 필름(스타워즈 시리즈 제작사)을 차례로 인수하며 본래 디즈니가 가지고 있던 디즈니 라이브 액션과 디즈니

도표 2-7 콘텐츠 제공자별 이용자 수, 요금, 오리지널 IP 현황

	넷플릭스	디즈니 플러스	HBO Go/MAX
이용자 수	2억 370만 명 (2021년 1월)	9,490만 명 (2021년 2월)	7,000만 명 (2021년 4월)
월 이용요금	13.99~17.99달러	7.99달러	14.99달러
핵심 오리지널 IP	〈하우스 오브 카드〉, 〈킹덤〉 등	〈마블 유니버스〉, 〈스타워즈〉 등	〈왕좌의 게임〉, 〈밴드 오브 브라더스〉 등

애니메이션 부문을 포함해 총 5개의 제작 스튜디오를 확보했다. 당시 디즈니가 이렇게 많은 스튜디오를 확보한 이유는 디즈니의 텐트폴tentpole 전략 때문이다. 텐트폴 전략이란 큰 이익이 날 수 있는 킬러 콘텐츠에 회사의 역량을 집중하고 이익을 취한 뒤에 낙수 효과로 나머지 마이너 콘텐츠에 투자하는 전략이다.

디즈니는 다른 경쟁 업체들보다 2배 더 많은 텐트폴 콘텐츠를 가져가면서 디즈니가 자체 보유한 강력한 IP를 활용해 5개의 스튜디오 안에서 매년 적어도 1개 이상의 텐트폴 콘텐츠를 생성하기 시작했다. 이를 통해 흥행에 실패해도 리스크를 분산할 수 있었다. 물론 전체 콘텐츠 제작 비용이 증대되고 텐트폴이 아닌 마이너급 콘텐츠들의 경쟁력을 약화시키는 부작용도 있지만, 디즈니는 텐트폴 콘텐츠들의 퀄리티를 성공적으로 관리하며 IP의 경쟁력을 끌어올렸다. 이러한 노력 덕분에 현재 디즈니 플러스는 다른 사업자보다 강력한 IP를 지닌 서비스로 성장했다(〈도

표 2-7〉).

국내 1위 OTT 서비스인 웨이브Wavve의 경우 대한민국 토종 콘텐츠를 다량 확보하면서 해외 OTT 서비스와는 차별되는 장점을 가지고 있다. 특히 KBS, MBC, SBS의 드라마, 예능, 다큐멘터리 등 다양한 콘텐츠를 확보하고 있는데 이는 웨이브가 가진 독특한 지분 구조 때문이다. 웨이브는 SK텔레콤이 POOQ 서비스의 지분을 획득하면서 시작된 서비스다. POOQ은 본래 KBS(20퍼센트), MBC(40퍼센트), SBS(40퍼센트)가 각각 지분을 투자해 국내 방송 3사의 방송을 OTT로 서비스하기 위해 만들어진 채널이다. 인수 후에는 웨이브의 지분 관계가 SK텔레콤 30퍼센트, 그리고 지상파 방송 3사가 각각 약 23.3퍼센트씩 총 70퍼센트로 결정됐다.

웨이브는 공중파 방송뿐만 아니라 자체 오리지널 콘텐츠를 확보하기 위해서도 노력 중이다. 2019년부터 2020년까지 700억 원을 투자해 〈앨리스〉, 〈SF8〉, 〈좀비 탐정〉과 같은 콘텐츠를 제작했으며, 2025년까지 SK텔레콤의 유상 증자 및 콘텐츠 수익 재투자를 통해 총 1조 원 규모의 재원을 마련해 오리지널 콘텐츠 투자에 집중한다는 목표를 세웠다.

국내 2위 OTT 서비스인 티빙tving을 운영하고 있는 CJ E&M 또한 2021년 콘텐츠 제작에 8,000억 원을 투자할 계획이며 향후 5년간 5조 원을 투자해 티빙 서비스를 지속 성장시킬 계획이다.

앞으로 디즈니 플러스, HBO 맥스, 아마존 프라임 등 여러 해외 공룡 OTT 서비스들이 국내 진출을 예고하고 있는 가운데 얼마나 국내에 특화된 오리지널 콘텐츠를 많이 확보할 수 있는가에 따라 토종 OTT 서비스의 성패가 달려 있다.

스포티파이의 강력한 큐레이션 전략

스포티파이Spotify는 2020년 12월 기준 전 세계 3억 4,500만 명의 이용자를 확보하여 전체 시장 점유율의 30퍼센트를 차지한 음원 스트리밍 서비스다. OTT 서비스와는 달리 음원 스트리밍 시장은 콘텐츠를 확보하는 데 주력하지 않는다. 대신 맞춤형 음악 큐레이션, 하이파이 무손실 음원, 차량 인포테인먼트 환경 지원 등 다양한 서비스로 사용자 경험을 증대하기 위해 노력 중이다.

스포티파이의 강점은 강력한 큐레이션 기능에 있다. 스포티파이에 처음 가입하면 이용자의 여러 취향을 물어본 뒤에 자동으로 선호 음악을 선정해 주는 나만의 플레이리스트 기능을 제공한다. 이 외에도 이용자 취향에 맞춰 매일 새로운 곡을 소개하는 데일리 믹스, 신곡 레이더, 그리고 새로운 취향의 노래를 안내해 주는 테이스트 브레이커Taste breaker 등의 다양한 큐레이션 기능들을 제공하고 있다. 이 기능은 3억 명이 넘는 이용자들의 검색어, 다시 듣기 비중, 선호 아티스트 등의 빅데이터를 바탕으로 각각의 음악을 댄스 적합성dance ability, 감정 상태valence, 에너지energy, 빠르기tempo 등의 항목으로 점수화해 추천하는 구조로 돼 있다.

또한 스포티파이는 하이파이 무손실 음원 서비스인 '스포티파이 하이

© Spotify

파이'를 2021년 하반기에 출시할 예정이다. 이는 아직 CD나 DVD의 고음질 음원을 선호하는 음악 애호가들도 모두 스트리밍 시장으로 포용하기 위한 시도다. 스포티파이보다 앞서 애플 뮤직은 기존 이용자들에게 추가 과금 없이 2021년 6월부터 하이파이 음원 서비스를 시작했으며, 아마존도 2019년에 아마존 뮤직 HD라는 무손실 음원 서비스를 시작했다.

추가로 스포티파이는 2021년 4월에 차량 안에서 스포티파이 음원을 재생할 수 있는 기기인 카싱CarThing을 출시했다. 운전 중에는 스마트폰 작동이 쉽지 않다는 점을 고려해 카싱에는 4개의 프리셋 버튼과 다이얼 버튼을 추가하고, 음성 인식 기능도 추가했다. 주행 중에 '헤이 스포티파이'라고 부른 뒤 명령하면 조작되도록 만들어졌다.

오디오 스트리밍 업체들은 팟캐스트 분야에도 많은 관심을 보이고 있다. 스포티파이는 2019년과 2020년에 대표적인 팟캐스트 제작 기업인 김릿Gimlet, 앵커Anchor, 링어The Ringer를 각각 2,600억 원, 1,700억 원, 2,200억 원에 인수했다. 또한 팟캐스트 시장 광고 플랫폼인 메가폰Megaphone도 2,600억 원에 인수했다.

아마존은 2021년 자사의 아마존 뮤직 서비스를 위해 미국 6위 팟캐스트 업체인 원더리Wondery를 인수했으며, 애플은 인공지능을 활용해 이용자 취향에 맞는 팟캐스트를 찾아 주는 서비스인 스카우트 FM을 인수했다. 이들 기업이 팟캐스트 시장에 집중하는 가장 큰 이유는 팟캐스트 시장의 빠른 성장세 때문이다.

시장조사 업체 리서치앤마켓은 세계 팟캐스트 시장의 연평균 성장률이 24.6퍼센트에 달한다고 발표했다. 또한 팟캐스트는 일반 음악과는 달리 구독료뿐만 아니라 광고 수입도 올릴 수 있으며 독점 콘텐츠를 확보하면서 새로운 청취자를 끌어들일 수 있다는 장점도 있다.

국내에서는 유튜브 뮤직, 스포티파이 등의 글로벌 서비스가 출시되면서 토종 음원 서비스와 해외 음원 서비스 간의 경쟁 구도가 형성되고 있다. 리서치 업체인 모바일 인덱스의 조사에 따르면 2019년 11월을 기준으로 국내 음원 시장의 점유율 순위는 멜론, 지니 뮤직, FLO 순으로 국내 음원 서비스가 전체 점유율의 대부분을 차지하고 있었다. 그러나 2021년 5월에 들어서면서 유튜브 뮤직이 신규 가입자들을 빠르게 확보하며 점유율 12.6퍼센트로 3위를 기록했다. 스포티파이 또한 서비스 초

도표 2-8 **국내 음원 서비스 점유율 추이**

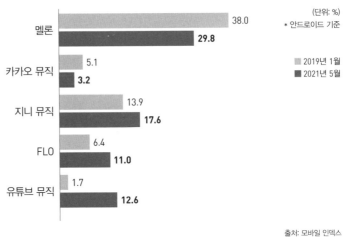

(단위: %)
* 안드로이드 기준

■ 2019년 1월
■ 2021년 5월

	2019년 1월	2021년 5월
멜론	38.0	29.8
카카오 뮤직	5.1	3.2
지니 뮤직	13.9	17.6
FLO	6.4	11.0
유튜브 뮤직	1.7	12.6

출처: 모바일 인덱스

● **네이버 오디오 클립 서비스 화면**

© NAVER

기의 국내 점유율은 1퍼센트로 순위권에 들지 못했으나 공격적인 마케팅 정책을 시행하면서 유튜브 뮤직과 더불어 빠른 성장세를 보이고 있다(〈도표 2-8〉).

이 외에도 다양한 오디오 스트리밍 서비스들이 주목받고 있다. 네이버의 오디오 콘텐츠 플랫폼인 '오디오 클립'은 2021년 1월 월간 방문자 수가 총 370만 명을 기록하며 빠른 성장세를 보이고 있다. 이는 전년 192만 명 대비 93퍼센트가 증가한 숫자로, 특히 10~30대의 젊은 층의 유입이 두드러졌다. 동일 기간 콘텐츠 재생 수 또한 137퍼센트 증가했다. 주로 기존의 팟캐스트 방송과 일반 소설부터 에세이, 그리고 웹소설까지 오디오북으로 서비스되고 있다. 또한 웹툰 원작을 재현해 제작된 오디오 드라마, 오프라인 미술 전시 기간에 맞춰 서비스되는 오디오 도슨트 기능까지 다양한 콘텐츠를 이용할 수 있다.

이처럼 오디오 스트리밍 서비스는 단순히 음악이나 음성 콘텐츠를 전송하는 역할뿐만 아니라 청취자가 다양한 경험을 할 수 있도록 여러 방면으로 확장되고 있다. 각 서비스가 차별화된 요소를 갖기 위해 많은 경쟁을 하고 있는데, 앞으로는 어떤 요소가 시장에서 각광받을 수 있을지 기대된다.

라이브 스트리밍,
MZ세대들의
실시간 쇼핑 놀이터

왜 줌은 흥하고 클럽하우스는 망했을까

코로나19 이후로 미국 대학생들 사이에서는 줌 유니버시티Zoom University 라는 신조어가 생겨났다. 비싼 학비를 내고 학교에 입학했지만 대부분 의 수업을 온라인으로 대체하는 바람에 화상회의 솔루션 줌Zoom으로만 수업을 듣는 상황을 빗댄 용어다. 실제로 2020년 기준 미국 상위 200개 대학교는 수업의 대부분을 온라인 강의로 전환했고, 그중에서도 90퍼센 트가 줌을 이용해 강의를 진행했다.

또한 비즈니스와 일반 사용자들을 포함한 줌의 전체 시장 점유율도 2021년 3월 기준 41퍼센트를 기록하면서 줌은 화상회의 시장에서 독보적으로 점유율 1위를 기록하고 있다.

줌의 창업자는 본래 시스코Sysco의 부사장이자, 웹엑스Webex 화상회의 서비스의 개발 및 서비스 관리를 맡았던 에릭 위안Eric Yuan이다. 그는 기존의 화상회의 솔루션들보다 훨씬 가볍고 간단하게 조작할 수 있는 솔루션을 만들기 위해 동료 기술자들과 시스코에서 퇴사해 줌 서비스를 기획했다. 이후 방문 링크만으로도 누구나 접속할 수 있고, 수백 명이 한번에 접속해도 가볍게 구동되는 줌 서비스를 만들었다. 여기에 코로나19로 인한 온라인 화상회의 수요가 폭증하면서 줌은 폭발적으로 성장했다.

한편 사람들이 줌을 보편적으로 사용하게 되면서 다양한 문제가 제기됐다. 간혹 이용자들이 의도적으로 부적절한 영상을 내보내는 줌 트롤링Zoom trolling 현상이나 초대받지 않은 인원이 회의장에 들어와 회의를 방해하는 줌 바밍Zoom bombing 같은 사회 현상이 대표적이다. 또 줌이 암호키 서버를 실리콘밸리가 아닌 중국에 뒀다는 등의 문제들도 불거졌다. 이에 따라 2020년 하반기부터는 줌에 대한 불매 운동이 일어났고, 몇몇 교육계와 산업계에서 점차적으로 줌을 퇴출시키고 있다. 그럼에도 우수한 편의성과 시스템 안정성 덕분에 여전히 화상회의 솔루션의 1인자로 자리 잡고 있다.

클럽하우스Clubhouse 또한 한때 주목받았던 양방향 스트리밍의 사례로 자주 언급된다. 클럽하우스는 2020년 3월 구글 전 직원이었던 로언 세스Rohan Seth와 폴 데이비슨Paul Davison이 개발한 음성 대화 앱이다. 기존 사용자의 초대장을 받아야만 신규 가입 할 수 있는 폐쇄적 서비스 형태를 띠고 있다. 사실 이는 프로그램을 운영할 개발자 인원이 부족해 가입자 수를 제한하기 위한 조치였으나, 오히려 그러한 특징이 이용자들끼리 더 사적이고 밀접한 대화를 할 수 있도록 작용해 장점으로 승화된 케이스다.

클럽하우스의 주요 특징으로는 지인 간 초대장으로 가입을 하기 때문에 이용자들이 실명이나 실제 사진을 사용하는 경우가 많다는 점, SNS처럼 사용자 간에 서로 팔로우할 수 있다는 점, 신고 기능을 강화하면서 더 건전한 음성 대화 문화가 자리 잡혀 있다는 점 등이 있다. 또한 한 방에 최대 5,000명까지 접속이 가능하다. 대화 참여자 간에 발언자speaker와 청취자listener로 역할이 구분돼 발언권을 얻을 때까지 말을 할 수 없어 일부 악질 이용자들이 부적절한 내용을 내보내는 트롤링도 매우 적은 편이다. 이런 대화 규칙 덕분에 유명 인플루언서들도 대화방으로 끌어들일 수 있었다.

2021년 2월 1일에는 테슬라의 CEO 일론 머스크가 참여해 게임스톱, 비트코인 등 다양한 경제 주제에 대해 다뤘었고, 페이스북의 CEO 마크 저커버그도 2월 4일 참여해 페이스북 VR 헤드셋인 오큘러스 퀘스트 2를 선보였다. 국내에서도 정용진 신세계그룹 부회장, 토스를 서비스하는 비바리퍼블리카 이승건 대표와 같은 기업인들과 배두나, 임수정, 스윙스, 사이먼 도미닉과 같은 유명인들이 참여해 클럽하우스의 흥행을 견인했다.

클럽하우스는 이렇게 기존 SNS나 음성 스트리밍과는 차별된 형태의

도표 2-9 **클럽하우스의 인기와 추락**

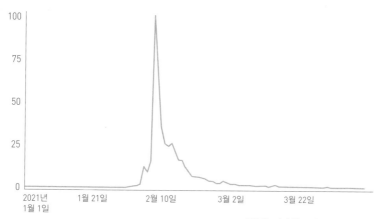

* 검색 빈도가 가장 높으면 100, 가장 낮으면 0
출처: 구글 트렌드

사용자 경험을 제공하면서 많은 이용자를 통해 입소문을 탔다. 그리고 서비스 시작 후 1년도 되지 않아 글로벌 가입자 600만 명을 확보하고, 10억 달러 이상의 기업 가치를 기록했다. 이후에는 구글의 트렌드 분석을 통해 알려진 바처럼 2021년 2월을 기점으로 성장 동력을 잃고 다시 빠르게 추락했다(〈도표 2-9〉).

클럽하우스의 실패 요인으로는 여러 가지가 언급된다. 그중 첫 번째는 대부분의 대화를 30~50대가 주도하게 됐다는 점이다. 애초부터 청소년 이용 불가 앱으로 시작돼 10대들의 유입이 제한적이었다. 그런데다 대화를 이끌어 나가는 주체의 연령대가 높아져 이용자 간에 쌍방향 소통이 어려워지면서 20~30대의 밀레니얼 세대들이 점차 서비스를 떠

나게 됐다.

두 번째는 가입자가 크게 늘면서 폐쇄성이라는 장점을 상실했다는 것이다. 실명을 사용하던 지인과의 대화가 점점 익명인들과의 대화로 변질됐고, 사용자 경험 측면에서도 기존의 SNS나 음성채팅 서비스와의 차별성이 모호해졌다.

마지막으로 안드로이드 버전 앱이 제때 출시되지 못했다. 이로 인해 이용자들의 유입이 제한됐고, 결과적으로 서비스가 확장되지 못했다. 한때 트위터가 클럽하우스를 40억 달러에 인수할 계획을 세웠으나 클럽하우스가 갑작스러운 부진을 겪으며 인수가 무산되기도 했다.

그럼에도 클럽하우스의 등장은 소셜 오디오라는 새로운 분야를 개척했다는 점에서 큰 의미가 있다. 클럽하우스 이후 2021년 5월에는 트위터가 앱 내에서 음성 채팅을 사용할 수 있는 '스페이스' 서비스를 론칭했으며, 6월에는 카카오의 음성 채팅 앱인 '음'mm이 출시되는 등 주요 경쟁자들이 소셜 오디오 시장에 속속 등장하고 있다. 이들은 인기 크리에이터들을 확보하기 위해 보상 프로그램을 강화하거나 새로운 수익 구조를 발굴하는 등 여러 방면으로 서비스를 진화시키고 있다.

구매전환율을 높이는 획기적 방법

최근 이커머스e-commerce 업계에서 가장 중요한 화두는 방문자들의 구매전환율을 최대한 높일 수 있는 방법이다. 이커머스 서비스의 평균 구매

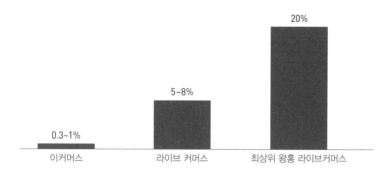

출처: 이베스트

전환율을 0.3~1퍼센트 수준으로, 이보다 낮을 경우 마케팅 비용을 회수하기가 어렵다. 그런데 최근 중국의 인기 인플루언서인 왕훙网红들은 라이브 커머스 방송을 통해 최대 20퍼센트 정도의 구매 전환율을 기록하고 있다(《도표 2-10》). 라이브 커머스가 무엇이며 왕훙들은 어떻게 구매 전환율을 그토록 극적으로 끌어올릴 수 있었을까?

라이브 스트리밍과 이커머스의 합성어인 라이브 커머스는 판매자가 소비자와 직접 소통하며 물건을 판매하는 서비스다. 예를 들어 의류를 파는 왕훙들은 라이브 방송을 통해 시청자들의 요청에 따라 대신 옷을 입어 보고, 옷감의 신축성이나 재질을 보여 주고, 화학 약품 냄새가 나는지 냄새를 맡아 보는 등 옷에 대해 친절하고 자세한 소개와 함께 소비자들이 제품을 충분히 이해하고 구매할 수 있도록 돕는다.

중국의 라이브 커머스 방송이 급성장하기 시작한 시기는 2015년부터다. 중국 기업들이 제품 홍보에 왕홍들을 활용하기 시작하면서 '왕홍 경제'라 불리는 라이브 커머스 시장이 활성화되기 시작했다. 그중에서도 웨이야薇娅라는 왕홍이 가장 영향력 있는 왕홍으로 알려져 있다. 그녀는 2020년 광군제에서 하루 동안 총 8,890억 원어치의 물건을 판매한 것으로 유명하다. 이는 2020년 우리나라 전체 라이브 커머스 시장의 6개월 매출에 준하는 수준이다.

웨이야는 타오바오, 웨이보, 더우인 등의 중국 커머스 포털에서 총 5,500만 명이 넘는 팔로워를 보유했으며, 현재 500명 이상의 직원을 이끌고 있다. 또한 품질이 좋은 상품을 직접 선별하고 업체로부터 가장 저렴한 가격에 다량으로 공급을 받아 판매하면서 중국 소비자들에게 많은 신뢰를 받고 있다. 2019년에는 아모레퍼시픽 글로벌 홍보 대사로 선정되기도 했다. 이후 라이브 방송을 통해 70여 종의 대한민국 화장품을 중국인들에게 소개했는데 총 5시간 동안 458만 명의 접속을 유도해 85만 개의 제품을 판매한 바 있다.

웨이야를 비롯해 여러 인기 왕홍들의 활약으로 중국의 전체 라이브 커머스 시장은 2018년 1,330억 위안(한화 약 23조 원) 규모에서 2021년 1조 2,012억 위안(한화 약 210조 원) 규모까지 성장할 것으로 예상된다(〈도표 2-11〉).

최근에는 국내 기업들도 라이브 커머스 시장의 성장 가능성에 주목하고 있다. 네이버에서 운영하는 '쇼핑라이브'는 정식 출시한 지 6개월

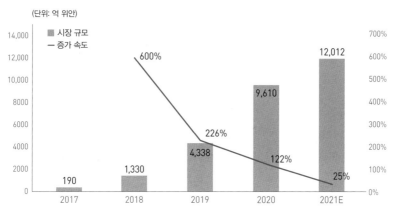

도표 2-11 매년 빠르게 성장하는 중국 라이브 커머스 시장 규모

(단위: 억 위안)

출처: KOTRA

만에 누적 시청 횟수 1억 회를 돌파했다. 쇼핑라이브는 네이버 스마트
스토어 사업자라면 누구나 쉽게 방송을 할 수 있는 개방형 플랫폼을 지
향한다.

쇼핑라이브는 일반적인 쇼핑 포맷을 넘어 다양한 콘셉트의 방송으로
주목을 받고 있다. 방송인 하하가 호스트로 출연해 JBL, 레고, 반스 등
의 물건을 판매했던 '베투맨'BET2MEN이나 개그맨 황제성과 최성민을 내
세운 '팔이 피플', 5시간 연속 백화점 털기 미션으로 이목을 끌었던 '리코
의 도전' 등 예능 요소가 접목된 라이브 커머스 방송으로 새롭게 인기를
끌고 있다.

네이버 이후 카카오의 카카오 쇼핑라이브, 배달의민족의 배민 쇼핑
라이브, 무신사의 무신사 라이브, SSG의 쓱 라이브 등 많은 국내 업체

● 네이버 쇼핑라이브의 라이브 화면

지금 라이브중

가 라이브 커머스에 문을 두드리며 시장의 규모 또한 급속히 성장하고 있다. 특히 카카오 쇼핑라이브는 네이버와 달리 폐쇄형 플랫폼으로 차별성을 두고 있다. 판매자에게 전문 스튜디오, 커머스 전담팀 등을 지원하면서 방송의 품질을 높였다고 평가된다.

미디어미래연구소의 조사에 따르면 국내 라이브 커머스 시장 규모는 2020년 1조 7,000억 원 규모에서 2025년 최대 25조 6,000억 원까지 성장할 것으로 예상된다. 또한 기존의 이커머스 업체뿐만 아니라 잼라이브, 스쉐라이브와 같은 라이브 커머스 전용 플랫폼도 등장했으며 신세계백화점, 롯데백화점과 같은 대형 유통 업계도 라이브 커머스 업계로 뛰어들면서 전체 시장의 다양성도 증가하고 있다(〈도표 2-12〉).

국내 라이브 커머스는 코로나19로 인한 오프라인 커머스의 대안으로

도표 2-12 국내 라이브 커머스 시장 규모 전망

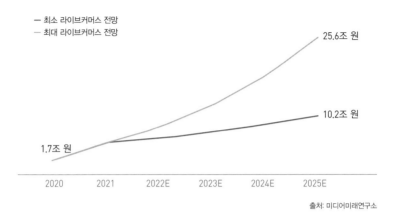

출처: 미디어미래연구소

주목받으며 성장하기 시작했다. 하지만 펜트업 시대에서도 라이브 커머스는 중요한 채널로 자리 잡을 것이라 예상된다. 주요 이용 연령층인 MZ세대들이 마치 유튜브를 즐기듯이 커머스를 시청하며 놀이하는 쇼핑 문화를 이끌고 있기 때문이다. 라이브 커머스가 온라인 커머스를 경험하기 시작한 중장년층까지 흡수할 수 있다면 펜트업 트렌드의 주요 커머스 서비스로 성장할 것이다.

방구석 1열에서 소통하며 콘서트 보기

2020년 코로나19로 인해 공연 산업은 직격탄을 맞았다. 대표적 공연 티켓 판매 사이트인 인터파크의 발표에 따르면 2020년도 인터파크 티켓

도표 2-13 **공연 장르별 최근 3년간 인터파크 티켓 판매 금액** (단위: 백만 원)

장르	2020 판매 금액	전년 대비 증감률	2019 판매 금액	전년 대비 증감률	2018 판매 금액
콘서트	37,916	−85%	247,407	11%	223,340
뮤지컬	76,563	−64%	213,740	−17%	257,130
연극	9,351	−69%	29,688	2%	29,200
클래식/오페라	4,324	−84%	26,404	10%	24,100
무용/전통예술	1,202	−88%	10,409	0%	10,460
합계	130,356	−75%	527,648	−3%	544,150

출처: 인터파크

매출은 1,303억 원으로, 전년도 5,276억 원보다 75퍼센트가 감소했다. 2020년 판매된 전체 공연 편 수도 4,310편으로, 전년 1만 3,300편 대비 67퍼센트가 감소했다. 이 중에서도 가장 큰 영향을 받은 공연 장르는 콘서트로 총 85퍼센트의 감소율을 보였다. 콘서트는 콘텐츠의 특성상 스탠딩 공연이 많고 관객들이 지르는 함성으로 인해 비말이 더 확산되기 쉽기 때문이다(〈도표 2-13〉).

이런 제한적 상황에서 온라인 공연이 대안으로 떠오르고 있다. 예를 들어 BTS는 2021년 6월 팬 미팅 형식의 온라인 콘서트인 'BTS 2021 MUSTER 소우주'를 개최했다. 이틀간 온라인으로 총 130분씩 송출된 이 콘서트는 총 700억 원 이상의 수익을 기록했으며 전체 195개의 국가에서 133만여 명이 시청했다. 통상 오프라인 대형 스타디움 공연이 한

번에 관람객을 최대 5만 명까지 수용할 수 있는 데 비해 온라인 공간에서 26배에 달하는 인원을 수용한 셈이다. 매출 면에서도 2019년도 BTS 전체 콘서트 수익인 1,980억 원과 비교해 3분의 1에 해당하는 수익을 단 이틀간의 온라인 콘서트를 통해 달성했다.

방구석 1열이라는 표현처럼 관객의 입장에서도 온라인 콘서트는 좋아하는 가수의 공연을 현장에서 망원경으로 볼 필요 없이 세계 어디에서나 4K 해상도의 높은 화질로 편하게 볼 수 있다는 장점도 있다. 하이브는 자회사 비엔엑스가 서비스 중인 글로벌 팬 커뮤니티 위버스를 이번 온라인 콘서트의 핵심 플랫폼으로 활용했다. 스트리밍 이용권 판매부터 영상 중계, 공연과 연계한 상품 판매까지 모두 위버스를 통해 이루어져 많은 신규 가입자를 확보하고 이용자들의 이용률을 증가시켰다.

코로나19 이후에도 온라인 공연은 주요 공연 문화로 자리 잡을 것이다. 비록 오프라인 공연 같은 현장감과 감동은 덜해도 세계 어느 곳에서도 공간과 인원 제한 없이 접근할 수 있다.

또한 전용 플랫폼을 활용해 팬클럽 커뮤니티 운영이나 굿즈 판매 등더욱 다양한 방향으로 서비스를 확장할 수 있다. 아티스트가 많은 관객과 실시간 채팅이나 이모티콘, 투표 등 기존과는 다른 새로운 방식으로소통할 수 있다는 점도 온라인 공연만의 큰 강점이다. 앞으로 더욱 온라인 공연 전용 플랫폼 사업이 주목을 받을 것이다.

스트리밍 서비스의
미래

원격 의료 시대가 온다

미국에서는 환자가 일반 병원family practice에 예약을 하면 방문하기까지 평균 29일을 대기해야 한다. 2014년에 발표된 평균 19일보다 오히려 늘어난 수치다(《도표 2-14》). 오바마 케어 의료 보험이 시작되면서 의료 서비스를 이용하는 환자 수는 급증했지만 의료진의 수는 더디게 증가하고 있기 때문이다.

미국의 NGO 단체인 AAMCAssociation of American Medical Colleges에 따르면 2032년이 되면 미국에서 부족한 의사의 수가 최소 4만 7,000명에서 최대 12만 명가량에 이를 것으로 예상된다. 특히 이런 현상은 코로나19

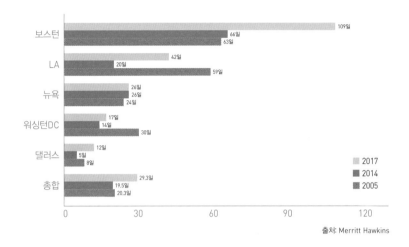

출처: Merritt Hawkins

로 인해 의료 검진 수요가 증가되면서 더욱 가속화되고 있다. 이러한 수요를 해결해 줄 서비스로 원격 의료가 주목받고 있다.

원격 의료 서비스를 이용함으로써 의사들의 시간을 효율적으로 분배해 의사 부족 현상을 해결할 수 있다. 이 분야의 선두 주자인 텔라닥 Teladoc은 미국 원격 의료 분야에서 현재 70퍼센트의 점유율을 나타내고 있으며 하루 평균 2만 건의 의료 서비스를 제공한다. 텔라닥 서비스의 핵심은 누구에게나 빠르고 저렴하게 의료 서비스를 제공하는 것이다. 텔라닥은 집에서 휴대전화나 PC로 언제든 접속할 수 있고, 접속 후 평균 16분 내로 담당 의사가 배정된다. 가벼운 감기부터 알러지, 피부 질환 등 총 450가지의 폭넓은 의료 서비스를 지원하며 서비스 운영 시간도 365

일 24시간이어서 응급 상황에도 언제나 신속하게 대응할 수 있다.

소비자 입장에서는 비용 절감도 큰 장점이다. 미국에서는 응급 진료를 받으면 진료비로만 최소 130달러(한화 약 15만 원)Urgent Care에서 최대 750달러(한화 약 86만 원)ER를 내야 한다. 하지만 원격 의료를 이용하면 진료 비용이 50달러(한화 약 5만 원)로 떨어진다. 의료 보험 기업인 유나이티드 헬스United Health의 조사에 따르면 응급 진료의 25퍼센트는 원격 의료로도 충분히 대응할 수 있으며, 텔라닥 플랫폼을 이용하는 고객들은 평균적으로 28퍼센트의 비용 절감을 경험하고 있다고 한다.

텔라닥은 보험 회사나 일반 기업과 B2B로 의료 서비스 공급 계약을 맺고 보험 가입자나 일반 기업의 임직원들을 대상으로 B2C 서비스를 하는, 즉 B2B2C의 비즈니스 모델로 서비스를 시작했다. 2020년 기준 총 160여 개 이상의 기업과 서비스 공급 계약을 맺었고, 1,100만여 명의 잠정 고객을 확보하고 있다. 매출 구조는 이용자들이 기본 월 구독료를 지불하고 필요한 경우 추가 비용을 지불하는 구조로 돼 있다. 전체 매출의 약 80퍼센트가 구독료에서 나오고 있다.

텔라닥은 단순 진료뿐만 아니라 원격 모니터링으로도 서비스 영역을 확장하고 있다. 예를 들어 당뇨, 고혈압, 심장병과 같은 만성 질환은 환자의 상태를 24시간 모니터링 해야 한다. 만약 원격 의료와 자가 테스트 키트를 병행하면 환자의 치료 효과를 극대화할 수 있다. 이에 텔라닥은 원격 모니터링 서비스를 위해 이용자가 혈당을 자가로 확인할 수 있는 솔루션 제공 기업인 리봉고를 2020년 8월 21조 원에 인수했다. 당뇨 환자들은 적어도 석 달에 한 번 이상 병원을 방문해야 하지만, 이제는 병원을 방문할 필요 없이 집에서 수시로 혈당을 확인하고 원격 진료를 받을 수 있는 방법이 열린 것이다.

리서치 업체인 GM 인사이트GM Insight에 따르면 세계 원격 의료 시장은 연평균 21.3퍼센트 성장하고 있으며, 2019년 52조 원에서 2026년 198조 원 규모로 성장할 것으로 예상된다고 한다. 특히 코로나19를 겪으며 의료진 감염, 병상 수 부족 등의 문제를 겪으며 원격 의료 서비스의 필요성이 더욱 강조되고 있다.

콘솔 없이 고사양으로 게임하기

스트리밍 서비스는 게임 분야까지 확대되고 있다. 게임 스트리밍은 클라우드에서 실시간으로 게임 데이터를 다운받으며 플레이하는 서비스로 구글 스타디아Stadia, 마이크로소프트 게임패스Game Pass, 그리고 플레이스테이션 나우Now가 대표적이다.

게임 스트리밍의 가장 큰 장점은 값비싼 콘솔 기기를 구매하지 않고도 저사양의 스마트폰이나 PC로 고사양의 게임을 즐길 수 있다는 점이다. 또한 게임 데이터를 서버가 직접 읽어 들이고 처리하기 때문에 게임 내 로딩 속도도 현저히 줄어들며 여러 가지 게임을 별도의 설치 과정 없이 몇 번의 클릭만으로 바로 즐길 수 있다. 플레이 데이터를 서버에서 직접 관리해 PC에서 즐기던 게임을 스마트폰이나 태블릿으로 불러와 플레이하는 것도 가능하다. 게다가 1,000명 이상의 인원이 한 게임 안에 다중 접속해도 안정적인 서버 환경에서 게임을 즐길 수 있다. 로컬 영역이 아닌 서버에서 게임 연산을 직접 수행하기 때문에 불법 프로그램 사용이나 게임 룰에 벗어나는 부정 행위에 대해 일정 수준 차단도 가능하다.

2019년 3월 구글이 처음 스타디아 서비스를 공개하자 넷플릭스와 같은 성공 신화가 게임 산업에서도 재현될 것처럼 많은 기대감을 불러일으켰다. 콘솔 게임을 구독형 서비스로 이용할 수 있다는 점도 구글의 수익 구조 측면에서 큰 강점으로 여겨졌다. 그러나 2019년 11월 스타디아 출시 후 1년이 지난 2020년에도 구독자는 200만 명 수준으로 기대치를 다소 밑돌고 있다. 결국 2021년 2월 경영상의 이유로 스타디아 게임 자체 개발 스튜디오도 철수하게 된다.

게임 스트리밍은 여전히 기술적 숙제가 많이 남아 있다. 무엇보다 큰 문제는 입력 지연 문제다. 게임은 상황에 따라 사용자의 빠른 반응 속도나 입력 속도가 매우 중요하다. 특히 가정의 네트워크 환경에 따라 매 건의 버튼 입력이 중앙 서버로 전달됐다가 피드백돼 돌아오는 시간이 길면 게임을 원활하게 플레이할 수 없다. 게임 매체인 테크팀GB TechTeamGB에서 테스트한 바에 따르면 스타디아의 게임은 평균적으로 72~75밀리세컨드ms의 입력 지연 속도를 나타냈다. 이는 일반 컴퓨터의 반응 속도인 35밀리세컨드와 비교하면 아직 많이 느린 수준이다. 빠른 템포의 게임들은 원활한 플레이가 어렵다.

● 스타디아와 엑스박스원 X 그래픽 품질 비교

© Gamersnet

두 번째 문제는 화질 저하 문제다. 최근에 등장한 많은 게임이 4K픽셀과 60프레임급의 화려한 그래픽과 화질을 자랑하고 있다. 그런데 스트리밍 서비스를 이용하면 화질이 저하되거나 프레임이 소실되는 경우가 빈번하게 발생한다. 게임의 고화질을 지원하기에는 네트워크 대역폭을 충분히 확보하기도 어렵고 입력 반응 속도도 더욱 지연되기 때문이다. 스타디아도 초기엔 프로 요금제를 이용하면 4K 60프레임 그래픽을 즐길 수 있다고 광고했지만 실제로는 낮은 화질의 영상을 스트리밍한 뒤 4K로 업스케일링 하는 방식을 사용해 이용자들의 빈축을 사기도 했다.

이 외에도 오리지널 콘텐츠의 부재, 킬러 콘텐츠 수의 부족 등 스타디아는 아직 많은 숙제를 안고 있다. 게임 스트리밍이 성공하기 위해서는 4K의 고용량 플레이 영상을 좀 더 효과적으로 작은 용량에 압축할 수 있는 비디오 인코딩 기술이 개발돼야 하고, 네트워크 입력 지연을 극복하기 위해 전 세계 곳곳에 로컬 서버를 설치 및 운영함으로써 네트워크 관련 기술을 지속 발전시켜야 한다. 또한 인기 게임 제작자들로부터 킬러 콘텐츠들을 안정적이고 지속적으로 확보해 배급하는 역할도 필요하다.

그러나 여러 기술적 제약에도 전 세계 게임 스트리밍 시장 규모는 2021년 2,400억 원에서 2023년 5,100억 원으로 연평균 29퍼센트 이상 빠르게 성장할 것으로 기대된다.

게임 스트리밍은 콘솔을 보유하지 않은 라이트 게임 이용자들에게는 여전히 매력적인 서비스다. 또한 5G가 보급되고 네트워크 환경이 개선될수록 기술적 문제도 점차 해결될 것이다.

LG전자도 2021년 하반기부터 자사의 스마트 TV에서 스타디아 서비스를 기본으로 지원한다고 밝혔다. 스타디아 전용 컨트롤러만 구매하면 TV만으로도 콘솔 게임을 즐길 수 있게 되는 것이다.

넷플릭스가 이용자들이 CD와 DVD로 영화를 보는 종전의 문화를 완전히 뒤바꾼 것처럼 게임 스트리밍 또한 언젠가 콘솔 게임 시장의 판도를 크게 바꿔 놓을 것이다.

업스트리밍으로 완성되는 자율주행

2021년 5월 테슬라는 기존 오토파일럿보다 성능 면에서 진일보한 자율주행 기능인 FSD Full Self Driving Capability 의 베타 V9 버전을 발표했다. 기존의 오토파일럿은 차량 속도 제어 및 직진 주행 시 자동 핸들 제어 기능만 지원했지만 FSD는 자동 차선 변경, 자동 주차, 고속도로 주행, 시내 주행, 신호등 및 표지판 인식 등의 다양한 기능을 지원한다. 테슬라의 FSD 자율주행 단계는 아직 전체 5단계 중 2단계에 지나지 않지만, 완성차 업계 중에서는 가장 진일보한 자율주행 솔루션으로 평가받고 있다.

테슬라의 자율주행 기능을 사용하다 보면 서버에서 수시로 시스템 업데이트 파일이나 도로 데이터를 다운받는 경우가 생긴다. 그런데 자율주행차는 사실 다운받는 양의 데이터보다 서버로 업로드하는 주행 데이터의 양이 월등히 더 많다. 자율주행차뿐만 아니라 빅데이터를 수집하는 대부분의 IoT 디바이스들도 스트리밍의 방향이 백엔드(서버)에서 프론트엔드(디바이스)로 가는 다운스트리밍보다 프론트엔드에서 백엔드로 가는 업스트리밍의 양이 더 많다.

업스트리밍 되는 데이터에는 주행 차량의 이동 경로, 주변 자동차들의 이동 패턴, 신호등 패턴, 도로의 형태, 날씨에 따른 가시성의 변화 등 주행에 관련된 많은 정보들이 포함돼 있다. 테슬라의 자동차는 내부에 장착된 8개 카메라와 1개의 전방 레이더, 12개의 초음파 센서를 이용해 주변 도로 상황을 모니터링 하고 테슬라 뉴럴넷 자율주행 보드를 통해 데이터를 1차적으로 처리한 뒤에 주행 데이터를 LTE나 5G망을 통해 서버로 전송한다.

　자율주행차는 빅데이터에 기반한 딥러닝 방식으로 자율주행 알고리즘을 개발하기 때문에 많은 양의 주행 데이터를 확보하는 것이 무엇보다 중요하다. 더 많은 주행 데이터를 확보할수록 자율주행차는 더 효율적이고 안전한 운행을 할 수 있다. 테슬라의 자율주행 누적 주행 거리 데이터는 2021년 1월 기준 51억 마일(약 82억 킬로미터)을 기록하고 있다. 이는 기존 자율주행차 시장의 선두 주자였던 알파벳 웨이모Waymo의 2,000만 마일(약 3,200만 킬로미터)을 가볍게 뛰어넘는 숫자다. 테슬라는 지금도 전 세계에 판매된 120만 대의 차량으로부터 강우, 강설, 안개 등 다양한 도로 환경에서의 학습 데이터를 수집하고 있다. 포트홀(도로 위 작은 구멍), 도로 위의 야생동물, 사고 현장 등 돌발 상황에 대한 데이터도 지속 확보하고 있다.

　《모바일 미래보고서 2021》에서는 IDC의 리포트를 인용해 자율주행차나 개인용 스마트폰 같은 프론트엔드상의 데이터로부터 서버 같은 백엔드상의 데이터까지 전체 데이터를 아우르는 데이터 영역의 전망에 대해 다뤘다. 이 리포트에서 주목할 만한 부분은 임베디드 데이터embedded data의 성장이다. 임베디드 데이터는 딥러닝 분석이나 오류 보고, 로그 관리 등의 이유로 중간 단계에서 이용자를 거치지 않고 머신 투 머신M2M, Machine to Machine으로 주고받는 형태의 데이터다. 임베디드 데이터의 비중은 2020년에는 5퍼센트 미만이었으나 2025년에는 20퍼센트까지 기하급수적으로 증가할 것으로 예상된다(〈도표 2-15〉).

도표 2-15 전체 데이터 스피어 중 데이터 유형별 변화

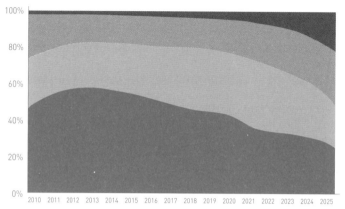

■ 임베디드 ■ 생산성 데이터 ■ 비 엔터테인먼트 이미지/비디오 ■ 엔터테인먼트

출처: IDC

도표 2-16 기업이 생산하는 데이터양 vs. 개인 이용자가 생산하는 데이터양

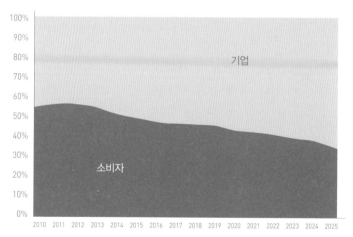

기업

소비자

출처: IDC

나아가 기존에는 전체 데이터 영역의 50퍼센트 이상이 개인 이용자로부터 생산됐지만 그 비중은 점차적으로 줄어들어 2025년에는 36퍼센트를 기록할 것으로 예측하고 있다(《도표 2-16》).

앞으로는 기업이 데이터의 주요 생산 주체로 떠오를 것이다. 또한 기업 간 데이터 경쟁이 심화되면서 양질의 업스트리밍 데이터를 확보한 기업이 경쟁 우위를 점할 수 있을 것이다.

인텔 소프트웨어 및 서비스 그룹 부사장인 더그 피셔Doug Fisher는 AI의 잠재력을 이끌어 내려면 무엇보다 이용자들의 데이터 업스트리밍이 중요하다는 것을 강조했다. 기업은 AI 딥러닝을 위한 환경을 제공할 뿐, 사회가 함께 나설 때 더 완성도 높은 AI 솔루션을 완성할 수 있다는 점을 기억해야 한다.

넷플릭스 후발 주자 디즈니 플러스의 성공 비결은?

디즈니 플러스는 넷플릭스보다 12년 늦게 론칭했지만 현존하는 OTT 기업 중 가장 빠른 성장세를 보이고 있다. 그 비결은 디즈니 플러스의 '텐트폴 전략'에 있다. 텐트폴은 킬러 콘텐츠에 회사의 역량을 집중하고 이익을 취한 뒤, 나머지 마이너 콘텐츠에 투자하는 전략이다. 이를 통해 흥행에 실패해도 리스크를 분산해 양질의 콘텐츠를 확보할 수 있다. 이렇게 축적된 노하우로 엄청나게 빠른 속도로 구독자들을 끌어모으는 것이다.

텔라닥, 원격 의료 헬스케어 분야에서 주목해야 할 기업

양방향 스트리밍 서비스 중 가장 기대가 큰 분야가 원격 의료 서비스다. 나스닥에도 상장된 '텔라닥'은 이 분야의 선두 주자다. 현재 3,000명 이상의 의사를 보유하고 있고 독감, 결막염, 피부 질환에 이르기까지 급성 질환을 제외한 대부분의 질병을 관리한다. 미래 성장 동력이 무궁무진한 헬스케어 기업으로 앞으로의 성장이 기대된다.

최근 지구 온난화, 방사능 유출 등 심각한 환경 오염이 발생하면서 ESG에 대한 관심이 늘어나고 있다. ESG는 기업이 환경과 사회에 미치는 영향력을 중요시하고 지배 구조를 투명하게 할 것을 요구하는 사회적 흐름이다. 이러한 소비자의 요구가 계속되자 구글, 애플, 삼성 등 대기업들은 지금까지 프로세스에 대해 내부 점검하는 것은 물론 지속 가능성을 위한 ESG 관련 IT기술도 적극적으로 개발 및 연구하고 있다.

CHAPTER 3

ESG

지구를 사랑하는
가장 IT적인 방법

왜 전 세계 1등 기업들은 ESG를 공부할까

이제 ESG는 상식이다

2021년 1월 13일 애플의 최고경영자인 팀 쿡Tim Cook이 미국 방송사 CBS에 출연해 중대한 발표를 한다는 소식이 전해졌다. 전문가들은 대부분 애플의 자율주행차인 애플카에 대한 출시 계획이 발표될 것이라고 추측했다. 하지만 발표 당일에 팀 쿡은 인종차별 해소를 위한 지원 사업 계획인 레지 프로젝트REJI Project, Racial Equity and Justice Initiative Project를 발표하고 1억 달러를 지원할 계획도 밝혔다.

프로젝트의 구체적인 내용은 흑인 대학을 위한 글로벌 혁신 및 학습 허브인 프로펠 센터Propel Center를 개장하고, 코딩 및 기술 교육을 지원하는 애플 개발자 아카데미를 개소하며, 유색 인종 기업인에게 자금을 지원한다는 것이었다. 애플카의 출시 소식을 기대했던 대중들은 실망했을 수 있다. 하지만 이날 애플의 발표는 IT기업을 비롯한 모든 기업들이 앞으로 나아가야 할 방향을 제시했다고 평가받고 있다.

최근 기업들 사이에서는 ESG 경영이 뜨거운 감자다. ESG는 환경Environment, 사회Social, 지배 구조Governance의 앞 글자를 따서 조합한 약어다. 기업이 환경과 사회에 미치는 영향력을 중요시하고, 지배 구조를 투명하게 개선할 것을 요구하는 의미를 담고 있다.

ESG가 주목받기 이전에는 일반적으로 매출, 영업 이익, 비용, 투자 규모 등 숫자로 표현되는 재무 요소로 기업을 평가했다. 하지만 이제는 재무 요소는 물론 ESG에 기반한 경영 활동을 하고 있는지와 같은 비재무 요소를 함께 살펴보겠다는 움직임이 시작되고 있다.

ESG에 대한 관심이 증가하다 보니 투자 재원도 ESG 분야에 몰리고 있다. 글로벌지속가능투자연합GSIA, Global Sustainable Investment Alliance에 따르면 글로벌 ESG 투자 자산 규모는 2012년 13조 3,000억 달러(한화 약 1경 5,188조 원)에서 2020년 40조 5,000억 달러(한화 약 4경 6,251조 원)로 8년 사이에 3배 넘게 증가했다.

한국도 이미 ESG에 대한 관심이 높다. 국제금융센터에 따르면 국내 ESG 투자 자산 규모는 2012년 49억 달러(한화 약 5조 6,000억 원)였으나, 2019년에는 255억 달러(한화 약 26조 1,261억 원)로 7년 만에 5배 이상 성장했다(〈도표 3-1〉, 〈도표 3-2〉).

도표 3-1 글로벌 ESG 투자 자산 규모(왼쪽)
도표 3-2 한국 ESG 투자 자산 규모(오른쪽)

출처: 글로벌지속가능투자연합 GSIA, 국제금융센터

ESG를 최초로 언급한 UN 사무총장이었던 코피 아난Kofi Annan은 이같은 상황을 미리 예상했던 것일까? 그는 투자자들이 ESG에 충실한 기업 위주로 투자를 집행한다면, 현금 흐름에 따라 기업이 ESG 중심의 경영을 하도록 유도할 수 있다고 믿었다.

2004년 당시 그의 제안을 자세히 살펴보면 전 세계 자산가들에게 지구 환경을 보존하고 사회의 지속 가능성을 이어 나가기 위한 역할을 해줄 것을 호소하며 ESG 3요소를 기준으로 투자 대상을 선별할 것을 제안했다. 그 결실이 2006년 'UN 책임 투자 원칙'PRI, Principles for Responsible Investment이다. 그리고 10년 이상의 시간이 흐른 지금 그의 바람대로 ESG 중심의 투자가 이어지며, 실제로 기업에 영향을 미치기 시작한 것이다.

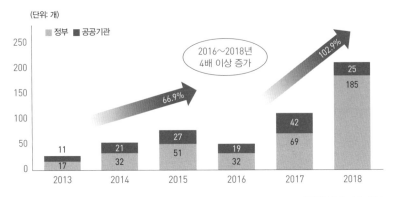

(단위: 개)

출처: US Federal Register

ESG에 대한 관심이 집중되면서 각국 정부에서는 ESG 관련 규제와 정책을 적극적으로 제도화하고 있다. 2013년 28개에 불과했던 글로벌 ESG 신규 규제와 정책은 2018년 210개까지 증가했다. 특히 2020년 이후 점점 더 빨라지는 추세다(〈도표 3-3〉).

권역별로 살펴보면 유럽의 경우 2021년 3월부터 모든 금융회사를 대상으로 ESG 공시를 의무화하고 있으며 미국은 증권거래위원회를 중심으로 개별 ESG 펀드가 추구하는 ESG 전략 및 목표에 대해 명시하도록 하고 있다.

한국은 2022년까지 자산 총액 1조 원 이상의 기업에 한해 지배 구조 보고를 강제화하고 있으며 2026년까지 전체 코스피 상장사에 적용할 것을 목표로 하고 있다.

착한 기업에 돈쭐 내는 소비자들

재원이 몰리고 정책과 규제가 생기며 ESG는 점차 기업 경영 활동의 상식이 되고 있다. 2021년 5월 말 서울에서 개최된 P4G Partnering for Green Growth and the Global Goals 2030 에서는 각국 정부와 국제 기구, 기업과 시민 사회가 ESG 경영의 필요성을 역설했다. P4G는 기후 변화에 대응하고 지속 가능한 발전 목표를 달성하려는 글로벌 협의체다. P4G 논의의 결과물로 'P4G 서울 녹색 미래 정상 회의' 정상 토론 세션에서 서울 선언문이 공개됐다. 선언문의 제11호 조항에는 ESG가 직접적으로 명시돼 있다.

> 11. 우리는 기업, 주주, 그리고 경제 단체가 지역 사회 및 소비자와 같은 이해관계자와 보다 긴밀하게 소통하고 기업 활동에서 친환경 관행과 태도를 내재화하기 위해 최선의 노력을 기울여야 한다고 믿는다. 우리는 환경, 사회, 지배 구조(ESG)의 가치가 기업 평가를 주도하는 중요한 기준이 됐다고 보며, 기업이 ESG 활동을 강화하겠다고 공약할 것을 권장한다. 우리는 P4G 협력 사업이 ESG 기준을 존중하고, 가능한 파리 협정에 부합하는 과학 기반 경로를 추구하고 있음에 주목한다.

상황이 이렇다 보니 국내외 기업들은 어떻게 하면 ESG 경영을 잘할 수 있을까에 대한 고민을 시작했다. 첫 발걸음으로 ESG를 전담하는 조

직을 구성해 빠르게 대응하고 있다. 이 같은 흐름은 삼성, LG, 현대차, SK 등 전통 대기업과 네이버, 카카오, 엔씨소프트 등 IT기업들까지 모든 기업에서 공통적으로 나타나고 있다.

그중에서도 IT기술의 최전선에 있는 빅테크 기업들에게는 ESG 분야와 관련해 새로운 역할이 요구되고 있다. IT분야에서는 ESG를 IT거버넌스governance 관점에서 새롭게 재해석하고, 자신들만의 방식으로 ESG에 기여할 수 있는 방법에 대해 고민하고 있다.

글로벌 컨설팅기관인 KPMG는 ESG 경영이 포스트 코로나 시대에 글로벌 기업들에게 새로운 의무나 리스크로 작용하기보다 기업이 사회의 요구 사항을 받아들임으로써 차별화된 서비스를 제공하는 가운데 새로운 가치를 창출할 가능성이 높을 것으로 판단하고 있다. 즉, 고도화된 IT기술이 ESG 경영을 가능하게 만드는 인에이블러enabler 역할을 수행할 것이라 기대하고 있다(《도표 3-4》).

ESG에 대한 관심도 계속해서 더욱더 커져 갈 전망이다. 기업들은 소비자의 새로운 선택지에 포함되기 위해 IT기술 등을 이용하여 ESG를 내재화하기 위한 전략을 짜야 한다.

이제 소비자는 단순히 제품과 기술이 좋다고 지갑을 열지 않는다. 기업의 존재 가치와 상품의 친환경성, 기업의 사회 기여도 등을 다각도로 판단한다. 아무리 매력적인 제품을 내놓아도 자신의 가치와 맞지 않으면 사지 않는다. ESG가 펜트업 시대에 새로운 소비 기준 중 하나로 자리 잡아 가는 것이다.

도표 3-4 IT거버넌스에서의 환경 부문 요구 역할

	전통적 ESG 관점	IT거버넌스 관점
환경 부문	· 기후 변화 및 탄소 배출 · 환경 오염 · 생물의 다양성 · 에너지 효율 · 폐기물 관리	· 저탄소 · 친환경 데이터센터 구축 · 데이터 효율화 소프트웨어 개발
사회 부문	· 고객만족 · 데이터 보호 및 프라이버시 · 성별 및 다양성 · 인권 · 노동기준	· 인공지능 윤리 마련 · 데이터 보호 및 프라이버시 강화 · 가짜 뉴스 확산 방지 · 다양성, 평등성, 포용성
지배 구조 부문	· 이사회 구성 · 감사위원회 구조 · 뇌물 및 부패 · 로비 및 정치 기부금 · 기업 윤리	· 지배 구조의 투명화 · 지역 및 국제사회 지원

이러한 분위기를 일찌감치 감지한 글로벌 빅테크 기업인 애플, 구글, 아마존 등은 수년 전부터 ESG에 대비해 다양한 기술들을 연구하며 제품 개발에 힘쓰고 있다. 그렇다면 이토록 뜨거운 ESG 산업에 어떤 기술들이 나타나고 있는지 살펴보자.

빅테크 기업들의
ESG 기술 대잔치

빅테크 기업들의 기발한 탄소 줄이기

2020년 10월 애플은 아이폰 12를 공개하면서 기본 구성품에 충전기를 더 이상 포함시키지 않겠다는 파격적 발표를 했다. 환경 보호가 이유였다. 하지만 반응은 냉담했다. 소비자들은 대부분 단순히 비용 절감을 위한 결정이 아니냐고 반응했다. 심지어 2021년 3월 브라질의 소비자 보호 기관은 충전기를 기본 구성품에 포함하지 않은 이유가 명확하지 않다는 이유로 애플에게 약 190만 달러(한화 약 22억 원)의 벌금을 부과하기도 했다.

애플은 자신들의 정책을 굽히지 않았다. 충전기 제작 과정에 포함되는 플라스틱, 구리, 주석, 아연을 사용하지 않음으로써 지구로부터 채굴해야 하는 구리, 주석, 아연 광석을 86만 1,000톤 절약할 것으로 예상된다. 애플의 충전기 제외 정책은 논란이 있었으나, 중국의 제조업체 샤오미Xiaomi의 MI11, 삼성의 갤럭시 S21도 충전기를 기본 구성품에서 제외하면서 업계 트렌드가 돼 가고 있다.

애플은 왜 비난 여론까지 감수하며, 환경 보호를 외치게 된 것일까? IT전문가들은 애플이 충전기를 제외하게 된 배경에 ESG 정책이 한몫을 했다고 평가한다. 파리 기후 협약 등으로 인해 전 세계적으로 재생 에너지 사용에 대한 요구가 강해지는 그린테크green tech 혁신의 바람을 무시할 수 없었을 것이란 지적이다. 과연 IT기업들은 어떤 방법으로 환경 보호를 이룰 수 있을까?

IT기업들이 가장 많은 노력을 쏟는 분야는 '전기 먹는 하마'라고 불리는 데이터센터DC, Data Center다. 글로벌 데이터센터의 전력 사용량은 연간 200테라와트시TWh로, 이는 전 세계 전력 사용량의 1퍼센트에 해당할 정도로 막대한 양이다. 한국을 예로 들면 2019년 서울시에서 가장 많은 전력을 사용한 건물이 바로 목동에 위치한 KT 데이터센터였다.

하지만 무작정 데이터센터를 축소할 수는 없는 실정이다. 코로나19로 비대면 산업이 성장했고 기업들의 디지털 전환Digital Transformation에 대한 관심 또한 높아지고 있다. 이러한 환경에서 온라인 속 데이터들이 저장되고 관리되는 데이터센터에 대한 니즈가 점차 늘어나고 있기 때문이다. 한국데이터센터연합회의 조사에 따르면 2024년까지 국내에만 총

24개의 데이터센터가 새롭게 설립될 예정이다. 설립을 확정한 데이터 센터 이외에 조사 계획 단계의 데이터센터까지 포함하면 약 40개가 넘 는 데이터센터가 새롭게 설립될 예정이다. 만약 계획대로 데이터센터 가 건설된다면 국내 데이터센터의 전력 소비량은 2024년 902메가와 트MW 수준으로, 2020년 398메가와트 대비 약 2.2배 늘어날 것으로 예 상된다.

막대한 전력 소비가 예상되는 만큼 데이터센터에 대한 외부의 시선 은 곱지 않다. 다국적 기업들이 아시아 태평양 지역의 거점으로 선택한 싱가포르의 경우 데이터센터의 전력 소비가 늘어남에 따라 최근 신규 데이터센터 구축을 일시적으로 중지하는 결정까지 내렸다. 싱가포르에 는 약 60개의 데이터센터가 있는데, 이 데이터센터들에서 발생된 전력 소비량이 2020년 싱가포르 전체 전력 소비량의 약 7퍼센트를 차지할 정 도였다.

이에 따라 IT기업들은 데이터센터의 체질 개선을 통해 국면을 바꾸 기 위한 시도를 이어나가고 있다. 국제에너지기구IEA, International Energy Agency에 따르면 2019년 기준 신재생 에너지 구매 업체 상위 4개 기업, 즉 구글, 아마존, 마이크로소프트, 페이스북이 모두 데이터센터를 운영 하고 있다.

해외에서 데이터센터의 친환경화를 주도하는 사업자로는 아마존과 마이크로소프트가 대표적이다. 아마존은 초대형Hyperscale 데이터센터 시장을 이끄는 사업자 중 하나다. 초대형 데이터센터란 최소 10만 대 이상의 서버를 보유한 데이터센터로서 데이터센터 중에서도 규모가 큰 곳을 이른다. 2021년 2월 미국 시장조사기관인 시너지리서치그룹Synergy Research Group에 따르면 상위 20개 기업이 보유한 초대형 데이터센터의 수는 2020년을 기준으로 597개다. 5년 전인 2015년에 비해 2배 이상 늘어난 수치다. 그중에서도 2019년부터 2020년까지 1년간 데이터센터를 가장 많이 늘린 기업은 아마존과 구글로 조사됐다. 마이크로소프트까지 포함할 경우 3개 기업이 보유한 초대형 데이터센터의 수가 전체의 절반을 넘을 정도다.

데이터센터 시장에서 두각을 드러내고 있는 아마존은 반대로 탄소 배출 문제에서도 가장 적극적이다. 아마존은 2020년 환경 운동 단체인 글로벌 옵티미즘Global Optimism과 함께 파리기후협정을 10년 앞당겨 2030년까지 탄소 배출을 넷제로net zero로 만들겠다는 기후 서약Climate Pledge을 발표한 바 있다. 아마존은 여기서 그치지 않고, 2021년 12월 클라우드 관련 사업을 담당하는 아마존웹서비스AWS의 리인벤트re:Invent 행사에서 탄소 배출 넷제로 시점을 5년 더 앞당겨 2025년까지 달성하겠다는 계획을 추가로 발표했다.

아마존은 클라우드 데이터센터의 탄소 배출을 감축하기 위한 방법으로 재생 에너지 활용은 물론, 저전력 서버 프로세스 개발에 주력하고 있다. 이러한 개발을 통해 아마존은 미국 내 일반 기업의 데이터센터에 비해 에너지 효율성은 3.6배 높이고, 탄소 배출은 최대 88퍼센트 줄일 수 있다고 강조하고 있다. 재생 에너지 활용과 관련해 아마존은 최근 총 발전 용량 3.4기가와트GW에 이르는 26개의 풍력 및 태양광 에너지 프로젝트를 실시하고 있으며, 2021년 재생 에너지 투자 규모는 2020년 대비 400퍼센트 증가했다. 더불어 데이터센터 건설에 필요한 재료인 시멘트마저 친환경 보충제 사용을 늘림으로써 콘크리트 내재 탄소를 데이터센터당 최대 25퍼센트 줄일 계획이다. 아마존은 친환경 행보의 속도를 더 빠르게 하기 위해 이산화탄소 흡수 기술을 개발한 환경 분야 기술 기업인 카본큐어테크놀로지스CarbonCure Technologies에 투자도 단행하는 등 공격적인 행보를 이어 나가고 있다.

마이크로소프트는 데이터센터의 친환경화에 앞장서 온 기업으로서 2015년부터 데이터센터의 열을 식히기 위한 노력을 진행해 왔다. 에너지경제연구원의 조사에 따르면, 데이터센터 에너지 중 50퍼센트가 IT장비의 열을 식히기 위한 냉방에 사용되고 있으며, 실제 운용되는 서버에는 35퍼센트의 에너지가 소비되고 있다(〈도표 3-5〉). IT장비의 에너지보다 IT장비의 열을 식히기 위한 냉방에 에너지가 더 쓰이는, 배보다 배꼽이 더 큰 상황이다.

하지만 달리 생각하면 냉방을 잡을 경우 데이터센터의 에너지 효율을 높일 수 있다는 의미이기도 하다. 마이크로소프트가 왜 데이터센터의 냉방에 노력을 기울였는지 알 수 있는 대목이다.

마이크로소프트는 데이터센터를 냉방시키는 방법에 대한 아이디어를 자연에서 얻었다. 2015년 나틱Natick 프로젝트를 통해 데이터센터를 바닷속으로 옮겨 열을 식히는 방법을 고안했다. 2015년에는 해저 데이

도표 3-5 데이터센터의 에너지 소비 분포

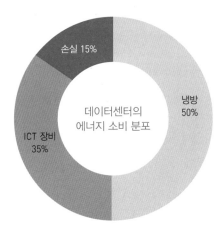

출처: 에너지경제연구원

● **나틱 프로젝트에 사용된 밀폐용 해저 데이터센터**

© Microsoft

터센터의 개념이 실현 가능한지를 검토해 보는 1단계 연구를 진행했다. 2018년 6월에는 해저 데이터센터의 효율성과 실용성 그리고 친환경성을 확인하는 심도 깊은 실험 단계에 착수했다. 스코틀랜드 오크니섬 바다 아래에 위치한 총 864대의 서버, 27.6페타바이트PB 용량의 스토리지, 냉각 시스템 등을 장착한 약 12미터 길이의 데이터센터인 나틱 노던 아일스Natick Northern Isles에서 2단계 실험이 진행됐다.

2020년 9월, 2단계 실험 결과가 발표됐다. 수중 데이터센터의 고장률은 지상 데이터센터와 비교해 8분의 1 수준이었다. 또한 에너지 지속 가능성도 확인했는데, 풍력과 태양열에서 전력을 공급받는 유럽해양에너지센터European Marine Energy Centre에서 100퍼센트 전력을 공급받아 운영돼 친환경성도 검증받았다. 마이크로소프트는 한 단계 더 나아가 나틱 프로젝트처럼 해저 데이터센터를 구축하는 곳에는 해상 풍력 발전소를 패키지로 구성해 전력을 공급하는 계획도 수립하고 있다. 또한 나틱 프로젝트에 투입된 데이터센터는 재활용이 가능한 재질로 폐기물이 거의 없다는 장점이 있다. 최근에는 나틱 프로젝트의 성과를 지상 데이터센터에 접목할 방법도 모색하고 있다.

마이크로소프트가 데이터센터 냉방에 대한 해답으로 바닷속을 선택한 또 다른 이유는 무엇일까? 전 세계 인구의 절반은 해안으로부터 120마일(약 193킬로미터) 반경 내에 거주하고 있다. 마이크로소프트는 이 점에서 흥미를 느꼈다. 해저 데이터센터가 고객과 가까운 위치에 설치될 수 있기 때문이다. 데이터센터를 해안 도시 근처 바닷속에 설치하게 되면 데이터의 이동 거리를 줄여 줘 고객들이 좀 더 빠르고 원활한 웹 서핑과 비디오 스트리밍을 누릴 수 있다. 더불어 마이크로소프트의 클라우드 서비스인 애저의 에지 컴퓨팅 데이터센터 구축에 따른 기초 자료로도 활용될 예정이라고 한다. 마이크로소프트로서는 해저 데이터센터 야말로 친환경과 미래 먹거리를 동시에 잡을 수 있는 기회인 셈이다.

구글 맵의 '가장 친환경적인 경로'

데이터센터를 보유한 IT기업들이 대부분 데이터센터의 친환경화에 집중했다면, 데이터센터를 보유하고 있지 않은 IT기업들은 환경을 개선하기 위해 어떤 역할을 할까? IT기업들은 그 해답을 소프트웨어에서 찾고 있다.

동일한 기능을 수행하는 소프트웨어라도 데이터센터와 같은 하드웨어의 전력량을 최소화하도록 설계하고 있다. 인공지능 학습 및 코딩 방법을 효율적으로 변경할 수 있으며, 서비스 UI 및 UX를 변경해 고객들이 좀 더 환경 친화적인 옵션을 선택할 수 있게 제안할 수 있다.

예를 들어 프로그래밍 코딩 언어 중 하나인 파이썬으로 구성한 코드는 상대적으로 고성능의 중앙처리장치CPU와 그래픽처리장치GPU가 필요하다. 또 데이터센터의 용량을 많이 사용할 뿐만 아니라 배터리도 많이 소모한다. 코드를 포함한 소프트웨어가 궁극적으로 자연 환경에 어떤 영향을 줄 수 있는지 알 수 있는 대목이다.

구글은 지도 서비스인 구글맵에서 친환경 옵션을 제공해 고객들의 행동에도 변화를 주고 있다. 구글은 탄소 배출이 가장 적을 것으로 예상되는 '가장 친환경적인 경로'the greenest route를 기본 옵션으로 제공할 계획이다. 가장 친환경적인 경로는 미국 에너지부Department of Energy 산하 국립신재생에너지 연구소NREL, National Renewable Energy Laboratory에서 제공하는 기본 자료를 활용한다. 이 자료를 활용해 구글은 자동차를 타고 목적지로 이동 가능한 여러 가지 경로 중 연료 소비, 경사로, 교통 체증 등을 계산해 가장 탄소 배출이 적은 경로를 추천한다. 예를 들어 경로 A는 예상 운행 시간이 15분 걸리는 가장 빠른 길이고, 경로 B는 예상 운행 시간은 18분이 걸리지만 경로 A보다 8퍼센트 더 적은 탄소를 발생시킨다는 정보를 보여 주는 식이다. 가장 친환경적인 경로 옵션은 2021년 미국에서 먼저 서비스할 예정이다.

또한 구글은 연례 개발자 콘퍼런스인 구글 I/OInput/Output 2021에서 차선 변경이 잦은 복잡한 도로 상황이나 브레이크를 자주 밟아야 하는 길을 예측해 다른 경로를 안내하는 기능을 선보였다. 목적지까지 도착하는 여러 경로를 함께 탐색한 후 도착 예정 시간이 같거나 비슷하면, 이왕이면 브레이크를 덜 밟는 길을 추천해 주는 식이다. 급제동을 방지하는 것이 온실가스를 감축할 수 있는 운전 방법으로 꼽힌다. 구글은 이 기능을 통해 매년 1억 회 이상의 급제동을 줄일 수 있을 것으로 예상하고 있다.

더불어 구글은 자동차는 물론 도보, 자전거, 대중교통의 이용자들을

● **구글맵 설정(속도, 탄소 배출) 차이에 따른 화면 비교**

© Google

위해 구글맵에서 정확한 도로의 폭과 인도, 횡단보도까지 상세하게 보여 주는 서비스를 제공할 계획이다. 이를 통해 이용자들이 도보나 자전거를 이용하도록 독려할 수 있을 것으로 예상된다. 구글은 해당 기능을 2021년 말까지 50개 이상의 나라에서 제공할 계획이다.

페이스북은 데이터센터를 보유한 기업이지만, 인공지능 데이터의 효율성을 추구하는 익스파이어 스팬Expire-Span 을 개발해 주목받고 있다 (〈도표 3-6〉). 익스파이어 스팬은 인공지능 모델의 학습 및 실제 사용 과정에서 사용된 단어의 중복도와 희귀도에 따라 데이터별 중요도를 예측

도표 3-6 **익스파이어 스팬 적용 시 데이터 메모리 효율 비교**

과제	적용 모델	효율	GPU 사용 메모리(GB)	소요시간(MS)
1번	모델A	1.05	21	838
	모델B	1.05	20	483
	익스파이어 스팬	1.03	15	408
2번	모델A	1.07	17	753
	모델B	1.07	13	427
	익스파이어 스팬	1.07	15	388
3번	모델A	63.8% 에러	12	327
	모델B	59.8% 에러	17	365
	익스파이어 스팬	52.2% 에러	12	130

출처: 페이스북 AI

한다. 이후 중요도가 낮은 단어의 경우에는 데이터 만료 일자를 지정하고, 만료 일자가 지나면 시스템에서 데이터를 자동으로 삭제한다.

예를 들어 한 권의 책 속 모든 문장을 인공지능 학습 데이터로 넣는다고 가정해 보자. 문장에서 자주 등장하는 주격 조사인 '은', '는', '이', '가' 혹은 접속어인 '그리고', '그러나' 등은 반복해 등장하기 때문에 일일이 저장할 필요성이 낮다. 영어에서는 'the', 'and', 'of'와 같은 단어가 해당된다. 이처럼 반복적으로 자주 사용되는 단어를 삭제함으로써 데이터를 정제하는 데 도움을 줄 수 있다.

또한 다량의 정보를 저장해야 하는 데이터센터의 서버 용량을 비축하고, 관련 비용을 절감함으로써 환경 부문에서도 기여할 수 있다. 부수적으로 페이스북의 익스파이어 스팬 기술을 이용하면 상대적으로 자본력이 약한 스타트업들도 데이터를 효율적으로 저장하고 활용할 수 있다. 이를 통해 개발 비용을 절감함으로써 소비자들이 다양한 인공지능 서비스를 만날 수 있을 것으로 기대된다.

마이크로소프트는 2021년 5월에 개최된 연례 개발자 회의인 빌드Build 콘퍼런스에서 글로벌 컨설팅 기업인 액센츄어와 골드만삭스, 깃허브, 리눅스 재단 그리고 기후 단체와 함께 비영리 단체인 녹색 소프트웨어 재단을 출범했다고 밝혔다. 재단에서는 데이터센터를 운영할 때 더 적은 탄소 배출을 가능케 하는 소프트웨어를 개발할 계획이다. 이를 위해서는 우선 개별 소프트웨어 프로그램에서 방출되는 탄소의 양을 정확히 측정할 수 있는 기술이 필요하다.

카카오는 2019년부터 설정을 변경하면 카카오톡을 다크모드에서 이용할 수 있도록 하고 있다. 다크모드는 처음엔 눈의 피로도를 줄이고 배터리 효율을 높일 수 있다는 점에서 주목받았다. 하지만 카카오에 따르면 다크모드를 이용하면 모바일 대기 전력을 줄임으로써 배터리 소모량을 약 30퍼센트 절감할 수 있다. 결국 다크모드를 이용하면 각종 디지털 기기에서 발생하는 탄소 발생량을 줄일 수 있다는 의미이다.

삼성디스플레이도 노트북 배터리의 사용 시간을 측정한 결과 일반 화면에서는 배터리 사용시간이 9.9시간을 기록한 반면, 다크모드에서는 1.1시간 더 늘어난 11시간을 기록했다고 밝혔다. 다크모드를 적용하면

● 카카오톡 다크모드 화면

© Kakao Corp

디스플레이 소비전력이 25퍼센트 줄어들기 때문이다. 즉 각종 하드웨어
와 소프트웨어에서 다크모드 기능을 제공하는 것만으로도 탄소 배출을
줄이고 환경을 개선하는 작지만 큰 노력이 될 수 있다.

펜트업 시대에는 과거와는 달리 하드웨어와 소프트웨어를 구분하지
않고 환경 보존을 추구하는 다양한 기술과 서비스가 등장할 것으로 예
상된다. 앞서 살펴본 아마존, 마이크로소프트, 페이스북처럼 IT기업들
이 탄소를 절감하는 자체적 노력도 나타날 것이며, 구글과 같이 앱에서
친환경 옵션 제공을 제공해 이용자들의 행동 패턴을 변화시키는 사례들
도 등장할 것으로 예상된다.

AI에도 윤리가 필요하다

20대, 20일, 94억 건. 어떤 사건을 의미하는 숫자들일까? 바로 이루다 사건에 관련된 것들이다. 이루다는 스타트업 스캐터랩scatterlab이 개발한 인공지능 챗봇 서비스로 2020년 12월 23일에 출시됐다. 이루다는 이용자들에게 친근감을 주기 위해 20대 여대생 캐릭터로 설정됐지만, 20일 만에 서비스를 종료해야 했다. 여러 이슈 중 개인 정보를 침해한 것이 큰 영향을 미쳤다.

이루다 개발에 사용된 개인 정보는 2020년 2월부터 2021년 1월까지 스캐터랩이 서비스하고 있던 연애 상담 앱인 텍스트앳, 진저, 연애의 과학 등을 통해 수집한 정보였다. 문제가 된 것은 수집한 정보가 약 60만 명에 이르는 이용자들의 카카오톡 대화였고, 그 수가 무려 94억 건에 이르렀다는 사실이다. 특히 94억 건의 카카오톡 대화 내용에는 특정 개인의 이름, 주소, 휴대전화 번호, 계좌 번호 등을 삭제하지 않거나 암호화하지 않은 내용이 포함돼 있어 이용자들의 불안감은 커졌다. 결국 이슈가 확산되자 스캐터랩은 2021년 1월 11일 이루다 서비스를 잠정 중단했다(《도표 3-7》).

정부도 재빨리 움직였다. 개인정보보호위원회는 이루다 서비스가 잠정 중단된 다음 날인 2021년 1월 12일부터 개인 정보 유출 의혹과 관련해 스캐터랩에 대한 조사에 착수했다. 그리고 2021년 4월 28일 정부는 이루다의 개발사인 스캐터랩에 5,500만 원의 과징금과 4,780만 원의 과태료를 부과하고, 시정 조치를 명령했다.

도표 3-7 **이루다 사건 일지**

2020년	12월 23일	스캐터랩, 이루다 서비스 시작
	30일	인터넷 커뮤니티에 이루다 성희롱 게시물 등장
2021년	1월 8일	스캐터랩, 이루다 성희롱 논란 관련 공식입장 발표
	9일	이루다 서비스서 개인 정보 유출 의혹 첫 보도
	11일	스캐디랩, 이루다 서비스 잠정 중단 결정
	12일	개인정보보호위원회, 개인정보 유출 의혹 관련 스캐터랩 조사 착수
	15일	스캐터랩, 이루다 서비스 데이터베이스·딥러닝 대화 모델 폐기 결정
	3월 31일	개인 정보 유출 피해자 254명, 스캐터랩에 총 2억 원 손해배상청구소송 제기
	4월 28일	개인정보보호위원회, 스캐터랩에 총 1억 원 과징금·과태료 부과

출처: 비즈니스워치

인공지능은 분명 우리 삶에 다양한 효용을 전해 줄 고도화된 IT기술이다. 만약 학습 방법과 활용 방법에 대한 윤리적 잣대 없이 무분별하게 이용된다면 이루다 사례처럼 오히려 이용자들에게 경제적, 정신적 피해를 입힐 수 있다.

해외에서는 2021년 6월 시애틀이 속한 미국 워싱턴주 킹 카운티 의회가 모든 정부 기관에서 안면 인식 기술의 사용을 금지하는 법안을 만장일치로 통과시켰다. 정부 기관이 얼굴 이미지를 이용해 사람의 신원을 파악하는 소프트웨어의 사용을 금지한 것이다. 시애틀은 아마존과 마이크로소프트 등 IT 주요 기업의 본사가 위치한 지역이기에 IT산업에 대한 규제 내용을 담은 법안의 통과가 더 큰 의미가 있다. 인공지능 기술을 개발하는 IT기업에게 인공지능의 활용 범위가 제한될 수 있고, 올바른 용도로 사용돼야 한다는 경고를 한 것이다.

이에 IT기업들은 인공지능 윤리 이슈에 적극적으로 대응하고 있다. IT기업들은 이용자들의 우려를 해소하고자 각각 원칙, 준칙, 헌장 등 다양한 명칭의 선언적 문구를 공개하거나 국제 협력 단체에 가입해 윤리에 관한 공통 과제를 해결하기 위한 담론에도 참여하고 있다. 인공지능 기술이 착한 기술로 인식되도록 하기 위한 과정들이다.

구글은 2018년에 인공지능 원칙AI at Google: Our Principles을 공개했고, 삼성전자는 2018년 국내 기업 중에서는 최초로 인공지능 국제 협력 단체인 파이PAI, Partnership on AI에 가입했다. 파이는 2016년에 세워진 단체로 윤리적 인공지능의 연구 개발 주도에 목표를 두고 있다. 이후 국내에서도 카카오가 2018년 1월 알고리즘 윤리 헌장을 발표했으며, 네이버는 2021년 2월 서울대학교 인공지능 정책 이니셔티브SAPI, SNU AI Policy Initiative와 협업한 결과물로 AI 윤리 준칙을 발표했다.

엔씨소프트는 단순히 선언문을 공개하는 수준을 넘어 인공지능 시대의 리더십과 윤리 개선을 위해 마련한 AI 프레임워크Framework 시리즈를 공식 유튜브와 블로그를 통해 공개하고 있다. 하버드대학교, 스탠포드대학교, 메사추세츠공과대학교MIT의 세계적 석학들과 인공지능 윤리에 대해 토론한 담론을 공개해 IT기업으로서의 고민을 직접 해결하기 위해 노력하고 있다.

인공지능 윤리는 IT기업들이 해결해야 하는 필수적인 과제가 됐다. 인공지능 기술을 기반으로 다양한 서비스를 제공해야 하는 IT기업에게 인공지능에 대한 부정적 시각이 생긴다는 것은 차세대 기술 기반을 잃는 것과 다름없기 때문이다. 자칫 인공지능 윤리에 관한 법률이 제정된다면 세부 법령의 내용에 따라 IT기업들에게는 큰 허들로 작용할 수 있다. 하지만 이용자들이 편리한 서비스를 이용하면서도 이루다 사태가 재현되지 않기 위해서는 IT기업들의 인공지능에 대한 윤리 작업이 빠르게 정립될 필요가 있다.

페이스북 vs. 애플의 데이터 프라이버시 대결

다음으로 살펴볼 이슈는 데이터 보호 및 프라이버시 이슈다. 우선 한 가지 상황을 예로 들어 보자. A씨는 다음 주말에 친구들과 인생 최초로 캠핑을 가기로 약속했다. 두근거리는 마음으로 쇼핑몰에 들어가 캠핑 용품들을 검색했다. 어떤 상품이 좋은지에 대한 사전 지식이 없던 A씨는 포털 검색을 통해 캠핑 용품의 브랜드를 검색해 본다. 그런데 이상한 일이다. 자신이 방금 전 쇼핑몰에서 클릭해 봤던 캠핑 용품들이 포털 사이트의 곳곳에서 광고로 표시된다. 관심 있는 제품과 유사한 제품들을 보여 준다면 정보 습득에 도움이 돼 고맙겠지만, 한편으로는 감시를 받는 것 같은 느낌이 든다.

바로 맞춤형 광고의 전형적 사례다. 맞춤형 광고는 이용자의 데이터

도표 3-8 맞춤형 광고의 다양한 형태

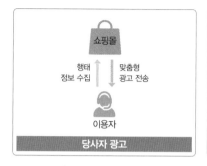

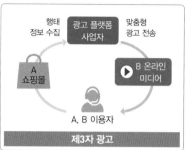

출처: 테크월드뉴스

를 바탕으로 이용자가 구매 또는 사용하고자 하는 제품을 보여 주는 광고를 의미한다. 웹 사이트 방문 이력, 앱 사용 내역, 구매 정보, 검색 정보 등 이용자의 기호가 담긴 인터넷 사용 행태 정보를 이용해 개인별로 최적화된 광고를 제공한다. A씨처럼 쇼핑몰 사이트에서 검색한 제품을 다른 웹 사이트의 광고 영역에서 발견하게 되는 것도 맞춤형 광고의 영향이다(〈도표 3-8〉).

과거에는 광고를 할 때 TV 혹은 신문을 통해 불특정 다수에게 전달하는 브로드캐스팅Broadcasting 방식을 활용했다. 하지만 최근에는 이용자가 클릭했던 제품을 기반으로 광고를 제공하기 때문에 내로우캐스팅Narrow Casting 방식으로 진화하고 있다. 물론 TV 혹은 신문의 경우에도 시청 채널, 시청 시간대, 신문 브랜드 등에 따라 일부 타깃팅이 가능하셨지만, 이용자를 세밀하게 분류하고 타깃팅 하는 수준은 모바일 맞춤형 광고와 비교하기 어렵다.

먼저 앱 개발자 혹은 앱을 개발하는 기업들은 이용자들에게 맞춤형 광고를 노출한다. 이후 맞춤형 광고가 효과적으로 작동했는지 측정하기 위해 애플과 구글의 디바이스마다 부여된 고유한 식별자identifier인 IDFAIdentity for Advertisers와 GAIDGoogle advertising ID를 이용한다. 이를 아울러 ADIDAdvertising Identifier로 통칭한다. 광고주들은 ADID를 통해 특정한 이용자들의 검색 활동이나 앱 이용 기록 등을 정확하게 수집하고 파악해 맞춤형 광고를 보낼 수 있다. 하지만 최근 애플과 구글이 맞춤형 광고와 관련된 데이터 프라이버시 정책을 바꾸면서 모바일 맞춤형 광고 시장에도 먹구름이 드리우고 있다.

2021년 4월 말 애플은 앱 추적 기능 사용 여부를 이용자가 선택할 수 있는 앱 추적 투명성app tracking transparency 정책을 적용한 iOS 14.5 버전을 배포했다. iOS 14.5 버전으로 업데이트를 진행한 아이폰 이용자들은 앱을 다운 받은 후 최초로 실행한 시점에 팝업 형태의 공지를 보게 된다. 공지에는 방금 자신이 실행한 앱이 앞으로 자신의 데이터를 추적해도 되는지 여부를 묻는 내용을 담고 있다. 이용자가 '예'를 클릭하면, 해당 앱을 개발한 기업들은 기존과 마찬가지로 이용자에게 맞춤형 광고를 제공할 수 있다. 하지만 만약 이용자가 '아니요'를 클릭하면 맞춤형 광고를 더 이상 제공할 수 없다.

IT전문가들은 이용자가 데이터 수집 및 활용 여부에 대한 선택권을 가지게 되는 점에 있어서는 긍정적이다. 맞춤형 광고를 받고 싶은 앱은 데이터 수집 및 활용을 허용하면 된다. 반면에 앱 개발자들은 이용자의 데이터를 추적할 때 사전에 동의를 받아야 하는 과정이 생긴 것에 불만을 제기하고 있다.

특히 애플의 데이터 프라이버시 정책에 대해 반독점 소송까지 고려하며 극렬하게 반대하는 기업이 있다. 바로 페이스북이다. 페이스북은 이용자 맞춤형 광고를 주 수익원으로 운영해 온 기업이다. 만약 애플의 앱 추적 투명성 정책이 실행돼 이용자들이 데이터 수집에 동의하지 않는 비율이 늘어난다면 페이스북은 주 수익원에 막대한 영향을 끼칠 것을 대비할 수밖에 없다.

페이스북의 2021년 1분기 매출을 살펴보면, 전체 매출 중 광고가 차지하는 매출의 비중은 97.25퍼센트다. 페이스북은 애플이 앱 추적 투명성 정책을 발표한 이후 페이스북의 맞춤형 광고 매출이 50퍼센트 급감할 것이라며 반발했다. 또한 페이스북은 맞춤형 광고를 제한한다면 소상공인들이 자신의 제품을 구매하고 사용할 소비자를 찾는 데 타격을 줄 것이라고 주장한다. 페이스북은 〈뉴욕타임스〉New York Times 와 〈월스트리트저널〉Wall Street Journal 등 애플의 앱 추적 투명성 정책을 전면 비판하는 광고를 싣기도 했다.

하지만 팀 쿡은 페이스북의 반발이 대수롭지 않다는 입장을 밝혔다. 2020년 12월부터 페이스북의 반대 의사를 접한 팀 쿡은 자신의 트위터 계정에 "페이스북은 예전처럼 이용자 정보를 추적할 수 있다. 다만 사전에 동의만 받으면 된다."라고 공개적으로 대응했다. 또한 2021년 1월

프라이버시와 데이터 보호 관련 콘퍼런스에 참석해 기업이 이용자가 선택하지 않은 출처에 대해 이용자의 데이터를 착취한다면 칭찬받을 자격이 없으며, 개혁해야 한다는 취지의 발언을 하기도 했다.

미국의 데이터 분석 기업인 앱스플라이어AppsFlyer에 따르면 앱 추적 투명성 정책이 적용된 이후 2주간 데이터를 분석한 결과, 글로벌 이용자의 40퍼센트, 미국 이용자의 37퍼센트가 앱 추적을 허용한 것으로 조사됐다. 하지만 또 다른 미국의 데이터 분석 기업인 플러리Flurry는 글로벌 이용자의 12퍼센트, 미국 이용자의 4퍼센트만이 앱 추적을 허용한

● **페이스북의 반발에 대한 팀 쿡의 입장**

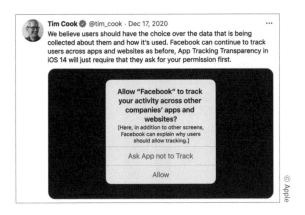

것으로 발표했다. 만약 향후에도 이용자들이 앱 추적을 거절한다면 맞춤형 광고는 더 이상 볼 수 없을지도 모른다.

전 세계적으로 개인 정보를 보호하고 강화하고자 하는 트렌드는 확산될 것으로 보인다. 애플에 이어 구글에서도 코로나19로 인해 2년 만에 개최된 2021년 연례 개발자 콘퍼런스에서 개인 정보 보호에 방점을 둔 모바일 운영체제인 안드로이드 12를 공개했다. 안드로이드 12에서는 프라이버시 대시보드privacy dashboard라는 새로운 기능을 선보일 예정이다. 프라이버시 대시보드를 활용하면 각각 설치된 앱이 어느 데이터에, 얼마나 자주 접근하고 있는지 한눈에 확인할 수 있다. 또 단순히 보여 주는 데 그치지 않고 앱의 접근 권한을 제한하는 등 손쉽게 제어할 수도 있다고 한다.

● 위치정보 설정 범위 차이에 따른 설정 화면 비교

© Google

한편 앱에 데이터 접근 권한을 주는 수준도 정할 수 있다. 같은 위치 정보라고 하더라도 음식 배달, 차량 공유처럼 정확한 위치가 필요한 경우에는 정확한 위치 정보를 제공하지만 날씨처럼 지역 정보를 확인하고자 하는 경우에는 대략적인 위치 정보를 제공하도록 한다.

특히 구글은 2021년 3월 초 웹사이트 방문 이력을 수집해 맞춤형 광고를 제공하는 사업을 중단한다고 발표하면서 개인 정보를 보호하는 새로운 광고 기술을 선보일 예정임을 밝혔다. 더불어 광고주들이 맞춤형 광고에 활용하는 쿠키Cookie(유저 트래킹 정보 파일) 지원도 2022년 초 중단할 계획이다. 쿠키는 이용자가 웹사이트를 방문했을 때 웹브라우저를 통해 이용자 PC에 저장되는 작은 크기의 텍스트 파일을 의미한다. 이용자의 다양한 활동 정보를 담고 있기 때문에 맞춤형 광고로 활용되는 요소 중 하나이기도 하다.

애플과 구글은 글로벌 모바일 운영체제 시장의 99퍼센트를 점유하는 사업자들이다. 그렇기 때문에 애플과 구글의 데이터 프라이버시 강화 흐름은 글로벌 데이터 시장에 큰 변화로 작용할 것이다. 이에 따라 이용자는 맞춤형 광고를 통해 편의를 느낄 수도, 불편을 느낄 수도 있을 것으로 예상된다.

맞춤형 광고 이외에도 AI 스마트 스피커의 도청 이슈도 프라이버시 분야에서 중요한 해결 과제다. 2019년 10월 고려대 소프트웨어보안연구소에서 국내 AI 스마트 스피커 2종에 대해 보안 현황을 조사했다. 그 결과 각각 1,280개, 320개의 보안 구멍이 발견됐다고 한다. 해외 제품에서도 약 200개의 허점이 발견됐다.

특히 AI 스마트 스피커의 허술한 보안이 더욱 큰 문제가 되는 이유는 AI 스마트 스피커를 두는 장소와 수집하는 데이터 종류 때문이다. 보통 음성 정보를 수집하기 위해 AI 스마트 스피커를 집 안의 거실이나 안방에 두기 때문에 지극히 개인적 대화나 사소한 소리들이 외부로 유출돼 문제가 될 수 있다. 포털에서 무엇을 검색했고, 커머스 서비스에서 무엇을 구매했는지 같은 단순한 정보 이상으로 훨씬 민감한 정보들이다.

이러한 문제점을 개선하기 위해 미국 미시간대학교 전기공학 및 컴

● 미시간대학교에서 프라이버시 마이크를 연구하는 모습

퓨터과학과 연구진은 AI 스마트 스피커가 주변의 상황을 인식하고 상황에 맞는 기능을 자동으로 실현할 수 있도록 연구하고 있다. 연구진이 개발하고 있는 AI 스마트 스피커의 명칭은 프라이버시 마이크Privacy mic다. 예를 들어 식기세척기 작동 소리, 컴퓨터 모니터 소리 등 사람의 귀에 들리지 않는 1만 6,000~2만 헤르츠Hz 이상의 초음파 대역의 소리를 감지해 사람이 명령하는 목소리를 듣지 않고도 서비스를 제공할 수 있는 기능이다. 연구진의 조사 결과, 프라이버시 마이크의 초음파 식별 기능은 95퍼센트 이상의 정확도를 보여 줬으며 가정 및 사무실에서 어떤 활동이 발생하고 있는지 식별할 수 있음을 입증했다고 한다(《도표 3-9》).

물론 현재의 AI 스마트 스피커를 완전하게 보완하기는 어려워 보인

도표 3-9 초음파까지 들리는 프라이버시 마이크의 가청 구역

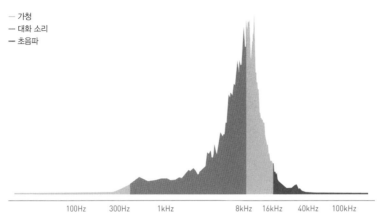

— 가청
— 대화 소리
— 초음파

100Hz   300Hz   1kHz   8kHz 16kHz 40kHz 100kHz

출처: 미시간대학교

다. 하지만 다양한 후속 연구가 진행되고 있다는 점에서 앞으로가 기대
된다.

다음 이슈는 바로 가짜 뉴스Fake news 다. 가짜 뉴스를 규정하는 다양
한 정의가 있지만, 대표적인 것이 '언론사가 보도하는 뉴스 유통 형태를
그대로 모방해 유포되는 허위 정보' 또는 '상업적 혹은 정치적 의도를 가
진 거짓 정보'다.

가짜 뉴스는 대중들이 사안에 대해 올바르게 판단할 수 없도록 오류
가 있는 기초 정보를 제공하기 때문에 사회 전체가 정확하게 의사결정
하는 것을 방해한다. 현대경제연구원은 2017년 가짜 뉴스로 인한 사회
적 비용이 연간 30조 원을 초과한다는 분석을 내놓기도 했다.

하지만 막대한 사회적 비용을 초래하는 가짜 뉴스를 분간해 내는 것은 쉽지 않다. 모든 뉴스 형태의 정보를 일일이 팩트 체킹fact checking 하게 되면 시간적으로나 경제적으로나 부담이 있을 수밖에 없기 때문이다.

하지만 가짜 뉴스 팩트 체킹에 대한 사회의 요구가 점차 강해지고 있다. 글로벌 IT기업 중 하나인 트위터에서도 가짜 뉴스와 허위 정보를 잡아낼 수 있는 기능을 개발하고 있다. 이에 따라 2021년 1월 버드 워치Bird Watch 기능을 도입할 계획임을 밝혔다. 버드 워치는 트위터가 직접 가짜 뉴스를 판별하지 않고 여러 이용자들이 허위 정보라고 판단되는 트위터 게시글에 자신의 의견을 남길 수 있는 기능이다. 이용자들의 집단 지성을 통해 유해 정보를 필터링 할 수 있도록 하는 형태다. 위키피디아Wikipedia 방식을 차용했다고 보면 이해하기 쉽다.

다만 버드 워치는 이용자가 가짜 뉴스에 대응할 수 있도록 돕고자 하는 목적이기 때문에 해당 게시물이 바로 삭제되거나 차단되지는 않는다. 그리고 버드 워치 기능을 이용하려면 트위터의 정책을 위반한 기록이 없는 이용자가 이메일 주소와 전화번호를 인증해야 한다. 시범 사용 기간 중 생성된 데이터에 대해서는 트위터에서 연구 목적으로 활용할 예정이다.

또한 2021년 6월부터 가짜 뉴스 확산을 막기 위해 인공지능 기술 등을 활용해 자체적으로 게시물의 사실 여부를 검증한 후 최신 정보Get the latest, 관심Stay informed, 거짓 정보misleading 등 3단계의 레이블을 붙여 이용자들에게 허위 정보가 유포되는 과정을 막고자 노력하고 있다.

- 트위터 버드 워치 서비스

- 3단계 라벨링을 통한 가짜 뉴스 검증

연구 분야에서도 가짜 뉴스를 막기 위한 소프트웨어 개발을 진행하고 있다. 대표적으로 매사추세츠공과대학 링컨 연구소의 연구원들은 리오RIO, The Reconnaissance of Influence Operations라는 소프트웨어를 개발해 SNS에서 허위 정보를 유포하는 계정을 자동으로 감지하고 분석하는 정찰

시스템을 갖췄다. 리오의 정밀도는 96퍼센트 수준이라고 한다. 이처럼 IT기업과 연구 기관의 개발 및 연구 결과에 따라 국민들이 가짜 뉴스로 인해 피해를 받는 일은 점차 줄어들 것으로 예상된다.

누구나 게임 안에서는 평등하다

마지막 이슈는 다양성과 평등성 그리고 포용성DEI, Diversity, Equity and Inclusion 이슈다. DEI는 말 그대로 사회 구조 및 기업 경영 활동 전반에 걸쳐 다양성과 평등성, 그리고 포용성을 얼마나 잘 실현하고 있는지 살펴보는 지표이기도 하다.

그중에서도 가장 크게 이슈가 되는 DEI 중 하나가 바로 성性이다. 여론 조사 전문 기관인 갤럽에서는 2020년 미국 성인을 대상으로 자신의 성적 지향에 대한 설문을 진행했다. 그 결과 미국 전체 인구의 약 5.6퍼센트를 성소수자로 분류할 수 있다고 밝혔다. 2017년 조사 당시 4.5퍼센트였던 점을 감안하면 3년 만에 약 1퍼센트포인트가 증가한 것이다. 2012년부터 해당 조사를 계속해 온 갤럽은 최근 그 증가 속도가 빨라졌다고 밝혔다. 그 이유로 자신을 성소수자로 밝히는 Z세대(1997~2002년생)의 비율이 높아진 것을 들고 있다. 갤럽 조사 결과에 따르면 2020년 Z세대 성인 6명 중 1명이 자신을 성소수자로 인식한다고 밝혔다.

이처럼 사회를 이루는 구성원들의 정체성은 다양해지고 있는 추세다. 하지만 온라인상에서는 정체성에 대한 혐오 표현이 만연해지고 있다. 국가인권위원회에 따르면 특히 성소수자가 혐오 표현을 경험한 비율은 94.6퍼센트라고 한다. 이 수치라면 대다수의 성소수자가 온라인상에서 혐오 표현을 경험했다고 볼 수 있다.

이에 게임 기업들에서는 이용자들이 인식을 바꿔 다양성과 평등성 그리고 포용성을 함양할 수 있도록 발벗고 나섰다. 축구게임 〈피파〉FIFA 시리즈와 생활 시뮬레이션 〈심즈〉Sims 시리즈로 유명한 EA는 공식 웹사이트의 포용성과 다양성 섹션에서 게임이 사회를 초월하는 힘을 가지고 있으며, EA가 창조한 캐릭터와 이야기가 현실 세계에 긍정적인 영향을 줄 것으로 믿는다고 명시하고 있다. 대표적인 예시 중 하나로 〈심즈〉 게임에서 플레이어는 피부색과 모발 종류 등 시각적 정체성의 미묘한 차이를 선택할 수 있으며, 성별과 인종 등 모든 인종적 정체성을 가진 캐릭터들과 관계를 형성할 수 있다고 밝히고 있다.

또 다른 사례로는 전략 시뮬레이션 게임 〈스타크래프트〉Starcraft 시리즈로 유명한 블리자드Blizzard를 들 수 있다. 블리자드는 2021년 6월 ESG 보고서에서 자신들은 게임을 통해 대중문화에 영향을 미치고, 고정 관념을 없애고, 서로의 차이점을 축복한다고 밝히고 있다.

또한 다양성과 포용성을 증진시키는 차원에서 다양성을 가진 캐릭터를 추가하고 있다고 밝혔다. 대표적인 게임 캐릭터가 액션 슈팅 게임 〈오버워치〉Overwatch의 캐릭터인 트레이서Tracer와 대규모 다중 롤플레잉 MMORPG, Massive Multi-player Online Role Playing Game 게임인 〈월드 오브 워크래프트〉World of Warcraft의 캐릭터인 펠라고스Pelagos다. 트레이서는 레즈비

● 〈오버워치〉의 트레이서와 〈월드 오브 워크래프트〉의 펠라고스

© BLIZZARD

언 캐릭터로서 성소수자 커뮤니티의 일원으로 소개가 되고 있으며, 펠라고스는 트랜스젠더 캐릭터로 설정돼 있다.

게임 콘텐츠의 위력은 이용자들이 콘텐츠를 즐기는 사이에 자연스럽게 게임의 세계관과 캐릭터에 대한 이해도, 애정도 그리고 친밀도가 생긴다는 점을 들 수 있다. EA와 블리자드처럼 세계 굴지의 게임 기업이 다양성, 평등성 그리고 포용성 관점에서 다양한 캐릭터를 개발한다면, 이용자들에게도 긍정적인 영향을 미칠 것으로 예상된다.

지배 구조를 개선하는 블록체인
기업들이 개선해야 할 ESG 요소 중 국민들이 가장 원하는 것은 무엇일

까? 대한상공회의소가 우리나라 국민 300명을 대상으로 실시한 조사 결과, 국민들은 기업들의 지배 구조 개선을 가장 원한다고 한다. 수치적으로 살펴보면 지배 구조 41.3퍼센트, 환경 35.0퍼센트, 사회 23.7퍼센트 순서였다. 이러한 결과가 나오게 된 배경에는 회사 내부의 정보 공개가 불투명하다는 사실이 가장 크게 작용한다.

하지만 지배 구조 분야에 투명성을 접목하기란 쉽지 않다. 정작 기업에서 정보를 공개한다고 해도 해당 정보의 진위를 검증 혹은 검토해 줄 단계가 없다면 이용자들은 전혀 알 수 없다.

이에 IT기술을 접목해 투명성의 진위를 확보하고자 하는 시도가 이어지고 있다. 글로벌 컨설팅 기업인 KPMG는 ESG 요소 중 지배 구조를 개선할 수 있는 IT기술로 블록체인을 추천하고 있다. 투명하고 위·변조가 불가능한 블록체인의 특성을 기업 경영 활동에 적용한다면 사회의 공정성과 신뢰성을 높이는 데 기여할 수 있을 거라 기대되기 때문이다.

실제로 2021년 4월 국내 기간 통신 사업자인 세종텔레콤은 ESG 경영의 핵심 기술로 블록체인을 꼽았다. 세종텔레콤의 블록체인 플랫폼인 블루브릭Blue Brick 은 서비스형 블록체인BaaS, Blockchain as a Service 으로, 모든 정보를 분산원장에 실시간으로 기록해 수정이나 삭제를 방지할 뿐만 아니라 누구나 정보를 열람할 수 있다. 블루브릭을 지배 구조에 적용할 경우 세종텔레콤의 데이터에 대한 신뢰를 보증하는 방식으로 고객들은 투명하게 정보를 확인하고, 기업들은 해당 정보의 진위 여부 확인을 통해 고객 가치 제고를 목표로 두고 있다.

다만 기업 입장에서 회사의 지배 구조를 외부에 투명하게 공개하면 영업 비밀까지 함께 노출될 우려가 있기 때문에 쉽게 결정할 수 없는 문제다. 하지만 ESG에 대한 사회적 요구가 강해지는 시점에서 기업들도 IT기술을 활용해 투명성을 높일 수 있는 정보 공유 문화가 정착되는 것을 두려워해서는 안 된다. 향후 투명성이 높아지면 이용자 입장에서는 주주로서 올바른 가치 판단을 통해 투자할 수 있을 것이다.

지배 구조 개선을 바라는 사람들은 좁은 의미로는 기업에게 투명한 경영을 강조하고 있지만, 넓은 의미로는 지역 사회와 국제 사회에 미치는 영향을 고려해 올바른 사회적 역할을 다하는 것을 주문하기도 한다. 삼성전자에서 중고 갤럭시 스마트폰을 활용한 업사이클링upcycling을 통해 국제 사회에 기여하는 것이 대표적인 사례다. 업사이클링이란 업그레이드upgrade와 리사이클recycle의 합성어로서 재활용 물품에 새로운 의미를 부여하는 것을 말한다.

갤럭시 업사이클링 앳 홈Galaxy Upcycling at Home은 세계 최대 가전박람회 CES 2021에서 공개된 것처럼 중고 갤럭시 스마트폰을 소프트웨어 업데이트한 후 IoT 디바이스로 활용하는 개념이다. 예를 들어 스마트폰의 다양한 센서와 부품들을 활용해 반려동물 등의 울음소리를 감지한 후 이용자의 스마트폰에 알림을 보낼 수도 있다. 또 이용자가 사전에 설정한 조도 기준 이하로 주변 환경이 어두워지면 연동된 조명이나 TV의 전원을 켜거나 끄는 기능도 제공하고 있다. 해당 기능은 베타서비스로 한국, 미국, 영국에서 론칭됐다.

● 베트남과 모로코에서 진행된 갤럭시 업사이클링 프로젝트

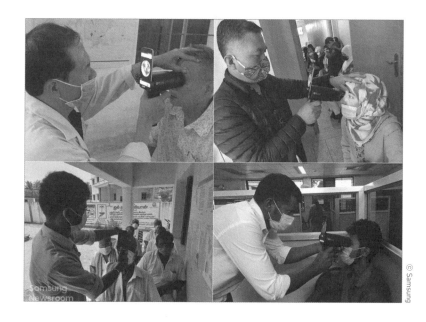

© Samsung

삼성전자는 국제 사회를 지원하는 캠페인에도 갤럭시 업사이클링 서비스를 통해 적극 참여하고 있다. 대표적인 사례로 국제실명예방기구IAPB, International Agency for the Prevention of Blindness, 연세의료원과 협력해 중고 갤럭시 스마트폰을 디지털 검안기로 개조해 보급하는 사업을 꼽을 수 있다.

일부 지역에서는 기술 장비로 확인해야 하는 부위에 생기는 질병에 대해서는 검사를 받거나 의학의 도움을 받기 어려운 것이 사실이다. 하지만 중고 갤럭시 스마트폰 기반으로 제작한 디지털 검안기를 활용하면

장비가 없어서 제대로 된 검사나 치료를 받지 못했던 이들에게도 새로운 기회를 제공할 수 있다. 삼성전자는 2021년부터 해당 프로젝트를 인도, 모로코, 파푸아뉴기니까지 확대할 계획을 가지고 있다.

IT기술을 활용한 지배 구조 개선은 아직까지 가장 발전이 덜 된 분야다. 하지만 그만큼 IT기업들이 우수한 사례를 만들어나갈 기회도 많다. 앞으로 환경 분야와 사회 분야에서 ESG 관련 IT서비스가 다양하게 출시되고 적용된다면, 지배 구조 분야에서도 IT기술을 활용한 ESG 개선 노력이 더 활발히 진행될 것으로 기대된다.

환경을 생각할 때
돈이 벌린다

환경과 기술은 정비례 관계

'우공이산'愚公移山. 오랜 시간이 걸리더라도 꾸준히 노력해 나간다면 결국엔 뜻을 이룰 수 있다는 의미의 한자성어다. 오늘날 많은 기업이 ESG를 충족하기 위한 우공이산의 노력을 이어 가고 있다.

　　마이크로소프트는 친환경 데이터센터 이외에도 다양한 ESG 활동을 하고 있다. 그중 하나가 엑스박스Xbox의 전력 개선이다. 미국 환경 보호 단체 자연자원방어위원회NRDC, Natural Resources Defense Council 보고서에 따르면 마이크로소프트의 엑스박스 단말기 종류 중 하나인 엑스박스원의 대기 전력은 18와트라고 한다. 심지어 사용을 종료했을 때에도 1 3와트가 계속 소비되고 있다고 한다. 엑스박스원의 연간 전력 소비량을 확인해 보면 250킬로와트를 사용하는데, 그중 47퍼센트가 대기 전력이다. 250킬로와트를 사용하는 가전제품이라면 우리가 평상시에 자주 이용하는 TV 정도라고 하니 전력 소비량이 적지 않음을 알 수 있다.

이에 마이크로소프트는 2021년 엑스박스가 대기 모드일 경우에 전력 소비량을 2와트로 줄이는 새로운 기능을 개발했다. 소소하게 보일 수도 있지만 외부의 지적에 개선책을 제안하고 기술로 풀어내려는 마이크로소프트의 노력을 엿볼 수 있는 대목이다.

2021년 1월 삼성전자는 CES 2021에서 뉴 그랑데 AI 세탁기를 소개했다. 이 세탁기는 인공지능 기술을 접목해 세제와 물의 사용을 최적화했다. 빨래 무게에 따라 10단계로 세분화해 정밀하게 구분함으로써 세제와 유연제의 낭비 없는 세탁을 가능케 했다. 특히 옷감의 종류와 오염도 등에 따라 최적의 코스를 제안하는 기능을 강화했다. 일례로 섬세한 소재의 세탁물이 감지될 경우에는 세제의 거품을 늘리고 모터 회전은 줄여 옷감을 보호하는 식이다. 또한 세탁물 중 수건의 비중이 많다는 것을 감지하면 헹굼 횟수를 자동으로 추가해 얼굴이나 몸을 닦는 수건에 세제가 남지 않도록 한다. 가전제품은 일상생활에서 사용 빈도가 높은 제품이기 때문에, 가전제품에 친환경 요소가 반영된다면 이용자들도 자연스럽게 환경 개선에 이바지할 수 있게 된다.

버진 하이퍼루프 원Virgin Hyperloop One은 진공 튜브형 자기 부상 초고속 열차이자 비행기보다 빠른 미래 교통수단인 하이퍼루프Hyperloop를

● 버진하이퍼루프의 유인 하이퍼루프 모델, XP-2

개발하고 있는 영국 기업이다. 미국에서 최초로 유인 주행 테스트에 성
공한 기업이기도 하다.

버진 하이퍼루프 원은 2020년 12월 500미터 트랙을 시속 172킬로미
터로 완주하는 데 성공했다. 발사 직후 시속 172킬로미터에 도달하는
데 걸린 시간은 6.25초에 불과했다. 비행기보다 빠르고, 선로가 없어 탈
선의 우려도 없으며, 건설 비용이 저렴하다는 등 여러 장점들이 있다.
무엇보다 최대 장점은 탈탄소 교통수단이라는 점이다(〈도표 3-10〉).

미국 오하이오주 정부 기관인 중부-오하이오 지역계획위원회Mid-Ohio
Regional Planning Commission는 도시 간에 하이퍼루프 교통수단이 정착된다
면 탄소 배출을 240만 톤까지 절감할 뿐만 아니라 3,000억 달러(한화 약

도표 3-10 운송수단별 장단점

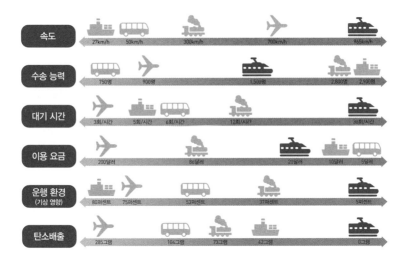

출처: KOTRA

342조 9,600억 원)에 이르는 경제적 이득을 예상하고 있다. 하이퍼루프를 필두로, 탈탄소 교통수단의 미래가 모빌리티 분야에도 확산되고 있다.

세계적인 카드사인 마스터카드Mastercard는 2021년 4월부터 이용자가 자신의 소비에 따른 탄소발자국Net Carbon Footprint을 측정할 수 있는 계산기를 홈페이지와 앱을 통해 제공하고 있다. 탄소발자국이란 직·간접적으로 발생한 온실 기체의 총량을 의미하며, 대기로 방출된 온실 기체가 지구의 기후 변화에 어떤 영향을 미치는지를 확인할 수 있는 지표 중 하나다.

마스터카드가 이용자에게 제공하는 정보에는 특정 분야의 상품을 구

● 마스터카드, 탄소발자국 정보 제공 화면

● DO 블랙 신용카드 이용 화면

매했을 때 발생하는 이산화탄소를 흡수하려면 얼마나 많은 나무가 필요한지에 대한 정보도 함께 제공한다.

또한 스웨덴의 핀테크 기업인 도코노미Doconomy와의 제휴를 통해 DO 블랙이란 신용카드를 개발했다. 이 카드를 사용하면 이용자가 구매한 제품과 관련된 탄소 배출량을 측정할 수 있다. 기존의 신용카드와는 달리 결제 한도 금액이 아닌 소비로 인한 탄소 배출 수준 정보를 제공해 사람들이 과소비를 하지 않도록 유도하는 최초의 신용카드다.

마스터카드의 사례는 이용자의 실제 구매 행태와 탄소 배출량과의 직접적인 상관관계를 보여줌으로써 실질적인 고객 행동의 변화를 이끌어 낼 수 있다는 점에서 긍정적으로 평가받는다.

지갑이 열리는 방향이 달라지다

다양한 기업들이 ESG 활동을 이어 나가고 있듯이 사회 구성원들의 높아진 인식 수준에 따라 ESG는 불가피한 사회적 요구로 자리 잡고 있다. 특히 코로나19로 위축된 일상을 새롭게 변화시킬 ESG는 펜트업의 대표 키워드로 주목받고 있다. ESG는 IT산업의 지형을 바꾸고 기업의 정체성을 새롭게 규정하며 새로운 서비스가 등장할 초석을 만들어 나가고 있다. 이처럼 기업을 둘러싼 환경은 이미 변하고 있다.

가장 먼저 기업들은 투자자들의 지갑이 열리는 방향과 수준이 달라졌다는 점을 실감하고 있다. 2020년 1월 전 세계 최대 자산운용사인 블랙록BlackRock의 래리 핑크Larry Fink 회장은 연례 서한에서 지속 가능성이 투자 의사결정의 가장 중요한 어젠다임을 선언했다. ESG가 향후 블랙록의 가장 핵심적 투자 모델이 될 것이라고 언급하기도 했다. 또한 자본의 재분배와 이동이 생각보다 빨리 진행되고 있으며, 이러한 변화는 이제 겨우 시작이라고 입장을 밝혔다. 2조 달러가 넘는 돈을 운영하는 핑크 회장의 목소리라 더 큰 울림이 있었다.

핑크 회장은 앞으로 ESG 성과가 나쁜 기업에는 투자하지 않겠다는 말도 지켰다. 실제 석탄을 사용해 얻은 매출이 25퍼센트가 넘는 기업의 채권과 주식을 처분했다.

블랙록만의 움직임이 아니다. 세계 3위의 자산운용사인 스테이트 스트리트 글로벌 어드바이저SSGA, State Street Global Advisor도 ESG 기준에 미치지 못하는 회사는 이사회를 대상으로 적절한 주주 권한을 행사하겠다고 밝혔다. JP모건JP Morgan의 제이미 다이몬Jamie Dimon 회장은 ESG 기준을 충족하는 기업에 대한 투자 비중을 늘리겠다고 언급했다.

설문 조사 결과도 투자 부문에서의 ESG 고려 비중이 굉장히 높다는 것을 증명하고 있다. 2021년 3월 세계적인 금융그룹인 맥쿼리macquarie가 150명 이상의 글로벌 기관 투자자들을 대상으로 한 조사에 따르면 이 중 91퍼센트 이상이 향후 5년 안에 ESG 분야에 더 큰 관심을 둘 것으로 답변하기도 했다. 글로벌 컨설팅그룹인 EY한영도 2020년 8월 글로벌 투자 기관 임원 298명 중 91퍼센트 이상이 최근 1년간 ESG가 투자 의사결정에 중대한 영향을 미쳤다고 답했다. 이 상황들을 종합해 보면 기업 경영 활동에 ESG를 고려하도록 기관 투자자들이 기업들을 압박하면서 변화를 재촉하고 있는 것을 알 수 있다.

두 번째로 기업들이 느낄 변화는 소비자의 투자와 선택에도 영향을 받는다는 점이다. 예를 들어 50대 중반 이후인 베이비부머Baby Boomer 세대, 40대 초반에서 50대 중반의 연령층인 X세대Generation X, 그리고 20대 초반에서 30대 후반까지의 연령층인 밀레니얼 세대Millennial Generation는 각각 투자 성향이 다르다. 그중에서도 밀레니얼 세대는 투자를 실행할 때 기술을 적극적으로 활용하며, 자신의 투자가 사회에 어떠한 영향social impact을 미치는지에 대한 관심도가 매우 높다. 이러한 성향 때문에 밀레니얼 세대로 연령층이 내려갈수록 ESG 관점의 투자의 중요성과 소비의 선택권을 적극 반영하고 있다.

모건스탠리캐피털인터내셔널MSCI, Morgan Stanley Capital International의 조사에 따르면, 밀레니얼 세대의 87퍼센트가 ESG를 주요 투자 사항으로 고려하고 있다고 한다. 반면, X세대와 베이비부머들은 각각 65퍼센트, 48퍼센트만 ESG를 고려하는 것으로 밝혀졌다.

국내에서도 ESG와 소비자 선택 간에 어떤 관련성이 있는지 살펴보는 설문 조사가 진행됐다. 대한상공회의소에서 2021년 국민 300명을 대상으로 설문 조사를 진행한 결과, 응답자 중 60퍼센트가 기업의 ESG 활동이 제품 구매에 영향을 준다고 답변했다. 펜트업 시대에는 고객 인식이 변화함에 따라 소비 행태도 변화하는 것을 시사하는 결과다. 기업들이 ESG 기반의 경영 활동을 필수 조건으로 삼아야 하는 이유기도 하다.

마지막으로 기업들이 느낄 변화는 기업 구성원인 직원들의 반발에 부딪히게 된다는 점이다. 구글은 본사를 비롯해 뉴욕과 런던, 싱가포르, 베를린, 도쿄 등 전 세계 40여 개 지사 소속의 직원들이 임시 파업을 경험한 바 있다. 구글의 전 부사장이자 안드로이드 개발자인 앤디 루빈Andy Rubin의 성추행 의혹을 회사 측이 묵인했다는 〈뉴욕타임스〉의 보도에서 비롯된 파업이었다.

또한 추문이 있었음에도 불구하고 앤디 루빈은 퇴직금으로 9,000만 달러(한화 약 1,029억 원)를 받았다. 이에 파업에 참여한 직원들은 직장 내 성범죄와 성적 괴롭힘을 투명하게 처리해 줄 것을 요구했으며, 급여와 기회 불평등의 개선을 요구하는 성명서를 발표했다. 구글의 사례처럼 회사의 정책과 이슈에 대해 자유롭게 말하는 문화는 회사의 지배 구조를 개선할 수 있는 시작점으로 인식되고 있다. 최근 국내 IT업계에서 회자되고 있는 근로 환경 개선 요구도 동일한 맥락의 요청이자 요구다.

한편 ESG가 떠오르면서 그린워싱Green-washing이란 단어도 함께 주목받고 있다. 그린워싱은 환경 친화적이라는 홍보와 달리 효과를 과장하거나 아예 거짓으로 기업 이미지를 각색하는 사례 등을 의미하는 용어다. 녹색 거짓말로 불리기도 한다. ESG에 대한 사회적 요구에 단발성 혹은 표면적으로만 대응하고 회사의 체질을 변화시키지 않거나 ESG에 대한 이해도가 낮은 회사들을 의미하기도 한다. ESG를 그저 트렌드로 보거나 더 짧은 유행 수준의 패드fad 정도로 인식하는 기업들이 주로 그린워싱 같은 선택을 한다.

2020년부터 이어진 코로나19 팬데믹으로 인해 대면 경제가 위축되는 상황이 이어졌다. 하지만 ESG를 이해하고 준비하는 기업들로서는 이후 시점이 ESG를 체질화하는 변혁기가 될 수 있다. 투자자들은 ESG 기준을 충족하는 기업들을 새로운 투자 대상으로 찾고 있으며, 미래 소비 주체인 밀레니얼 세대들도 ESG의 이해도가 높은 기업에 대한 호감을 가지고 있다.

이러한 배경 속에서 지배 구조가 개선된 기업으로 우수한 인력이 모여들게 되면 향후 한 단계 더 발전할 기회가 될 것이다. 즉, ESG의 DNA로 체질 개선을 한 기업만이 2022년 이후의 미래를 승리로 가져갈 수 있다는 점을 명심해야 할 것이다.

모바일
인사이트

ESG를 위한 빅테크 기업들의 다양한 노력들

마이크로소프트: '나틱 프로젝트'는 바닷속에 밀폐용 데이터센터를 넣어 냉방 에너지를 절감시키는 프로젝트다. 고장률은 육지에 비해 8분의 1 정도 절감되고 풍력과 태양열에서 100퍼센트 전력을 공급받아 친환경성이 입증됐다.

애플: 아이폰 구성품에 충전기를 포함시키지 않음으로써 채굴해야 하는 자연 광석이 86만 1,000톤 절약된다.

아마존: 2025년까지 탄소 배출을 넷제로로 만들겠다고 선언했다. 이런 방법으로 재생 에너지 활용은 물론, 저전력 서버 프로세스 개발에 주력하고 있다.

구글: 구글맵에서 친환경 옵션을 제공해 고객 행동에 변화를 준다. '가장 친환경적인 루트'를 기본 옵션으로 설정해 탄소 배출이 적게 되는 길로 안내한다.

이제 AI는 전문가들의 기술이 아니다. 예능, 드라마 등 TV 콘텐츠에 AI가 자주 등장하면서 우리 삶에 친숙한 기술이 됐다. 또 AI 홈트, AI 긴급 돌봄 등 AI를 접목한 서비스들이 자연스럽게 일상에 녹아들고 있다. AI가 없는 세상은 상상조차 힘들게 된 것이다. 그렇다면 AI는 이제 어떤 모습으로 더 발전할 것인가? AI의 미래는 어디에 있을까?

CHAPTER 4

AI

AI, 모두의 기술이 되다

인간이어도,
로봇이어도 괜찮아

여전히 FAAMG은 AI에 집중한다

'거북이 12년 만에 완전체로 컴백', 음악 케이블 채널 Mnet에서 방영한 국내 최초 AI 음악 프로젝트 〈다시 한번〉은 AI 음원 복원 기술과 페이스 에디팅 기술을 통해 대중들이 그리워하는 목소리와 생전의 모습을 복원해 무대를 선보인 프로그램이다. 2008년 고인이 된 그룹 거북이의 리더 터틀맨의 목소리와 얼굴을 복원해 거북이 완전체 무대를 12년 만에 재현했다.

최근 예능, 드라마 등의 콘텐츠 기획과 제작에 AI를 활용하는 사례들이 늘고 있다. 드라마 〈스타트업〉은 스타트업의 성장기를 통해 다양한

● 〈다시 한번〉에서 노래부르는 터틀맨

AI 서비스와 기술을 시청자에게 전달하며 많은 사랑을 받았다. AI라는 다소 어려울 수 있는 소재를 친근하게 풀어내면서 시청자들의 관심을 이끌어 냈다. 특히 배우 김선호와 AI 스피커 '영실이'가 대화를 주고받는 모습을 통해 시청자에게 AI 스피커를 인식시켰다. 이처럼 AI는 더 이상 생소하고 어려운 기술이 아닌 우리와 일상을 함께 공유하는 대상으로 자리 잡고 있다.

AI는 많은 관심 속에서 빠르게 성장하고 있다. 한국신용정보원은 2020년 12월에 발간한 보고서 〈AI 기술·시장 동향: 핵심기술, 시장규모, 사업 리스크 중심으로〉에서 세계 AI 시장 규모가 2018년 198억 달러(한화 약 22조 5,000억 원)에서 2022년 694억 달러(한화 약 78조 9,000억

도표 4-1 세계 AI 시장 규모

(단위: 억 달러)

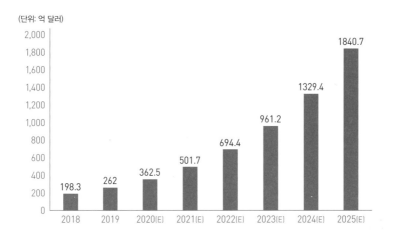

도표 4-2 국내 AI 시장 규모

(단위: 조 원)

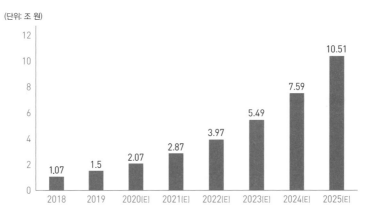

출처: 한국신용정보원

원)로 증가할 것으로 예측했다. 2025년까지는 연평균 38.4퍼센트 성장해 약 1,840억 달러(한화 약 209조 원)에 이를 것으로 전망했다. 국내 AI 시장 규모는 2018년 1조 원에서 2022년 3조 9,000억 원으로 증가할 것으로 예측했고, 2025년까지 10조 5,000억 원의 시장을 형성할 것으로 예측했다(〈도표 4-1〉, 〈도표 4-2〉).

세계 AI 시장을 선도하는 기업은 미국의 빅테크 기업들인 FAAMG Facebook, Amazon, Apple, Microsoft, Google이다. 페이스북은 추천 서비스, 유해 콘텐츠 탐지, 번역, 자동 자막 생성 등에 AI 기술을 활용하고 있고 있다. AI 전문 연구 조직인 '페이스북 AI 리서치'FAIR, Facebook AI Research를 운영 중이며, 또한 적극적 기업 인수를 통해 AI 기술력을 키우고 있다. 컴퓨터 비전 전문 AI 스타트업 스케이프 테크놀로지스Scape Technologies, 딥러닝 기술 연구 및 오픈소스 도구 개발 기업 아틀라스 MLAtlas ML, 그리고 AI 챗봇 기반 CRM 플랫폼 커스터머Kustomer를 인수했다. 이 외에도 AR, VR 플랫폼, 소셜 커머스 등 다양한 분야에 AI를 활용하기 위해 노력 중이다.

아마존은 자율주행 기업인 죽스Zoox를 12억 달러(한화 약 1조 4,000억 원)에 인수했다. 매년 막대한 물류 비용을 지출하고 있는 아마존은 물류 및 배송 효율화를 위해 로봇과 자율주행 기술을 보유한 기업에 적극적으로 투자해 AI 기술을 확보하고 있다(〈도표 4-3〉).

FAAMG 중에서도 기업 인수에 가장 적극적인 곳은 애플이다. 애플은 불과 2020년 한 해 동안 AI 소프트웨어 특화 기술을 보유한 엑스

	2020	2021
애플	1월 엑스노.ai 4월 보이시스 5월 인덕티브 9월 스카우트FM 10월 바이링스	
페이스북	2월 스케이프 테크놀로지스 2월 아틀라스ML 12월 커스터머	
구글	1월 앱시트	
마이크로소프트	7월 오리온스 시스템스	4월 뉘앙스 커뮤니케이션스
아마존	6월 죽스	

노.ai_{Xnor.ai}, 쇼핑 앱을 기반으로 이용자의 음성을 정확히 인식하는 소프트웨어를 개발하는 보이시스_{Voysis}와 데이터의 오류를 식별하고 수정하는 머신러닝 기술 개발 기업 인덕티브_{Inductiv} 등을 인수했다. 향후 자사의 AI 음성 비서 시리_{siri} 등 다양한 서비스에 AI 기술들을 녹여 낼 것으로 보인다.

마이크로소프트는 영상 및 이미지를 분석해 데이터로 제공하는 오리온스 시스템스_{Orions Systems}를 2020년 7월에 인수했고, 2021년 4월에는 음성 인식 전문 개발사 뉘앙스 커뮤니케이션스_{Nuance Communications}를 약 197억 달러(한화 약 22조 4,000억 원)에 인수했다. 이는 2016년 262억 달러(한화 약 29조 8,000억 원)에 인수했던 커리어 개발 플랫폼 링크드인Linked in에 이어 두 번째로 큰 규모의 인수였다.

마이크로소프트는 대규모 투자와 기업 인수를 통해 다양한 산업 분야에 AI를 적용하기 위해 노력하고 있다. 특히 AI 기반의 헬스케어를 미래 먹거리로 주목하고 있다.

CEO 사티아 나델라Satya Nadella는 2021년 4월 뉘앙스 인수 인터뷰를 통해 "AI는 가장 먼저 기술 발전을 이뤄야 할 분야고, 그중에서도 헬스케어는 가장 시급한 분야"라며 "더 진화한 AI 솔루션을 추진할 것"이라고 언급했다.

뉘앙스는 애플이 시리를 개발할 때 음성 기술을 제공한 기업으로 의료 분야에 특화된 음성 인식 기술력을 보유하고 있다. 이 기술을 기반으로 의사와 환자가 구두로 상담한 내용을 AI가 인식해 자동으로 전자건강기록EHR, Electronic Health Records을 만들어 진료 내용을 모두 기록해 준다. 마이크로소프트는 자사 클라우드 서비스 애저와 뉘앙스의 기술 결합 계획을 발표하며 AI 헬스케어 시장으로의 진출을 암시했다.

마지막으로 구글은 2016년부터 AI를 전면에 등장시켰고, 검색 및 광고 서비스 개선에 적용하며 이를 활용해 미래 먹거리를 발굴하는 'AI 퍼스트' 전략을 전개하고 있다. 번역, 이미지 등 구글의 모든 서비스의 중심에는 AI가 있으며, 구글 연구 조직인 '구글 리서치'Google Research의 이름도 '구글 AI'Google AI로 변경했다.

또한 코딩 없이 프로그램을 개발할 수 있는 플랫폼 앱시트AppSheet를 인수해 비전문가들도 코딩 없이 간단하게 비즈니스 앱을 만들 수 있는 환경을 조성하기 위해 노력 중이다.

앱시트에는 자연어 처리, 예측 모델링 등의 기능이 탑재돼 있으며, 향후 구글의 다양한 기술들이 지속적으로 개발돼 이용자에게 쾌적한 작업 환경을 제공할 것으로 예상된다. FAAMG가 주도하는 AI 기술 시장은 더욱 치열하고 빠르게 성장할 것이다.

개인 PT보다 잘 알려주는 AI 트레이너

최근 백신 접종을 시작으로 감소세를 보이던 확진자 수가 변이 바이러스 때문에 다시 늘어나며 코로나19로부터 쉽게 벗어나지 못했다. 특히 활동 제약으로 인해 불안과 무기력증을 느끼는 코로나 블루, 분노와 짜증 등으로 감정이 폭발하는 코로나 레드 그리고 좌절, 절망, 암담함을 느끼는 코로나 블랙 등 정신적 고통에 많은 사람이 힘들어하고 있다.

2021년 7월 취업 플랫폼 잡코리아와 알바몬이 실시한 '코로나19 우울감 현황 조사'에 따르면 응답자 중 83.9퍼센트가 코로나19 이후 우울감을 경험했다고 답변했으며, 그중 65.3퍼센트가 코로나 블루, 14.3퍼센트가 코로나 레드 그리고 20.4퍼센트가 코로나 블랙 증상을 보였다고 응답했다.

이렇게 코로나19로 고통받으며 힘들어하는 시기에 AI는 우리와 교감하며 함께 위기를 극복하기 위해 도움을 주고 있다. 카카오는 2020년 11월 발간한 〈카카오 코로나 백서〉에서 'AI와 디지털로 코로나 블루를 달래다'라는 주제로 코로나19 확산 전과 후의 AI 서비스 사용 추이 분석 결과를 공개했다. 코로나19 팬데믹 기간 동안 카카오의 AI 서비스인 헤이카카오 사용자 수의 규모는 전반적으로 코로나 확산세와 비례하는 모습을 나타냈다. 확산 시점을 기점으로 증가세를 보였으며, 일시적인 소강상태였던 4월 마지막 주에 헤이카카오 사용자 수가 일시적으로 하락했지만, 이태원 집단 감염이 발생한 5월 8일 이후 다시 상승세를 보였다 (〈도표 4-4〉, 〈도표 4-5〉).

영국에서는 코로나19 극복을 위해 운동의 중요성을 강조하고 있다. 그 덕분에 집에서 운동하는 데 도움을 주는 AI 기반의 홈트레이닝 서비스의 수요가 크게 증가했다. 영국은 코로나19로 인한 락다운Lockdown(경제봉쇄) 기간 이동을 제한했지만, 1일 1회 실외 운동은 권장하는 등 신체 및 정신 건강을 위한 운동의 필요성을 시민들에게 강조했다.

영국 레저 산업 미디어 기업인 엘엠씨LMC의 조사에 따르면, 락다운 이후 집에서 운동하는 홈트족Home Training族 비중은 이전 대비 약 2배 증가한 53퍼센트로 나타났다. 영국의 디지털 피트니스 스타트업 잭스작스JaxJox는 디지털 케틀벨, 덤벨, 폼롤러와 함께 AI 기반의 다양한 피트니스 수업과 코칭 서비스를 제공하면서 2020년 한 해에만 전년 대비 매출이 10배 이상 성장했다.

국내에서도 건강에 대한 관심이 높아지고 사회적 거리 두기 강화로 집에서 머무는 시간이 많아지며 늘어난 홈트족이 AI를 기반으로 운동하는 사례들이 늘고 있다.

도표 4-4 헤이카카오 사용자 수 추이(2020년 1월 ~ 2020년 6월)

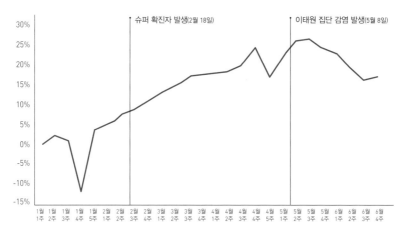

출처: 〈카카오 코로나 백서〉

도표 4-5 헤이카카오 발화량 추이(2020년 1월 ~ 2020년 6월)

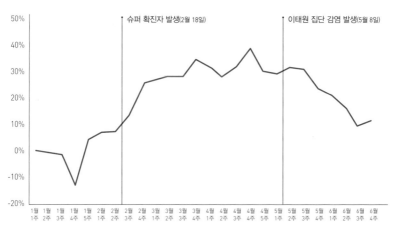

출처: 〈카카오 코로나 백서〉

카카오 VX는 LG유플러스와 함께 체계적인 피트니스 커리큘럼에 AI 코칭을 접목한 홈트레이닝 앱 '스마트홈트'를 출시했다. AI가 실시간 동작 분석으로 잘못된 동작을 교정해 주고, 개인 트레이너처럼 결과를 기록하고, 진단해 새로운 운동을 추천해 준다.

국내 헬스케어 스타트업 앨리스 헬스케어Alyce Healthcare는 AI 기반 홈 트레이닝 서비스 '윌로'Weelo를 출시했으며, AI 모션 트래킹 기술을 활용해 사용자의 동작을 인식해 "무릎이 너무 앞으로 나와 있으니 뒤로 좀 빼 주세요." 등 정확한 자세를 위한 피드백을 제공한다. 이렇게 AI 트레이너가 내 몸에 딱 맞는 운동을 추천해 주고, 운동이 끝난 후에는 월로 리포트를 통해 운동 시간과 종류별 동작 정확도 등 운동 결과에 대해 알려 준다.

오프라인 기반 피트니스 프랜차이즈 등 많은 기업이 집에서 간편하게 즐길 수 있는 콘텐츠 개발에 지속적으로 투자를 하고 있으며, 자투리 시간에 효율적으로 운동을 즐길 수 있는 홈트에 대한 수요는 펜트업 시대에도 지속적으로 증가할 것으로 보인다.

AI는 홈트뿐만 아니라 시니어 계층의 심신 건강을 챙겨 주는 수단으로도 인기몰이 중이다. AI가 바쁜 일상 속에서 나를 대신해 부모님을 챙기는 새로운 친구가 돼 주고 있는 것이다.

SK텔레콤은 시니어 고객의 건강하고 즐거운 삶을 지원하는 서비스 '누구 오팔'NUGU opal을 출시했다. 누구 오팔은 AI 스피커 누구를 활용해 두뇌 체조, 건강 박사 등 다양한 맞춤형 콘텐츠를 제공하고 치매 예방, 투약 및 병원 일정 알림 등 맞춤형 돌봄 서비스를 제공한다.

또한 일정 기간 오팔을 사용하지 않을 경우 보호자에게 알려 주는 기능, '아리야 살려줘' 등 간단한 명령으로 SOS를 보내는 기능 등을 제공한다. 실제로 소방청 119 안심콜과 연동해 시니어 고객의 지병을 등록해 위급 상황에서도 신속 대응하고 있다. 실제로 2019년 4월부터 2021년 5월까지 시니어 고객의 SOS 호출은 총 1,978회에 달했으며, 그중

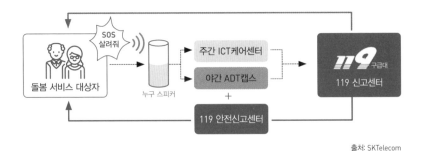

출처: SKTelecom

100회는 119 긴급 구조로 이어져 시니어 고객에게 직접적인 도움을 줬다(〈도표 4-6〉).

경기도 용인시는 ICT 기업 디엔엑스DNX와 함께 실시간 어르신 돌봄 서비스 'AI 순이'를 서비스하고 있다. AI 순이는 어르신이 행동을 할 때마다 친구처럼 상황에 맞는 말을 먼저 걸어 소통하는 것뿐만 아니라 퀴즈, 노래자랑, 영어 공부 등 다양한 엔터테인먼트 서비스를 제공해 치매 예방과 심리 케어도 함께 제공한다.

이렇게 AI는 우리에게 다양한 도움을 주며 존재감을 알리고 있다. 팬데믹 상황에서 건강을 지킬 수 있도록 도와준 스마트홈트와 시니어 고객의 친구 역할을 하며 응급 상황에서 도움을 주는 오팔처럼 기업들은 AI 기술을 활용해 새로운 고객 경험과 가치 제공을 위한 고민을 이어 갈 것이다. 이러한 경험을 통해 일상 속 AI 서비스들의 수요는 펜트업 시대에서도 지속될 것으로 예상된다.

AICC, AI로 진화하는 차세대 고객센터

2020년 3월 서울 구로구에 위치한 한 보험사의 고객센터에서 이틀 만에 90명이 넘는 직원들이 코로나19에 집단 감염됐다. 이전까지는 같은 공간에서 근무하는 동료 중 일부가 확진 판정을 받더라도 이렇게 많은 인원이 빠르게 전염된 경우는 없었다. 고객센터 업무의 특수성과 환경이 원인이었다.

고객센터 근무자들은 밀폐된 공간에 독서실처럼 빽빽하게 붙어 앉아 하루 종일 전화 상담을 하기 때문에 코로나 바이러스처럼 비말을 통해 전파되는 전염병에 상당히 취약하다. 또한 전화 상담을 해야 하는 업무 특성 때문에 끊임없이 말을 해야 하므로 마스크를 착용하기가 불편해 비말 감염에 더욱 취약했다. 기업들은 이러한 문제 해결과 위험을 낮추면서도 원활한 고객 상담을 유지하기 위해 다양한 방법을 검토하고 있다. 그리고 그 대안으로 AI가 주목받고 있다.

채팅으로 상담 가능한 챗봇과 실제 사람과 대화하는 듯한 보이스봇VoiceBot이 적용돼 시공간의 제약 없이 통일된 고객 경험을 제공하는 AI 기반의 고객센터, AICCArtificial Intelligence Contact Center의 도입이 빠르게 증가하고 있다. 기업들은 예전부터 고객센터에서의 통일성 없는 안내와 복잡한 본인 인증 절차, 대기 시간 등 고객 경험을 저해하는 문제에 대해 고민하고 있었다. 이러한 문제들을 해결하기 위해 AI 활용을 검토하고 있던 중에 코로나19가 촉매제가 돼 적극적으로 AI를 도입하는 계기가 된 것이다.

도표 4-7 어바이어가 제시하는 AICC에서의 AI 역할

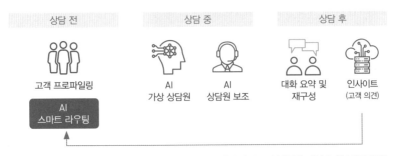

출처: 제4회 AI 차세대 콘택트 센터 콘퍼런스 2021 유튜브

미국 비즈니스 커뮤니케이션 솔루션 기업 어바이어Avaya의 AI 세일즈 책임자 조슈아 두니Joshua Dooney는 'AI 차세대 콘택트 센터 콘퍼런스 2021'NEXT STAGE: Post Corona, AI Contact Center In Life에서 미래의 고객센터는 AI가 자연스러운 대화를 제공하는 가상 상담원, 고객에게 응대하는 동안 실시간으로 관련 데이터를 제공하는 상담원 보조, 그리고 상담 내용 분석을 통한 인사이트 도출의 역할을 수행할 것이라고 제시했다(《도표 4-7》).

어바이어에서 제시한 AI의 역할 중 AICC에 적용돼 있는 사례는 우리 일상 속에서 쉽게 찾아볼 수 있다. 대표적 형태가 AI 가상 상담원인 챗봇이다. 금융사 앱이나 홈페이지에 접속하면 쉽게 챗봇과 상담이 가능하며 대기할 필요도 없다. 또한 고객이 문의 사항을 남기면 사람의 개입 없이 AI가 고객 요청과 문의를 해결할 수 있는 수준으로 기술이 발전했

도표 4-8 스켈터랩스의 AIQ.TALK 보이스봇 구조도

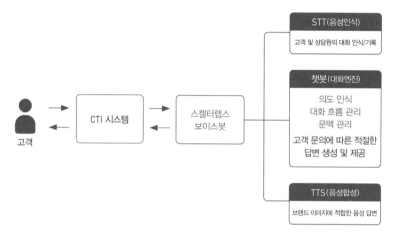

출처: 스켈터랩스

다. 여기에 음성 인식과 합성 기술이 더해지면서 보이스봇으로 발전하며 AI 상담원은 사람과 자연스럽게 통화하는 수준의 상담이 가능해지고 있다.

국내 AI 스타트업 스켈터랩스Skelter Labs는 자연어 처리 기술 기반 챗봇 설계 솔루션 'AIQ.TALK 챗봇'에 음성 기술을 더한 보이스봇으로 AICC 시장에 진출했다. 스켈터랩스가 자체 개발한 AICC 관련 기술 덕분에 AI 상담원이 본인 확인, 주문 접수 및 환불 등의 문의 내용에 대해 직접 답을 찾아 해결할 수 있다(〈도표 4-8〉).

네이버의 AI 솔루션 '클로바 케어콜'은 음성 인식 AI 기술이 집약돼 있다. 제한된 데이터 학습만으로 복잡하고 다양한 장문 음성 표현을 정

도표 4-9 성남시-네이버 인공지능 케어콜 운영도

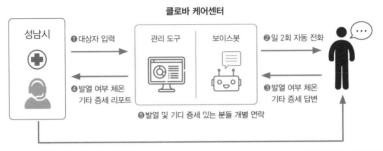

출처: 성남시 스마트도시과

확하게 인식한다. 일반적으로 AI 서비스는 정제된 데이터를 사전에 학습시키고 학습이 어려운 경우에는 예외 처리를 하지만 클로바는 예상치 못한 표현도 정확히 음성 인식할 수 있다.

또한 학습에 필요한 데이터의 양과 학습 시간을 기존 AI 대비 10퍼센트 수준으로 단축시키면서도 인식 정확도를 높였다. 네이버는 성남시와 함께 코로나19 AI 감시 시스템에 클로바 케어콜을 적용해 3개월 동안 1만 300건의 통화 건수를 기록했으며, 모니터링 대상자 중 케어콜의 오류 사례는 단 한 건만 발생했다(〈도표 4-9〉).

AI는 불완전 판매 문제 해결에도 사용되고 있다. DB손해보험은 보험업 노하우에 AI를 적용해 불완전 판매 고객 대응 수준을 향상시킨 '스마트 콘택트 센터'를 운영하고 있다. 스마트 콘택트 센터는 음성 인식과 텍스트 분석, 자연어 처리 기술이 적용돼 'AI로보텔러'가 전화를 걸어 보험 가입 시 상품에 대해 충분히 설명을 들었는지, 약관이나 청약서 등 서류를 받았는지를 확인한다. 상담사가 전화나 문자로 수행하던 절차를 AI가 대신하는 것이다.

AI로보텔러는 사람의 실시간 음성을 정확하게 텍스트로 변환하는 동시에 의도를 파악하고 대화를 주고받는다. AI로보텔러는 2개월의 테스트 기간 4만 건 이상의 불완전 판매 모니터링을 수행했으며, 성공률은 99퍼센트에 달한다.

DB손해보험은 AI로보텔러를 텔레마케팅 업무에도 적용해 모집자와 소비자 간의 통화 내용을 분석해 상품 설명이 잘됐는지, 고객이 명확하게 상품을 이해하고 동의했는지 등을 분석한다. 40분 분량의 녹취를 사람이 심사할 때는 고객의 의도와 판매자의 매뉴얼 준수 여부 등을 확인하는 데 약 42분이 소요됐지만 AI로보텔러는 약 3분 만에 심사를 완료해 즉시 보험 계약을 확정할 수 있다.

고객센터에 AI를 적용하는 것만으로 직원들의 업무를 덜어 생산성을 높이고, 대기 시간을 단축시켜 고객 경험을 개선할 수 있다. AICC는 앞으로 고객센터가 직면했던 많은 문제들을 해결하며 기업들의 비용 절감과 고객 경험 혁신을 위한 수단으로 자리 잡게 될 것이다. 더 나아가 AICC와 메타버스가 결합돼 아바타로 구현된 개인 전담 AI 상담사를 만나 볼 수 있을 것으로 기대된다.

AIoT 플랫폼, 우리 아파트가 달라졌어요

원격 수업, 재택근무, 온라인 콘서트 등 비대면 서비스가 트렌드가 되면서 일상생활의 패턴을 바꾸고 있다. 온라인 기반의 생활에 익숙해진 사람들을 이르는 '호모언택트'Homo Untact 라는 신조어까지 등장할 정도다. 주로 주거 공간인 집에서 많은 시간을 보내며 업무와 여가 활동 등 다양한 생활을 이어 가는 모습을 대변해 준다.

2020년 10월 리서치 기업 엠브레인이 한국 성인 남녀 1,000명을 대상으로 설문 조사한 결과, 지난해와 비교했을 때 집에서 보내는 시간이 크게 늘었다고 답한 사람은 41.6퍼센트였다. 이전까지는 집이 휴식 공간에 가까웠다면 이제는 집이 학업과 업무, 운동, 문화생활 등 복합 활동을 수행하는 공간으로 바뀌고 있다.

그로 인해 한정된 공간에서 다양한 역할을 수행하는 주거 환경을 만들기 위해 IoT 기술들이 활용되고 있으며, 더 나아가 기업들은 IoT에 AI를 적용한 AIoTArtificial Intelligence of Things 서비스들을 선보이고 있다.

글로벌 리서치 기업 마켓앤마켓Markets and Markets 이 발표한 〈AI In IoT Market〉 보고서에 따르면 AIoT 시장 규모는 2019년 51억 달러(한화 약 5조 9,000억 원)에서 2024년 162억 달러(한화 약 18조 5,000억 원)로 연평균 약 26퍼센트 성장할 것으로 예측했다.

한편 삼성물산에서는 자사의 아파트 브랜드 래미안에 AI를 활용한 차세대 스마트 주거 기술을 접목한 래미안 RAIRaemian Artificial Intelligence 를 공개했다.

● 래미안 퍼스널 로봇 '테미'

AI 기술을 활용해 로봇 바리스타와 택배 배송 로봇 등의 생활 편의 서비스와 홈오피스, 홈트레이닝 등 특화 공간을 선보이기도 했다. 래미안 RAI는 각 세대별 퍼스널 로봇을 배치해 AIoT 기반의 최적화된 서비스를 제공한다.

입주민이 집에 돌아오면 가장 먼저 퍼스널 로봇 테미Temi가 맞이해 주고 가족 간의 메시지도 전달해 준다. 와인을 마실 때 테미에게 "와인 마시자."라고 이야기하면 거주자의 취향을 반영한 분위기 좋은 영상과 음악을 재생하고 와인을 즐길 수 있는 최적의 환경을 제공해 준다. 이처럼 래미안 RAI는 퍼스널 로봇 테미를 기반으로 초개인화된 서비스를 제공함으로써 입주민의 생활 패턴과 상황에 적합한 최고의 공간 경험을 제공한다.

SK건설의 AI 기반 스마트홈 플랫폼 '스카이'SKAI, SK VIEW AI Home Service는 실내에 사람이 있는지 감지하는 기술, 음성을 인식하는 기술 등에 딥러닝을 적용해 사용자 생활 패턴을 학습한다. 학습 결과를 기반으로 입주자의 선호 온도를 설정하고 일기 예보를 반영해 방마다 최적 온도를 자동으로 설정해 주며, 재실 여부와 거주자의 수면 상태를 판단해 자동 조명 소등, 콘센트 차단, 자동 환기 시스템 제어 등 맞춤형 AIoT 서비스를 제공한다.

또한 AI는 사용자의 음성 명령을 인식하고 생활 패턴에 맞춰 각종 정보를 제공하며, 출근 시간에는 오늘 날씨와 주차 정보를 음성으로 안내하고 퇴근 시간에는 사용자의 귀가 시간을 예측해 사전에 집안 온도를 제어해 준다. 기존 IoT 기반의 스마트홈과 달리 스마트폰이나 월패드 조작 없이 AI와 음성으로만 집 안 전체를 제어할 수 있는 한 단계 진화한 AIoT 플랫폼이다.

중국 전자 제품 제조 기업 화웨이Huawei도 새로운 미래 먹거리로 AIoT 기반의 스마트홈 시장을 선택했다. 2021년 4월에는 자체 운영 체제 하모니 OS2를 발표하며 화웨이 제품 기반의 AIoT 생태계 구축 계획을 공개했다. 가전 제품이나 모바일 기기의 단순한 연결을 넘어 AI로 새로운 가치와 고객 경험을 제공하는 것을 목표로 한다.

AIoT의 핵심은 많은 디바이스의 연결과 초개인화된 고객 경험에 있다. 앞으로 시장은 고객이 원하는 디바이스를 유기적으로 연결한 AIoT 생태계를 기반으로 심리스Seamless 한 고객 경험을 제공하며 성장해 나갈 전망이다. 하지만 일부 기업들이 나서는 것만으로는 거대한 AIoT 생태계를 구축하는 것은 불가능하기 때문에 기업 간의 협력을 통한 오픈 플랫폼 조성이 필수 요소가 될 것이다.

아주 프라이빗하게 출퇴근하기

"우리가 하루에 출퇴근으로 보내는 시간이 얼마나 될까?" 국토교통부와 한국교통연구원의 전국 통행량 분석 결과, 우리나라 직장인은 출퇴근에 평균 80분을 소모하고 있다. 직장이 밀집된 서울 및 수도권으로 통근하는 직장인의 경우 평균보다 긴 90분 이상이 소요된다.

집과 사무실을 제외하면 가장 많은 시간을 보내는 공간이 바로 자동차, 지하철 등의 모빌리티다. 출퇴근에 많은 시간을 소비하는 직장인들이 이동 시간을 효율적으로 활용하기 위한 고민이 커지면서 모빌리티는 이동을 위한 수단에서 이동을 위한 공간으로 바뀌고 있다. 특히 가까운 미래에 자율주행 등 기술 발전을 통해 운전에 대한 스트레스에서 벗어날 수 있다면 출퇴근 시간 동안 모빌리티 자체가 나만의 프라이빗 공간으로 진화하게 될 것이다.

국내 컨설팅 기업 삼정 KPMG는 2021년 3월 발간한 〈미래 자동차 혁명과 산업 생태계의 변화〉를 통해 미래 자동차 산업 생태계에서의 공급자 역할을 예측했다. 삼정 KPMG는 미래 모빌리티 환경 중 이동 과정에서의 새로운 경험 제공을 강조하면서 자율주행으로 확보된 시간을 활

도표 4-10 **삼정 KPMG가 예측하는 미래 자동차 산업 생태계에서의 공급자 역할**

제품

서비스 구현 이동 수단 제공
BEV, FCEV, 커넥티드 카, UAMUrban Air Mobility, 자율주행차 등

인프라

이동수단과 충전 인프라의 효율적 연계
기존 거점 주유소의 개념에서 탈피해 오피스, 쇼핑몰, 마트, 아파트, 주택 등 이동성 중심의 충전 인프라 구축, 지상과 공중을 연계한 도심의 새로운 모빌리티 허브 개발 등

경험

이동 과정에서 새로운 경험 제공
자율주행으로 확보된 시간을 활용할 수 있는 다양한 콘텐츠 개발, 새로운 문화 및 업무 공간으로 활용, PBVPurpose Built Vehicle 등

가격

전체 서비스 조율 및 가격 조정 플랫폼 제공
제품 타입, 이용 시간, 인포테인먼트, 에너지 사용 등을 종합적으로 고려한 통합적이고 동적인 가격 조정 플랫폼 마련 등

데이터 분석 및
사이버 보안

데이터 기반 소비자 맞춤형 서비스 제공으로 선순환
고객의 모빌리티 이용 패턴 분석을 통한 맞춤형 서비스 개발과 함께 데이터 소유권과 사이버 공격 및 개인정보 보호에 대한 대응 방안 구축

출처: 삼정 KPMG

용할 수 있는 콘텐츠 개발 및 기존과 차별화된 문화와 업무 공간으로서의 중요성을 이야기했다. 완성차 제조 업체도 새롭게 정의되고 있는 모빌리티 공간의 고객 경험 향상을 위한 제품 개발, 인프라 확대 및 데이터 분석 등에 집중하며 AI 기술을 적극 활용하고 있다(〈도표 4-10〉).

독일의 완성차 제조 기업 메르세데스-벤츠Mercedes Benz는 AI를 통해 인포테인먼트, 컴포트, 차량 기능 제어 등이 가능한 차세대 'MBUX 하

● 벤츠 MBUX 하이퍼스크린

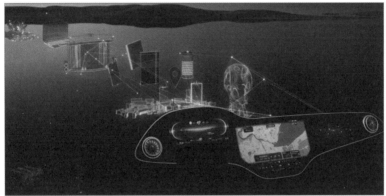

이퍼스크린'MBUX Hyperscreen 을 공개했다. MBUX 하이퍼스크린은 학습
이 가능한 AI를 탑재해 사용자에 따라 제어 및 디스플레이 콘셉트를 개
인화한다. 이용자가 세부 목록을 탐색하거나 음성으로 명령하지 않아도
상황에 따라 접근성이 뛰어난 위치에 주요 기능을 배치하는 '제로-레이
어'를 탑재했다.

　제로-레이어는 AI를 활용해 상황을 인지할 수 있는 유저 인터페이스
를 이용해 시점에 따라 적절한 기능을 사용자에게 제시하며 주변 상황
과 사용자 행동의 변화를 감지해 지속적으로 최적화하는 서비스다. 메
세지, 알림 그리고 할 일 목록 제안에 이르기까지 사용자에게 연관성이
있다고 판단되는 스무 가지 이상의 기능을 자동으로 추천하는 모빌리티
환경에 최적화된 AI 비서라고 할 수 있다.

벤츠의 라이벌 BMW도 AI 대시보드인 'iDrive 8 대시보드'를 개발했다. 개인 니즈를 충족시키는 맞춤형 추천과 음성 명령 그리고 이전의 운전 경험을 기반으로 운전자 특징을 분석해 그에 맞는 프로필을 설정하는 '마이모드'MyMode를 제공하며 체온부터 운전하는 방식, 음악 선호도 등을 데이터화하고 습득해 차량을 운전자만을 위한 고유 공간으로 진화시킨다.

이처럼 모빌리티의 정의가 이동에서 경험으로 변화되면서 기업들은 사용자 경험 혁신을 위해 노력하고 있다. 기술이 고도화돼 탑승자가 직접 운전하는 시간이 감소할수록 모빌리티 환경에서의 공간 경험은 더욱 중요한 경쟁력이 될 것이다. 또한 탑승자를 인식하고 개인화된 맞춤형 서비스를 제공하는 기술의 중심에는 AI가 있을 것이다.

AI로 똑똑하게 반려동물 케어하기

집에 머무는 시간이 늘어나면서 취미 활동과 관련된 소비가 증가하고 있다. 특히 외로움을 극복하기 위해 반려동물에 대한 관심도 빠르게 증가하고 있으며, 1인 가구 및 아이를 갖는 대신 반려동물을 기르는 '딩펫족'Double Income No Kids + PET 族의 증가로 반려동물 양육 가구가 늘어나고 있다.

KB경영연구소가 발표한 〈2021 한국 반려동물 보고서〉에 따르면 우리나라에서 반려동물을 키우는 인구는 604만 가구, 1,448만 명으로

2018년 조사보다 4.6퍼센트 증가했다.

이런 상황에서 IT기술과 반려동물을 연계한 펫테크Pet+Technology 산업도 빠르게 성장하고 있다. 글로벌 시장조사 업체인 인더스트리 리서치Industry Research에 따르면 세계 펫테크 산업은 2019년 기준 43억 4,680만 달러(한화 약 4조 9,011억 원) 규모로 매년 13.6퍼센트씩 성장해 2025년에는 107억 2,000만 달러(한화 약 12조 2,000억 원)에 이를 것으로 전망했다.

영국 반려동물 전문 기업 월섬 펫케어 과학 연구소Waltham Petcare Science Institute의 대런 로건Darren Logan 연구소장은 〈포브스〉와의 인터뷰에서 "AI가 반려동물의 활동 추적을 통해 인간보다 정확하게 반려동물의 건강 관련 행동을 식별하고 조치할 수 있다."라고 언급했다. AI는 반려동물 데이터 속 패턴을 효과적으로 파악해 점점 더 반려동물과 인간의 소통을 돕게 될 것이다.

한편 CES 2021에서는 반려동물 비즈니스 모델에 AI 기술을 결합한 펫테크 상품들이 소비자들의 이목을 끌었다. 국내 웨어러블 기기 스타트업 펫펄스Petpuls는 반려동물의 음성을 분석해 반려동물의 감정과 신체 상태를 알려 주는 반려동물용 AI 목걸이를 공개했다. 반려동물의 음성을 크기와 종류로 구분해 수집하고 분석해 행복, 불안, 슬픔, 분노, 편안함의 다섯 가지 감정 상태를 감지하는 방식이다. 딥러닝이 적용된 음성인식 알고리즘은 견종별, 크기별로 3년간 1만여 건의 데이터를 수집 및 학습해 현재는 80퍼센트 정도의 정확도를 나타내고 있지만, 서

● 펫펄스의 반려동물의 감정 상태와 신체 상태를 보여 주는 앱

 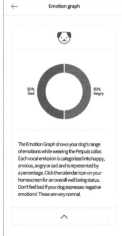 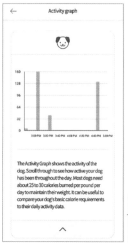

© Petpuls Lab

비스를 사용하는 반려동물이 증가할수록 AI의 예측 정확도는 더 높아
지게 될 것이다. 펫펄스는 사람이 알기 어려웠던 반려동물의 감정을 빠
르게 확인하고 대응할 수 있도록 해 CES 2021에서 혁신상을 수상하기
도 했다.

국내 AI 헬스케어 스타트업 알파도펫Alphadopet이 공개한 동명의 서비
스 알파도펫은 딥러닝 기술과 이미지 처리 기술을 융합한 반려동물 AI
헬스케어 솔루션이다. 눈, 귀, 치아, 피부 등 다양한 부위의 질병을 가진
반려동물 100만 마리의 데이터를 학습시켜 반려동물 상태에 적합한 질
병의 예방 정보를 제공한다. 반려동물 사진을 업로드하면 학습된 AI 모

● 알파도펫 앱에서의 반려동물 눈 건강 이상 신호 확인

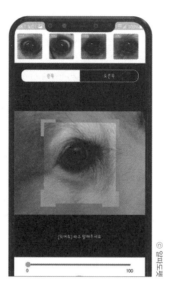

ⓒ알파도펫

델이 반려동물의 상태를 확인하고, 현재 가지고 있는 문제뿐 아니라 발병 가능성이 높은 질병에 대해서도 식별해 주인에게 알려 준다. 또한 반려동물의 연령, 종류, 성별, 신체 상태, 식습관, 생활 패턴 등의 데이터를 활용해 맞춤형 건강 관리 서비스를 제공한다.

AI를 통해 도출되는 반려동물의 건강 정보에 대해서는 보호자와 수의사 모두가 긍정적 반응을 보이고 있다. 기존에는 반려동물 보호자의 설명에 의존하다 보니 부정확한 정보들로 인해 진료에 어려움이 많았지만, AI 기술을 통해 그와 같은 한계를 극복해 나가고 있는 것이다.

© enabot

　중국에서는 반려동물의 친구 역할을 하는 반려로봇이 인기를 끌고 있다. 중국 로봇 스타트업 에나봇Enabot은 반려봇 에보Ebo를 출시했다. 에보는 주인이 집을 비웠을 때 반려동물의 상태를 모니터링 하면서 먹이를 주고 함께 놀아 주며 원격으로 주인의 목소리를 전달한다.

　주먹만 한 공 크기의 로봇인 에보가 움직일 때마다 반려동물은 관심을 갖고 함께 뛰어논다. 또한 에보에는 고화질의 카메라와 고성능 스피커가 장착돼 있어 반려동물의 얼굴을 실시간으로 인식하고 기분 상태를 감지해 적절한 반응을 해 준다. 그리고 움직임 감지 기능과 야간 비전 기능을 통해 야간에 반려동물이 잘 자고 있는지 확인하고, 문제가 발생할 경우 알림을 통해 사람을 깨워 주기도 한다.

펫테크 시장이 빠르게 성장하면서 AI 기술을 통해 반려동물의 감정을 파악하거나, 질병을 예측하는 등의 반려동물 케어 서비스들이 주목받고 있다. 하지만 아직까지는 압도적으로 우위를 점하는 업체가 없어 앞으로 경쟁이 더욱 치열할 것으로 보인다.

삼성전자와 LG전자가 로봇청소기, 세탁기, 건조기에 펫케어 기능을 추가하는 등 대기업들도 펫테크 시장에 진출하고 있지만 시장을 장악하지는 못했다. 하지만 스타트업 위주의 펫테크 시장에 대기업까지 진출하면서 펫테크 산업의 잠재력이 높이 평가되고 있다는 것은 주목할 만하다.

AI를 활용한 차별화된 킬러 콘텐츠 개발 시도들이 이어지고 있기 때문에 향후에는 사람과 반려동물이 직접 소통할 수 있는 서비스까지 개발될 것으로 기대된다.

인간의 뇌가 AI의 미래다
: 초거대 AI의 등장

AI 성능은 데이터가 결정한다

2021년 초 이루다 사태로 촉발된 논란은 AI 학습 데이터 이슈로 번졌고, 쓰레기가 들어가면 쓰레기가 나온다는 GIGO Garbage In Garbage Out 의 단면을 보여줬다. AI의 성능을 높이기 위해서는 고품질 데이터로 학습을 해야 하기 때문에 양질의 데이터 확보는 경쟁력 있는 AI 기술을 위한 필수 조건이다.

점차 AI 적용 범위가 확대되면서 양질의 데이터 확보를 위한 수요가 빠르게 증가하고 있다. 마켓앤마켓은 〈데이터 수집 시스템DAQ, Data Acquisition System 글로벌 시장 전망〉 보고서에서 글로벌 데이터 수집 시장 규모가

2019년 19억 달러(한화 약 2조 1,000억 원)에서 2024년 26억 달러(한화 약 3조 원)로 연평균 약 6퍼센트 성장할 것으로 예측했다.

기업들은 AI 전문가 부족 문제를 양질의 데이터 확보를 통해 해결할 수 있길 기대하고 있다. AI가 모든 산업에 적용되면서 AI 전문가의 공급이 수요에 못 미치는 인력 부족 현상이 발생하고 있기 때문이다. 기업들은 이를 위해서 고액 연봉, 보너스 지급, 대학과의 제휴, 인재 육성 등 다양한 방법으로 힘을 쏟고 있지만 단기적으로 해결하기란 쉽지 않다. 그래서 기업들이 AI 역량을 강화하기 위해 눈을 돌리는 방법이 바로 양질의 데이터 확보다. 우수한 AI 전문가가 없더라도 문제 해결에 적합한 데이터와 공개된 오픈소스 AI 알고리즘을 수집하기만 해도 원하는 결과를 얻을 수 있기 때문이다.

바이두 수석 연구원이자 스탠퍼드대학교 교수로 재직 중인 세계적 석학 앤드루 응Andrew Ng 은 2021년 3월 '앤드류와 ML 옵스 이야기'A Chat with Andrew on MLOps에서 "데이터는 AI를 위한 음식이다."Data is Food for AI 라고 비유했다. 그리고 AI 프로젝트의 성패 요인에서 모델이 차지하는 비중은 단 20퍼센트이고, 데이터의 영향이 80퍼센트라고 지적하면서 AI 개선책 여섯 가지를 제시했다(〈도표 4-11〉).

AI가 데이터를 학습하기 위해서는 데이터의 사용 목적과 특징을 정의해 주는 과정인 데이터 라벨링Data Labeling 이 필요하다. 사람은 수년간의 경험과 배움을 통해 강아지와 고양이를 구분할 수 있지만 AI는 사람처럼 판단하지 못한다. 어린아이가 강아지와 고양이 사진을 보며 공부

도표 4-11 앤드류 응의 AI 개선책 여섯 가지

1. 고품질의 데이터
2. 라벨링의 일관성
3. 최신 모델 사용보다 데이터의 품질이 중요
4. 오류 발생 시 코드 개선보다는 데이터를 개선
5. 노이즈가 많은 소규모 데이터 세트의 집중 관리
6. 데이터 품질을 높이기 위한 도구와 서비스

출처: A Chat with Andrew on MLOps

하듯 AI도 학습하는 과정이 필요하다.

AI가 쉽게 학습할 수 있도록 이름표를 달아 정의해 주는 작업이 바로 데이터 라벨링이다. 심지어 AI 업계에서는 전문 지식이 필요 없는 단순 반복 작업인 데이터 라벨링을 디지털판 인형 눈알 붙이기 작업이라 부르기도 한다.

데이터 라벨링 작업은 AI 학습과 모델 생성에 중요한 과정이지만 현재는 대부분 수작업으로 진행되고 있다. 이로 인해 시간과 비용이 증가되고, 작업자의 주관이 개입될 우려도 있기 때문에 최근에는 AI 기술을 통해 데이터 라벨링을 자동화하려는 시도가 이어지고 있다.

국내 스타트업 슈퍼브 AI Superb AI 는 비효율적 데이터 라벨링 작업과 데이터의 품질 문제를 해결하기 위해 '슈퍼브 AI 스위트'를 출시했다. 슈퍼브 AI 스위트는 머신러닝 개발과 운영에 통합 및 효율을 추구하는

● **스케일 AI가 AI를 통해 수집하는 학습 데이터**

ML 옵스MLOps, Machine Learning Operations 플랫폼으로, 분류용 AI가 1차로 데이터 라벨링을 진행하고, 검수용 AI가 2차로 검수를 진행해 수동 작업 대비 약 10배 빠른 속도로 데이터를 처리할 수 있다. 슈퍼브 AI는 이미지 분석 오토 라벨링, 딥러닝 네트워크로 학습용 데이터를 생성하는 방법 등 오토 라벨링 관련 미국 특허 5건을 보유하며 기술력을 인정받고 있다.

미국 스타트업 스케일 AIScale AI는 자율주행에 탑재될 AI에 필요한 이미지 학습 데이터 전문 기업이다. 데이터 수집 전용 카메라가 탑재된 차량을 운용하면서 수집된 이미지에서 자동차의 윤곽을 추적하고 분류한다.

또한 AI를 이용해 자동차, 건물, 주차 공간, 신호등, 보행자 등 수백만 개의 이미지 데이터를 실시간으로 수집해 데이터 라벨링을 한다. 스케일 AI의 고객으로는 구글의 자율주행 전문 자회사 웨이모, 미국 자동차 회사 GM과 우버 등이 있다.

　스케일 AI는 2021년 4월 73억 달러(한화 약 8조 2,000억 원)의 기업 가치를 인정받으며, 시리즈 E 펀딩으로 3억 2,500만 달러(한화 약 3,700억 원)의 자금을 유치했다.

　데이터 라벨링 시장이 커지면서 자투리 시간을 활용해 데이터 라벨링 업무를 하는 '데이터 라벨러' 수도 가파르게 증가하고 있다. 국내 최대 데이터 라벨러 소싱 기업인 클라우드웍스에 데이터 라벨러로 등록된 사람은 2020년 3분기 기준으로 16만 명이 넘었다. 다른 기업에 등록된 사람까지 포함하면 국내에만 데이터 라벨러가 약 20만 명 정도로 추산된다.

　미국과 중국은 이미 데이터 라벨러를 활용해 데이터 산업의 씨앗을 촘촘하게 뿌렸다. 미국 아마존은 190개국에 50만 명의 데이터 라벨러 인력을 보유하고 있다. 중국 최대 전자상거래 기업 알리바바Alibaba는 약 20만 명이 라벨링 작업을 담당하고 있으며, 2022년까지 관련 직원이 약 500만 명으로 증가할 것으로 예상했다. 또한 미국 번역 기업 라이온브리지 AI Lionbridge AI는 100만 명의 준전문가를 고용해 음성, 손글씨, 얼굴 샘플 데이터를 수집하고 있다.

　우리나라 정부는 AI 학습 데이터 구축을 위해 2021년 2,925억 원과 2022년에는 7,800억 원의 투자 계획을 발표했으며, 한국에서도 향후 2~3년간 데이터 라벨러의 일감이 크게 급증할 것으로 보인다.

　데이터 라벨링은 AI가 학습할 데이터를 1차 가공하는 작업이기 때문

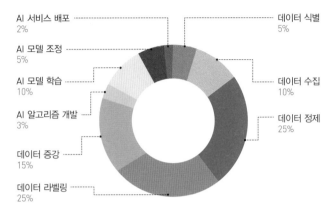

AI 서비스 배포
2%

AI 모델 조정
5%

AI 모델 학습
10%

AI 알고리즘 개발
3%

데이터 증강
15%

데이터 라벨링
25%

데이터 식별
5%

데이터 수집
10%

데이터 정제
25%

출처: 한국지능정보사회진흥원

에 단순 작업처럼 보일 수 있다. 하지만 2020년 11월 한국지능정보사회
진흥원에서 발간한 〈AI 학습용 데이터 사업의 실효성 향상을 위한 정책
방향〉 보고서에 따르면 AI 프로젝트에서 데이터 라벨링에 소요되는 시
간 비율은 25퍼센트로, 데이터 정제와 함께 가장 많은 시간 비중을 차지
하는 중요한 업무다(〈도표 4-12〉).

데이터 이코노미를 위한 연합 작전

최근 각기 다른 분야의 국내 기업들이 AI 기술 확보를 위한 공동 연구를
넘어, 불문율로 여겨졌던 내부 데이터 정책을 변경해 가면서 자신들이

보유한 데이터를 외부 기업에 공유하고 있다.

2021년 2월 SK텔레콤은 신한카드, KCB, GS리테일 등 각 분야의 최대 데이터 보유 사업자들과 국내 최초 민간 주도 데이터 레이크 구축을 위한 연합을 결성했다. 데이터 레이크는 데이터의 종류와 모델에 상관없이 모든 유형의 데이터를 저장할 수 있는 중앙 집중식 저장소다(〈도표 4-13〉).

데이터 얼라이언스는 연합 기업들의 데이터를 한곳으로 모아, 기존한 회사의 보유 데이터만으로 가치를 창출하는 데 제한됐던 문제를 해결하고자 한다. 앞으로는 경험자 또는 리더의 직관보다는 데이터 기반 운영 프로세스인 데이터 옵스Data Ops를 의사 결정 과정에 반영해 효과적이고 효율적인 회사 경영을 하게 될 것이다.

데이터 옵스를 위해서는 내부에 적재되는 데이터의 관리도 중요하지만 다양한 외부 데이터와의 결합을 통해 인사이트를 도출해 낼 수 있는 데이터 프로덕트Data Product가 중요하다. 데이터 프로덕트를 만들기 위한 외부 데이터 수요가 증가하면서 필요한 데이터를 직접 구매할 수 있는 데이터 거래 시장이 빠르게 성장하고 있다.

실제로 기업들이 보유하고 있는 데이터를 서로 교환하는 새로운 비즈니스 모델이 급상승하고 있다. 미국에서는 지난 수년간 터바인Terbine, 대웩스Dawex, 카루소Caruso 등의 데이터 거래소들이 하나의 산업군으로 자리 잡고 있다. 최근 아마존에서도 자사 클라우드 서비스인 AWSAmazon Web Service 기반 데이터 거래소 개설 의지를 밝힌 바 있다.

도표 4-13 데이터 레이크 활용 구조

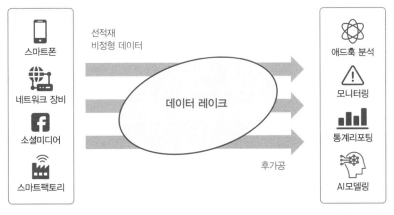

출처: 로그프레소

지금까지는 기업들이 데이터를 활용하기보다는 수집하는 데 의의를 두었지만 앞으로는 적재된 데이터와 외부 데이터를 결합해 잘 사용하는 데 집중할 것으로 점쳐진다(《도표 4-13》). 그러면서 데이터 읽기와 분석 등을 탁월하게 수행하는 인력이 더욱 필요해질 것이다.

이제는 최적화된 AI 개발을 위해 경계를 허물고 적과의 연합도 주저하지 않아야 공생할 수 있다. AI를 위해 필요한 인프라, 데이터 등 많은 자원을 다른 기업들과 공유하며 효율적이고 영리한 방법으로 AI 기술을 개발해 나갈 것이 기대된다.

어떤 문제든 인간처럼 해결한다

"지난여름에 미국의 애덤스산을 등반한 적 있었는데 너무 좋았어. 그래서 이번 가을에는 일본 후지산을 가 보려 하는데 어떻게 준비하면 될까?"라고 친구에게 묻는다면 어떤 답변이 나올까?

질문을 받은 친구가 가을에 후지산을 다녀온 경험이 있다면 원하는 답변을 주겠지만 그렇지 않다면 기대했던 정보를 얻기 어려울 것이다. 결국 원하는 정보를 얻기 위해 관련 서적을 찾거나 온라인 검색 등 다른 방법을 고려해야 한다. 친한 친구에게 편하게 묻듯이 원하는 정보를 쉽게 얻을 수 있는 방법은 없을까?

머지않은 미래에는 AI에게 자연스럽게 질문해 원하는 정보를 얻을 수 있을 것으로 보인다. 구글은 2021년 개발자 콘퍼런스인 구글 I/O에서 한 번의 검색만으로 원하는 텍스트뿐만 아니라 비디오와 오디오 등 다양한 콘텐츠의 정보를 함께 얻을 수 있는 '멀티태스크 통합모델'MUM, Multitask Unified Model을 소개했다. MUM에 코트 사진을 찍어서 업로드해 오늘 날씨에 입어도 되는지 물어보면 사용자의 일정, 위치 그리고 날씨를 확인해 코트를 입어도 되는지 판단해 피드백해 준다.

또한 사람이 이야기하는 자연어를 이해하고, 의도를 정확하게 파악해 원하는 정보를 제공하기 위한 기술 연구도 심화되고 있다. 기존의 AI는 고객이 이야기하는 것을 분류해 사전에 정의된 답변을 제공했다면 최근 기업들이 집중 연구하고 있는 AI는 질문을 받는 즉시 사용자의 의도를 파악해 가장 적합한 답변을 제공한다. 향후 AI 모델 MUM이 구글

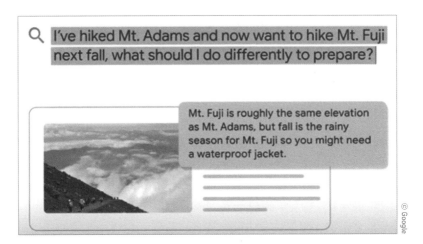

검색의 기틀이 된다면, 우리가 원하는 답변을 얻기 위해 어떻게 검색을 해야 할지 고민하는 시간이 줄어들 것이다.

'네이버 국내 최초 초거대 AI 하이퍼클로바HyperCLOVA 공개', 'LG AI 연구원 초거대 AI 개발에 1억 달러 투입' 등 최근 기업의 AI 기술 경쟁에서 빠지지 않고 등장하는 단어가 바로 '초거대 AI'Hyperscale AI다.

초거대 AI는 가장 앞선 AI 기술로 평가된다. 자율적으로 사고, 학습, 판단 및 행동하는 인간의 뇌 구조를 닮았으며 딥러닝에서 사용하는 인공 신경망의 성능 지표인 파라미터가 무수히 많은 AI를 뜻한다.

파라미터는 인간 뇌의 학습과 연산을 담당하는 시냅스와 유사한 역할을 한다. 인간의 뇌에는 시냅스가 100조 개인 데 비해 현재 사용되는

AI 모델의 파라미터는 대개 수억~170억 개 수준이다. 최초의 초거대 AI로 평가받는 GPT-3의 파라미터는 1,750억 개다. GPT-3는 테슬라 CEO 일론 머스크와 실리콘밸리 스타트업 액셀러레이터 와이콤비네이터Y Combinator 대표 샘 올트먼Sam Altman이 공동 설립한 비영리 AI 연구 회사 오픈 AIOpen AI가 개발했다.

GPT-3는 방대한 데이터를 학습해 고차원적 추론 결과를 내놓을 수 있는 자연어 생성NLG, Natural Language Generation 프로그램으로, 주어진 단어나 문장 뒤에 이어질 단어를 예측해 인간처럼 글을 쓸 수 있다. GPT-3가 작성하는 글은 사람이 작성한 글과 구별하기 어려울 정도로 완성도가 높아 이메일 생성기, 뉴스 작성, 프로그래밍 코드 작성 등 다양한 서비스에 사용되고 있다.

영국 일간지 〈가디언〉The Guardian은 2020년 9월 GPT-3가 쓴 칼럼을 공개했다. '로봇의 시대에도 인류는 평화로울 것'이라는 주제를 가지고 독자를 설득시키라는 과제를 제시했고, GPT-3는 '원고지 30매가량의 글을 작성했다. 또한 GPT-3가 적용된 이메일 생성기는 메일에 필수적으로 포함될 내용을 간단하게 작성하면 자동으로 이메일 내용을 완성시켜 준다. 더 이상 업무 메일을 어떻게 보내야 할지 고민하지 않도록 만드는 것이다.

2021년 7월 오픈소스 플랫폼 깃허브는GitHub는 GPT-3를 활용한 프로그래밍 도구 코파일럿Copilot을 공개했다. 코파일럿은 사용자가 작성하려는 코드를 예측해 제안하고 자동으로 완성시켜 주는 틀이다.

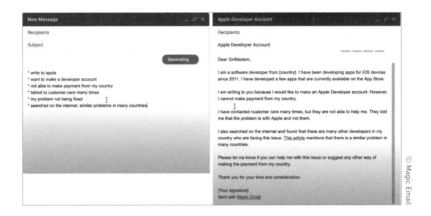

사용자가 SNS 트위터 내용을 가져오는 코드를 작성하고 싶을 때 'fetch_tweets_from_user'(트윗 사용자 가져오기)라는 함수명만 입력하면 코파일럿이 작성자의 의도를 파악해 트윗 내용을 가져올 수 있는 코드를 자동으로 완성시켜 준다. 코파일럿은 GPT-3에 개발자들이 업로드한 코드 데이터를 학습해 사용자가 작성하고자 하는 함수를 이해하고 제안하는 것이다.

코파일럿 이외에도 많은 기업에서 소프트웨어 개발자가 아니더라도 누구나 쉽게 앱과 웹 등을 개발할 수 있는 도구인 로코드Low Code와 노코드No Code 프로그램 개발을 위해 노력하고 있다. 가까운 미래에는 사용자의 간단한 명령과 AI의 도움으로 누구나 원하는 소프트웨어를 만들 수 있는 시티즌 디벨로퍼Citizen Developer 시대가 도래할 것이다.

● 코드를 자동으로 작성하는 코파일럿

초거대 AI GPT-3의 탄생으로 많은 사람을 놀라게 만들었던 오픈 AI 는 2021년 1월에 GPT-3가 언어를 생성하듯 이미지를 만들어 내는 'DALL-E'를 공개해 또 한 번 사람들을 놀라게 만들었다.

DALL-E는 자연어 처리와 이미지 기술을 함께 사용해 이전에는 존 재하지 않았던 이미지를 창조한다. 간단한 명령으로 사용자가 원하는 이미지를 만들어 주고 들어 본 적 없는 엉뚱한 주문에도 자연스러운 이 미지를 만들 수 있다. DALL-E가 창조한 이미지 중에서 가장 대표적인 것이 '개를 산책시키는 무' 그림이다.

많은 기업이 GPT-3, DALL-E와 같은 초거대 AI 기술의 경쟁력 확 보를 위해 투자 확대에 나서고 있지만, 많은 비용과 시간이 필요하기 때 문에 쉽지 않은 상황이다. 투자가 어려운 기업은 〈가디언〉과 깃허브처 럼 공개된 초거대 AI 모델을 활용해 기존의 패러다임을 깰 서비스를 만 들기 위해 노력 중이다.

이렇게 초거대 AI가 주목받고 있는 이유는 인간과 유사한 문제 해결

● **DALL-E에게 요청한 개를 산책시키는 무 그림**

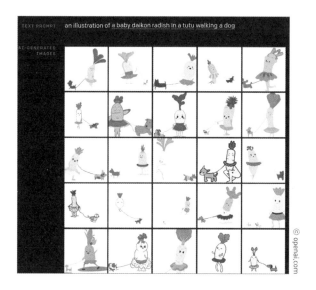

방식을 가졌다는 것과 적용 분야가 넓다는 데 있다. 기존 AI는 학습한 데이터 내에서 유사한 답을 찾아내지만 초거대 AI는 수많은 데이터 속에서 인간과 유사한 사고의 흐름으로 종합적인 추론을 통해 답을 찾아내기 때문에 활용 가능한 범위가 훨씬 넓어진다.

현재는 문서 요약과 번역 등 단순한 작업에 활용되고 있지만, 장기적으로 데이터 생성, 제품 설계 등 인간이 창조하던 많은 것을 AI가 대신 수행할 것으로 기대된다.

게다가 코로나19 위기 속에서 AI는 오히려 필연적인 성장의 기회를 맞이했으며, 향후 펜트업 트렌드에 맞춰 수요 증가에 따라 제한됐던 기업 투자가 증가하면서 초거대 AI와 같은 기술에 대한 수요와 연구 개발이 더욱 증가할 것으로 보인다.

AIoT, AI와 IoT의 환상적인 결합이 시작되다

AIoT의 발전이 즉각적으로 느껴지는 곳은 주거 공간이다. 삼성물산의 아파트 브랜드 래미안에서는 로봇 바리스타, 택배 배송 로봇 등 팬데믹 이후 급변한 트렌드를 반영해 각 세대별로 퍼스널 로봇 '테미'를 제공한다. AI와 IoT가 결합한 기술로 입주민의 생활 패턴과 상황에 적합한 최고 경험을 제공해 준다.

AI의 발전, 데이터 라벨링의 자동화에 달려 있다

AI의 성능은 데이터가 결정한다. 이를 위해 데이터 라벨링 작업이 필요한데 현재는 데이터 라벨러들이 단순 반복해 이 작업을 수행한다. 만약 데이터 라벨링 작업이 자동으로 처리된다면 비용과 시간이 절감돼 지금보다 AI 성능을 확실하게 향상할 수 있을 것이다.

5G의 양적 성장기가 2021년이었다면 2022년은 질적 성장이 이뤄지는 시기다. 5G 네트워크의 단점이 보완되고 통신 요금제의 가격이 내려가면서 가입자가 급증한다. 5G 시대에 접어들면서 5G는 사회 시스템을 유지 및 발전시키는 인프라로서 역할이 더욱 커질 것으로 전망된다. 또한 6G의 태동과 위성인터넷의 초석이 마련돼 2021년, 네트워크 산업이 한번 더 도약할 것이다.

CHAPTER 5

네트워크

5G로 접속하면 상상은 현실이 된다

질적 성장의 시대가
도래하다

글로벌 표준이 된 5G 서비스

2019년 4월, 우리나라에서 전 세계 최초로 5G 서비스가 보급되고서 2년
이상 지났다. 5G는 2010년대 초에 LTE(4G) 서비스가 상용화된 이후 10
여 년 만에 맞이하게 된 이동통신 기술의 대대적인 변화다. 특히 사람들
이 지인과 소통하고 공부를 하거나 일하는 방식 자체를 변화시킨 스마
트폰 시대가 열린 이후 맞이하게 된 첫 번째 대규모 이동통신 기술의 변
화라는 점에서 3G나 LTE가 도입될 당시와는 비교가 안 될 정도로 큰 기
대를 모았다.

특히 언론 매체들과 이동통신사들은 LTE에 비해 최대 20배 빠른 속

도, 10배 줄어든 지연 시간, 그리고 10배 더 많은 단말 수용 능력으로 인해 스마트폰뿐만 아니라 다양한 사물인터넷 기기들이 등장해 생활과 일하는 방식 자체를 변화시킬 잠재력이 있다고 강조했다.

이러한 기대에 부응하듯 국내의 5G 가입자는 빠르게 증가하기 시작했다. 5G 서비스가 시작된 지 두 달이 지난 2019년 6월 말 100만 명의 가입자를 돌파하고, 1년도 채 지나지 않은 2020년 2월 500만 가입자를 넘어섰다. 이후에도 5G 가입자는 지속적으로 증가해 2021년 6월 말 가입자는 1,600만 명을 넘었다. 이 같은 가입자 수는 국내 전체 이동통신 가입자(회선)의 23퍼센트에 해당한다(〈도표 5-1〉).

이처럼 빠른 가입자 수 증가는 5G에 대한 높은 관심을 보여 주는 결과다. 그러나 한편으로는 삼성전자의 갤럭시 S와 노트 시리즈 등 프리미엄 스마트폰이 모두 5G 기기로 출시됐다는 점, 그리고 이동통신사들이 5G에 대한 많은 마케팅 활동을 했다는 점도 원인으로 지목된다. 한국의 경우 특히 프리미엄 스마트폰에 대한 선호도가 높다. 따라서 해당 스마트폰을 이용하기 위해서는 반드시 5G에 가입해야만 했던 것이다.

더불어 중저가의 5G 스마트폰 출시도 점차 늘어나고 있다. 이러한 단말기를 구입하는 실속파 이용자들도 늘어나고 있기 때문에 5G 가입자는 향후에도 더욱 빠르게 증가할 것으로 예상된다.

5G 가입자 수 증가는 한국에서만 나타나는 현상이 아니다. 특히 세계 최대의 이동통신 시장인 중국의 경우 한국보다 다소 늦은 2019년 10월 말부터 정식으로 5G 서비스를 시작했는데, 2021년 2분기 기준으로 중

도표 5-1 **국내 5G 가입자 및 가입 비중 증가 추이**

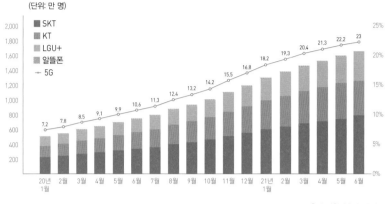

출처: 과학기술정보통신부

국의 5G 요금제 가입자는 5억 명 수준에 이르렀다. 한국보다 반년 늦게 서비스를 시작했음에도 가입자는 약 30배나 더 많다.

중국의 주요 이동통신사들이 실적 발표를 통해 공개한 가입자 현황을 보면, 세계 최대 이동통신사인 차이나 모바일China Mobile은 2021년 6월 말 기준 5G 가입자가 2억 5,100만 명이었으며, 차이나 유니콤China Unicom과 차이나 텔레콤China Telecom이 각각 1억 1,330만 명과 1억 3,115만 명의 5G 가입자를 보유하고 있었다.

하지만 사실 중국의 5G 가입자에는 허수가 존재한다. 5G 요금제 가입 시에 제공받을 수 있는 프로모션이나 데이터 제공 한도 등의 혜택이 많아 5G 스마트폰을 이용하지 않고도 5G 요금제에 가입한 이용자가 상당수 포함된 것이다. 실제로 차이나 모바일은 2021년 6월 말 기준으로

5G 스마트폰을 이용하고 있는 5G 요금제 가입자가 1억 2,700만 명이라는 데이터를 공개했다. LTE 스마트폰을 이용하면서 5G 요금제에 가입한 사람이 당초 밝힌 가입자의 절반 수준이었던 것이다. 그럼에도 1억명 이상의 가입자를 보유하고 있는 세계 최대의 5G 이동통신사라는 점에는 변함이 없다.

그리고 2020년 이후 더 많은 나라에서 5G 서비스가 시작됨에 따라 5G 가입자 증가는 이제 한국과 미국, 중국 등 몇몇 국가에 한정된 것이 아닌 글로벌 현상이 됐다. 국내와 마찬가지로 해외 이동통신사들도 5G 가입자를 확보하기 위한 마케팅 활동을 늘리고 기존 LTE 스마트폰의 보상 판매 정책을 본격적으로 확대하고 있다.

이로 인해 통신장비 업체 에릭슨Ericsson은 2026년이 되면 전 세계 5G 회선 수가 35억 개가 될 것으로 추정했다. 물론, 전체 이동통신 시장으로 본다면 LTE가 앞으로도 상당 기간 최대 가입자를 보유한 이동통신 기술일 것임은 분명하다. 그러나 LTE 회선 수는 2022년 이후 점차 감소할 것으로 예상되며, 2026년에는 39억 개 정도로 5G와 큰 차이를 보이지 않을 전망이다.

그렇다면 5G 가입자의 서비스 만족도는 어떠할까? 또한 5G로 인해 모바일 서비스 이용에 변화가 생겼을까? 이와 관련해 에릭슨은 지난 2020년 12월 전 세계 26개 국가의 이동통신 서비스 이용자 3만여 명을 대상으로 LTE 및 5G 이용에 대한 조사를 진행했다.

그 결과 국가에 따라 다소 차이가 존재하지만, 5G 서비스 이용자들의 서비스 만족도는 LTE 이용자에 비해 평균적으로 10퍼센트 이상 높게 나타났다. 특히 스위스의 경우 5G에 대해 만족감을 보이는 가입자가 59퍼센트로 가장 높게 나타났다. 5G 가입자의 만족도가 높은 것은 LTE와는 확연하게 차이 나는 빠른 속도가 가장 큰 요인일 것으로 추정할 수 있다.

또한, 5G 가입자들은 LTE 가입자들에 비해 모바일 서비스도 더 활발히 이용하고 있었다. 구체적으로 5G 가입자들의 고해상도HD 동영상 스트리밍 이용 시간은 기존에 비해 주당 평균 1시간 11분 증가했으며, 실시간 방송 시청도 주당 평균 1시간 증가했다. 이동통신 네트워크의 속도가 매우 중요한 클라우드 게임이나 VR 콘텐츠 이용도 늘어난 것으로 조사됐다.

국내 상황 역시 마찬가지다. 과학기술정보통신부가 공개한 자료에 따르면 국내 5G 스마트폰 이용자들의 2021년 6월 기준 가입자당 월평균 데이터 트래픽은 2만 6,580메가바이트MB로서 LTE 스마트폰 이용자의 9,177메가바이트에 비해 약 3배 많았다.

모바일 데이터 트래픽이 늘어난 원인으로는 5G에 가입하는 이용자들이 상대적으로 최신 이동통신 기술에 대한 선호도가 높거나 동영상과 게임 등 다양한 모바일 서비스를 활발히 이용하는 헤비유저heavy user 일 가능성이 높다. 물론 5G 서비스 이용 시간이 늘어나고 데이터 트래픽도 증가하고 있다는 점은 5G 가입자들이 서비스에 대해 상대적으로 만족하고 있다는 것으로 해석할 수 있다.

다만, 국내뿐만 아니라 해외의 5G 가입자들은 5G의 빠른 속도와 지연 시간 단축이라는 특징을 살리는 혁신적 앱이나 서비스가 부족하다는 점을 지적한다. 물론, 기존에 활발히 이용하던 서비스들을 5G를 통해 보다 고품질로 쾌적하게 이용할 수 있다는 점도 5G의 잠재력을 보여 주지만, LTE와는 확연히 차별화할 수 있는 서비스가 아직은 부족하다고 느껴질 수밖에 없는 대목이다.

5G가 LTE보다 잘 안 터지는 이유

한국의 경우 5G 가입자들의 만족도는 전 세계 평균과는 다소 다른 모습이다. 에릭슨에 따르면 한국 5G 가입자들의 만족도는 27퍼센트로, LTE 가입자 31퍼센트에 비해 4퍼센트포인트가 낮았다. 실제로 2019년 5G 서비스가 시작된 이후 국내에서는 불만의 목소리를 내는 가입자들이 점차 늘어나기 시작했으며, 결국 집단 소송으로 이어졌다. 5G 접속이 불안정해 수시로 끊기고 속도 역시 당초 이동통신사들이 주장했던 것과 큰 차이를 보인다는 것이 이유다.

5G 가입자들이 불만을 느끼는 이유는 광고나 기대에 못 미치는 체감 성능, 부족한 커버리지와 불안정한 접속, LTE에 비해 높은 이용료, 단말 선택 제한 등으로 나눠 볼 수 있다.

그중 성능과 커버리지, 불안정한 접속에 대한 불만은 근본적으로 5G 서비스가 이용하는 주파수 대역과 밀접한 관련이 있다. 현재 국내에서

5G는 이른바 서브-6Sub-6 라고 부르는 6기가헤르츠GHz 이하의 중대역 주파수와 밀리미터파mmWave로 부르는 고주파를 이용한다. 구체적으로, 3.5기가헤르츠 대역과 28기가헤르츠 대역을 이용하고 있는데, 이는 LTE가 이용하고 있는 주파수 대역 중 가장 고대역인 2.6기가헤르츠 대역보다도 높은 대역이다.

이동통신 서비스는 말 그대로 '무선' 서비스이기 때문에, 서비스 제공을 위해 이용하는 무선 주파수 대역이 서비스의 품질과 특성을 결정한다. 일반적으로 더 높은 대역폭을 이용할수록 보다 빠른 속도를 제공할 수 있다. 다만, 고대역 주파수는 직진성이 강하지만 회절성이 좋지 않아 주변 장애물에 상당한 영향을 받고 도달 거리도 짧다. 따라서 기지국과 이용자 단말기 사이에 벽과 같은 장애물이 있으면 전파가 제대로 전달되지 못한다.

이로 인해 하나의 기지국에서 서비스를 제공할 수 있는 범위, 즉 기지국당 커버리지가 LTE에 비해 크게 줄어든다. 또한 기지국이 인근에 있어도 건물 내부 또는 지하로 들어가면 전파를 수신할 수 없기 때문에 접속이 불안정해지거나 아예 불가능하다. 5G에 대한 소비자 불만은 결국 이용하는 주파수 특성 자체에서 기인한 것이다.

따라서 5G 서비스를 원활하게 제공하려면 기존의 3G나 LTE에 비해 더 많은 수의 기지국을 세워야 한다는 결론이 나온다. 당연히 상당한 비용이 들 수밖에 없다. 특히 '20배 더 빠른 5G 속도'는 밀리미터파를 이용했을 경우의 이론적인 수치다. 그러나 이동통신사들은 여러 현실적인

이유로 인해 28기가헤르츠 대역에 대한 투자에 소극적이었으며, 이로 인해 가입자들의 불만은 더욱 커진 것이다.

이와 관련해 2018년 5G 주파수 경매 당시 이동통신 3사가 제출한 28기가헤르츠 대역 기지국 계획에 따르면 SK텔레콤은 2021년 말까지 1만 5,215개소 설치 계획을 세웠으며, KT와 LG유플러스도 각각 1만 5,000개소를 설치한다고 밝혔다. 2021년 말까지 총 4만 5,215개가 설치될 계획이었던 것이다. 그러나 2021년 6월 말 기준으로 설치된 28기가헤르츠 대역 기지국은 SK텔레콤 74개, KT 36개, LG유플러스 15개 등 총 125개에 불과했다.

이로 인해 과학기술정보통신부는 28기가헤르츠 대역 주파수 할당 조건 이행을 수차례 촉구했으며, 계획대로 진행하지 않을 경우 주파수 할

● **KT와 SK텔레콤의 5G 커버리지 현황**

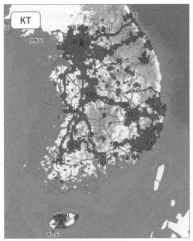
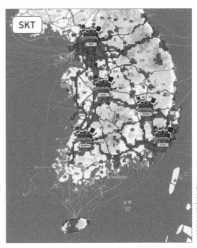

© KT / SKTelecom

당 취소도 가능하다는 입장이다. 하지만 여전히 막대한 투자비와 이용
효과 등 현실적인 문제는 남아 있다. 결국 28기가헤르츠 대역은 특정 지
역과 B2B 등의 제한적 용도로 활용하고 이동통신사들이 공동 기지국을
설치하는 방안이 추진됐다. 28기가헤르츠 주파수 대역의 활용과 투자
문제는 쉽게 해결될 것이라 예측되지 않으며 2022년 이후에도 국내 이
동통신 시장에서 상당한 논쟁거리가 될 전망이다.

반면 3.5기가헤르츠 대역의 경우 이미 이동통신사들이 일정 수준 이
상의 커버리지를 구축했으며, 기지국과 중계기를 지속적으로 만들어 서
비스 음영 지역을 줄이고 건물 내부나 지하 등에서도 안정적으로 접속
할 수 있도록 개선할 것임은 분명하다.

한편 국내뿐만 아니라 전 세계에 걸쳐 많은 이동통신사들이 밀리미터파를 이용하는 5G 서비스를 테스트했으나, 실제로 상용 서비스를 제공하는 이동통신사는 그리 많지 않다.

미국 최대 이동통신사인 버라이즌Verizon은 당초 중저 대역 주파수를 강조한 경쟁사들과 달리 밀리미터파를 활용한 5G 서비스로 차별화한다는 전략을 세웠으나 부족한 커버리지와 단말, 그리고 급증하는 투자비 등의 현실적 이유로 인해 대대적 전략 수정에 나섰다. 이를 위해 버라이즌은 2021년 2월 종료된 미국의 중대역 주파수 경매에서 450억 달러(한화 약 51조 7,000억 원)라는 거액을 투자해 서브-6 주파수 대역을 확보했다. 인구가 밀집된 도심 지역 등에서는 밀리미터파를 이용해 속도로 차별화하고, 다른 지역에서는 커버리지를 늘릴 수 있는 서브-6 주파수 대역을 이용해 고객의 만족도를 높인다는 계획이다.

국내 5G 서비스 가입자들이 LTE에 비해 상대적으로 비싸다고 느끼는 높은 이용료와 5G 단말에 대한 불만도 이통 3사 간 경쟁이 치열해지면서 점차 해소될 전망이다.

2011년 LTE 상용화 당시 국내 이동통신사들은 3G 시절에 도입됐던 무제한 데이터 요금제를 LTE에는 적용하지 않았으나, 이후 경쟁 심화에 따라 LTE에서도 데이터 무제한 요금제를 등장시킨 바 있다. 이처럼 이동통신 요금제는 초기에는 투자비 등의 이슈로 인해 상대적으로 고가로 형성되지만, 가입자가 늘어나고 경쟁이 더욱 치열해지면서 자연스럽게 인하되고 더 많은 혜택을 제공하는 방향으로 전환된다. 이미 이동통신 시장에는 4만 원대 중가 5G 요금제가 등장했으며, 향후 더 저렴한 가격대에 더 많은 데이터를 제공하는 요금제가 등장할 것이다.

국내 5G 가입자들이 생각하는 5G 스마트폰 관련 불만은 두 가지로 구분할 수 있다. 첫 번째는 국내 플래그십 스마트폰이 모두 5G 스마트폰으로 출시됐다는 것이다. 프리미엄 스마트폰을 이용하고 싶어도 5G는 이용하고 싶지 않았던 이용자들이 먼저 불만을 제기했다. 더구나 이동통신사들은 5G 플래그십 스마트폰 구매자에게 반드시 5G 요금제에 가입하도록 했다. 물론, LTE 요금제로 5G폰을 쓸 수 있는 몇몇 방법이 있었다. 하지만 이동통신 서비스와 요금제에 대한 지식이 부족한 사람들은 그런 방법들을 찾는 것이 쉽지 않았다.

이러한 논란이 커지면서 2020년 8월 과학기술정보통신부는 이동통신사의 보조금을 받지 않고 자급제폰으로 5G 스마트폰을 구입했을 때 LTE 요금제에도 가입할 수 있도록 함으로써 고객들의 불편함을 해소해 줬다.

5G 스마트폰에 대한 두 번째 불만은 5G 서비스를 이용하고 싶어도 단말 옵션이 매우 제한적이라는 것이다. 최근 고가의 플래그십 스마트폰 이외에도 중가의 5G 스마트폰이 출시돼 이 문제 역시 점차 해결되고 있지만, 다양한 제조사를 선택할 수 없다는 문제는 여전히 남아 있다. LG전자가 스마트폰 사업을 중단했기에, 실질적으로 국내에서 여러 5G 스마트폰을 공급하는 업체는 삼성전자와 애플뿐이다. 게다가 점차 다양한 가격대의 5G 폰을 선보이고 있는 삼성전자와 달리 애플의 5G 지원

아이폰은 상당히 고가이며 모델 수도 제한적이다.

이처럼 소비자 선택권이 제한적인 것은 국내 스마트폰 시장의 특성 때문이다. 중국의 스마트폰 제조사들이 다양한 가격대의 5G 스마트폰을 선보이면서 국내에 진출하지 않는 것도 중국 업체의 진입을 막는 규제나 장벽 때문이 아니다. 국내 소비자들이 중국 업체들의 제품을 신뢰하지 않은 결과에 따른 것이다. 최근 글로벌 시장에서 중국 업체들의 영향력은 더욱 커지고 있지만, 적어도 국내 시장에서는 이들의 영향력이 극히 미미하다. 이러한 상황이 계속되는 한 5G 제조사 선택지는 상당 기간 제한적으로 유지될 수밖에 없다.

이처럼 국내 이동통신 시장은 외형적으로는 크게 성장했으나, 아직은 해결해야 할 여러 문제점들이 남아 있다. 즉, 한국은 세계 최초로 5G를 상용화했음에도 아직 반쪽의 성공만을 거두고 있는 것이다.

누구나
이통사가 된다

'5G 어드밴스드' 시대의 시작

국내 5G 가입자 일부가 불만을 갖는 상황과 관련해 이동통신사들이 초기에 다소 과장된 홍보를 했으며, 상용화 이후 투자가 지연됐다는 점에서는 비난을 받을 수 있다. 그러나 사실 한국의 5G 서비스 품질은 전 세계적으로 봤을 때 매우 우수하다.

전 세계의 모바일 네트워크 성능을 조사해 발표하는 루트메트릭스RootMetrics가 2021년 5월에 서울, 인천, 부산, 광주 지역에서 조사한 바에 따르면, 국내 이동통신 3사의 5G 다운로드 속도는 물론 5G 가용성5G Availability 측면에서 이전의 조사에 비해 큰 폭의 증가율을 보였다.

5G 가용성은 5G 가입자가 이동통신 서비스를 이용할 때 실제로 5G 네트워크에 접속하는 비율을 의미한다. 예를 들어 5G 스마트폰 이용 시간 5시간 중 실제로 5G를 이용한 시간이 4시간이었다면 5G 가용성은 80퍼센트인 것이다.

먼저, 다운로드 속도의 경우 국내 이동통신 3사의 5G 다운로드 속도 중앙값median은 조사가 이뤄진 4개 도시 모두에서 대부분 500메가비피에스Mbps를 넘었으며, 600메가비피에스 이상의 속도를 보인 도시도 있었다. 또한 서비스 가용성은 90퍼센트 수준을 기록했다. 이는 40퍼센트대의 가용성을 보였던 2019년 조사에 비해 크게 증가한 것이다.

이로 인해 루트메트릭스는 국내 이동통신사들의 5G 서비스 품질이 해외 주요 이동통신사들에 비해 매우 우수하다고 평가하면서 다른 국가들의 청사진blueprint이 될 것이라고 밝히기도 했다. 국내 5G 서비스가 이동통신 3사의 28기가헤르츠 대역에 대한 투자 미비와 부족한 커버리지 등으로 인해 많은 비난을 받고 있지만, 그럼에도 불구하고 이동통신사들이 실제로는 꾸준한 투자를 단행하고 있음을 보여 주는 것으로 해석할 수 있다.

무엇보다 5G가 완전하게 개발이 완료돼 적용된 기술이 아니라 지속적 개선이 이루어질 것이라는 점을 주목해야 한다. 즉, 5G 표준 기술은 이전 세대의 이동통신 기술처럼 계속 발전 및 보완되고 있으며 새로운 표준 규격이 등장할 경우 국내에도 적용돼 체감 품질은 더욱 개선될 것이다.

이 같은 이동통신 기술의 발전 양상은 3G와 LTE에서도 마찬가지였다. 3G에서는 HSDPA에서 HSPA, HSPA 플러스 등의 기술로 발전했으며, LTE 역시 LTE-A_{LTE-Advanced}, 광대역 LTE_{Wideband LTE}, 광대역 LTE-A의 순으로 발전하면서 다운로드 속도 등의 체감 품질이 지속적으로 개선됐다.

5G의 공식 기술 명칭은 '5G NR'_{New Radio}이며, ITU_{International Tele-communication Union}(국제전기통신연합)에서 비전과 목표를 제시하고, 국제 표준화 단체인 3GPP_{3rd Generation Partnership Project}가 표준 규격을 만든다. 이동통신 표준 기술은 모든 규격을 한번에 완결적으로 개발하지 않으며 오랜 시간에 걸쳐 지속적으로 업그레이드된다. 이 같은 과정을 통해 발표되는 규격을 릴리즈_{Release}라고 부르며 발표된 시점에 따라 뒤에 번호를 부여한다. 릴리즈-14까지는 LTE를 업그레이드한 것이며, 최초의 5G 표준은 2018년 6월에 발표된 릴리즈-15였다.

2019년 표준화가 완료된 5G 단독모드_{SA, Standalone}는 무선 기지국뿐만 아니라 코어망까지 새로운 5G 표준에 기반한 것으로서 5G의 품질을 한층 더 높일 기술이다. 국내뿐만 아니라 많은 국가에서 상용화된 5G의 경우 대부분 비단독모드_{NSA, Non-Standalone}의 비중이 높다. 무선망에는 5G 기지국을 이용하지만 코어망에는 LTE 장비를 사용하는 방식이다. 즉, 스마트폰이 기지국과 연결되는 무선 구간에는 5G 주파수를 이용하지만 기지국과 서버를 연결하는 유선 구간에는 기존의 LTE 장비를 계속 사용한다. 결과적으로 5G 기술의 잠재력을 충분히 활용하지 못하게 된다.

하지만 5G 단독모드의 경우 통신 속도 개선과 지연 시간 단축은 물론, 5G 네트워크를 가상의 여러 네트워크로 분리해 성능을 최적화하는 네트워크 슬라이싱Network Slicing도 가능해진다. 자율주행, 가상 현실, 원격 의료 등 새로운 서비스도 5G 네트워크 슬라이싱 기술을 활용한다. 각각의 서비스들은 일반적인 동영상이나 소셜 네트워크 서비스들과는 다른 요구 사항을 가질 수 있다.

예를 들어 자율주행은 사고 방지를 위한 실시간 통신이 중요하므로 지연 시간이 더욱 짧아야 한다. 이때 네트워크 슬라이싱 기술을 활용하면 자율주행 차량만 이용할 수 있는 가상의 5G 네트워크를 만들 수 있다.

국내 이동통신사들은 2021년 중 5G 단독모드의 상용화를 추진하고 있으며, KT가 경쟁사보다 앞서 2021년 7월 가장 먼저 서비스를 시작했다. 5G 단독모드 서비스가 제공된다면 이용자들의 체감 품질은 한층 더 발전할 것이다. 특히 네트워크 슬라이싱을 통해 더 많은 산업 분야에서 최적의 품질로 5G를 이용할 수 있게 되면 기업 고객이 크게 늘어날 것으로 전망된다.

2020년 최종 승인된 릴리즈-16은 B2B 서비스 적용을 위한 초저지연과 안전성을 높이고 자율주행차와 모바일 방송 등의 융합형 서비스를 위한 기술 표준으로 확대된 것이 특징이다. 현재 3GPP는 2022년 상반기를 목표로 릴리즈-17 표준화를 진행하고 있으며, 5G의 명칭도 '5G-어드밴스드'5G-Advanced로 변경된다.

이 같은 표준 기술은 단순히 이동통신사와 장비 업체만의 목소리를 대변하는 쪽으로 발전하는 것이 아니다. 다양한 고객의 요구 사항을 효율적으로 만족시키기 위한 방향으로 이뤄지고 있다.

이를 통해 5G 서비스가 한층 더 업그레이드되고 각 이동통신사들이 해당 기술들을 적용하면서 5G 서비스는 새로운 차원의 기술로 더욱 각광받게 될 것이다. 현재는 다소 기대에 못 미치는 부분이 있는 것이 사실이지만, 5G는 여전히 높은 잠재력을 보유하고 있는 셈이다.

현재 이동통신 관련 업체들과 단체들은 외형적 성장을 이룬 5G를 질적 성장의 시대로 진입시키기 위해 노력 중이다. 데이터 통신 시대로 접어든 이후 이동통신 서비스는 그 자체로 완결된 게 아닌 다른 서비스들의 가치를 높여 주는 인프라의 성격이 더욱 강해졌다.

이동통신사들도 일반 개인 가입자는 물론 기업 고객들이 충분히 5G의 가치를 느낄 수 있도록 다양한 서비스를 개발 중이다. 이를 위해 개방성을 확대하고 더 다양한 산업의 업체들과의 협력을 늘리고 있다. 일정 시점이 되면 B2B 시장에서도 더욱 폭발적으로 5G를 도입하는 상황이 펼쳐질 것이다.

한편, 코로나19는 사람들의 생활 방식과 기업들의 일하는 방식을 모두 크게 변화시켰다. 외부 활동이 불가능해지면서 온라인 동영상과 커머스, 영상 회의 등 일부 온라인 서비스에 대한 수요가 급증했다. 이러한 변화는 코로나19의 장기화로 인해 일시적 대응책이 아니라 새로운 규범으로 자리 잡기 시작했다. 이후 정상화된다고 해도 과거와 동일한 상황으로 돌아가지 않을 것이다. 점점 더 온라인과 오프라인이 서로 융합되고 각각의 장점을 결합하는 생활 방식이 자리를 잡게 될 것이다.

그리고 코로나19를 극복하는 과정에서 이동통신 기술은 더욱 중요한 역할을 하게 될 것이다. 클라우드 서비스와 영상 회의 증가 등 기업들이 사업을 추구하는 방식도 펜트업 트렌드에 발맞춰 변화하는 과정에서 기본 인프라로 이용될 것이다.

특히 5G 같은 진보된 이동통신 기술은 가상 현실과 증강 현실, 메타버스처럼 새롭게 등장하는 서비스를 더욱 원활하게 이용할 수 있는 원동력으로 작용하고 있다. 또한 이동통신사들이 제공하는 모바일 서비스의 품질을 점점 높인다면 폭발적인 수요 증가로 이어질 것이다.

어떤 의미에서 코로나19는 LTE와 5G 등 통신 기술의 중요성을 다시 한번 각인시켜 주는 계기로 작용했다. 과거에도 그랬지만 이동통신 기술은 특히 5G 시대에 접어들면서 사회 시스템을 유지 및 발전시키는 '인프라'로서의 역할이 더욱 커질 것이다. 또한 여러 산업에서 펜트업 효과를 극대화하기 위한 인프라 역할을 이동통신 기술이 견인하고 있다고 봐도 손색이 없다.

디지털 전환의 마스터키 '사설망'

이동통신 기술은 음성 통화와 모바일 데이터 접속이라는 서비스를 제공하는 차원을 넘어 이제 국가의 경쟁력을 좌우하는 핵심 인프라 역할까지 하고 있다. 더불어 한정된 자원인 무선 주파수를 이용하고 있어 공익 서비스로서의 책임도 크다.

이 때문에 모든 국가에서는 엄격한 주파수 운용 계획을 세우고 이동통신사들에게 경매 등의 적합한 절차를 거쳐 주파수 이용 라이선스를 부과한다. 이동통신사들은 해당 주파수 대역을 활용하는 통신 장비와 네트워크를 구축해 서비스를 제공한다.

물론 주파수 라이선스를 직접 획득하거나 장비를 구축하지 않아도 기존 이동통신사로부터 네트워크를 임차해 서비스를 제공하는 MVNO Mobile Virtual Network Operator, 즉 알뜰폰 업체들도 있다. 하지만 주파수를 확보하고 설비를 갖춰 서비스를 제공하는 것이 이동통신사들의 일반적 형태다. 이러한 이동통신사들이 제공하는 네트워크는 누구나 가입해 이용할 수 있는 이른바 공중망public network 이다.

최근에는 사설망private network 이 이동통신 업계에서 화두가 되고 있다. 주파수 라이선스를 획득할 필요 없이 누구나 이용할 수 있는 비면허 주파수 대역unlicensed spectrum 이나 정부가 특별히 지정한 주파수 대역을 기반으로 누구라도 직접 구축해 운용할 수 있는 이동통신 네트워크를 의미한다.

간단히 예를 들면, 스마트 공장을 건설하려는 제품 생산 업체가 통신 장비 업체와 협력해 자사 공장에서만 직원들이 IoT 단말들을 이용할 수 있는 이동통신 네트워크를 구축하는 것이다.

이처럼 기존의 이동통신사가 아니어도 자신만의 이동통신 네트워크를 구축해 운영하는 것이 가능하다. 대부분 전국망을 지향하는 이동통신사와는 달리 일정 지역에서 특정 서비스를 위해 구축하는 경우다. 현재 제조업 강국인 독일뿐만 아니라 미국, 일본, 영국, 중국 등 주요 국가들에서는 사설망 사업을 지원하기 위해 전용 주파수를 별도로 공급할 뿐만 아니라 다양한 지원 정책을 펼치고 있다.

각국에서 사설망을 인식하는 시각에 따라 용어도 약간의 차이가 있다. 유럽이나 미국에서는 민간 업체들이 자신들만 이용할 수 있는 독자 네트워크를 구축한다는 의미에서 사설망이라는 용어를 쓰고 있다(이 책에서는 본래 의미를 살려 사설망이란 용어를 사용하겠다). 일본에서는 특정 지역에 한정해 제공되는 네트워크라는 점을 강조해 로컬망local network이라는 용어를 사용한다. 국내에서는 공장이나 건물 등 특정 지역에 한해 사용 가능한 특화된 맞춤형 네트워크라는 점을 강조해 특화망이라는 용어를 쓰고 있다.

특히 독일은 사설망 사업에 매우 적극적이다. 이미 3.7~3.8기가헤르츠 주파수 대역을 사설망 용도로 공급했으며, 지난 2021년 6월 기준으로 보쉬Bosch, 에어버스Airbus, 아우디Audi, 메르세데스 벤츠, 화학 업체인 에보닉 인더스트리스Evonik Industries, 에너지업체 네츠Netz 등 123개 업체가 면허를 받았다. 미국, 일본, 영국도 사설망 주파수 대역을 확정했으며 실제 사설망 구축이 활발히 진행되고 있다.

GSA Global mobile Suppliers Association (세계이동통신사업자연합회)가 발표한

보고서에 따르면 2021년 7월 말 기준으로 전 세계에서 370개 이상의 업체들이 사설망에 투자를 했다. 이 중 5G 사설망은 전체의 44퍼센트였으며, 8퍼센트는 LTE와 5G를 모두 이용하고 있다.

최근 디지털 전환을 위한 핵심 방안 중 하나로 사설망, 특히 5G 사설망에 대한 관심과 실제 도입이 더욱 증가하고 있는 추세다. 기업들은 비용 절감과 생산성 증대를 위해 자동화, 가상 현실 및 증강 현실, 인공지능, 실시간 빅데이터 수집과 분석, 활용 등을 강조하고 있다. 과거 공장 시설 등에 적용했던 유선 네트워크로는 확장성과 편의성을 확보하는 데 한계가 존재한다. 따라서 5G 사설망 구축을 통해 디지털 전환을 보다 효과적이고 빠르게 이루려 하고 있다.

특히 에릭슨, 노키아, 삼성전자 등의 통신장비 업체들은 기존 이동통신사를 넘어 새로운 고객군을 발굴할 수 있다는 점에서 사설망 장비 사업에 매우 적극적으로 뛰어들고 있다. 사설망 도입을 희망하는 업체들과도 긴밀히 협력해 성공 사례를 발굴하는 데 집중하고 있다.

2019년부터 에릭슨은 이미 자사 공장에 5G 사설망을 구축해 운용 중이며, 도입 효과를 실감하고 있다. 5G 사설망에 연결된 자율주행 로봇을 통해 인건비를 65퍼센트 절감했으며, 직원들은 증강 현실 헤드셋을 통해 문제 해결 속도를 높이고 있다.

또한 다양한 장소에 부착한 센서를 통해 실시간 데이터 분석과 디지털 트윈digital twin 운영으로 작업 시간과 비용을 절약하고 있다. 이런 경험을 바탕으로 에릭슨은 제조, 항구, 공항, 에너지 산업이 사설망의 유력 시장이라는 점을 강조한다.

물론, 직접 사설망을 구축하지 않아도 이동통신사들로부터 전용망 서비스를 받을 수 있다. 이동통신사가 제공하는 5G 네트워크 슬라이싱 기능을 통해 자사의 직원들과 IoT 단말만 이용할 수 있는 가상 네트워크, 즉 전용망을 제공받을 수 있다. 특정 기업만 이용하는 전용망을 사설망의 한 종류로 보기도 한다.

그러나 기업이 자체적으로 사설망을 구축해 운용한다면 이동통신사에 대한 종속성을 탈피할 수 있으며, 응용 서비스 구현 등에서 유연성이 생기는 만큼 장기적으로는 도입 효과가 더 커질 수 있다. 또한 정보 보호에 대한 경각심이 높아지는 추세를 고려할 때 해당 기업만 이용하는 사설망을 도입하면 보안성을 높일 수 있다는 장점이 있다.

점점 더 많은 업체가 사설망 도입을 추진하면서 해당 시장은 빠른 성장세를 보일 것으로 전망된다. 시장조사업체 ABI리서치ABI Research는 2020년 말 발표한 보고서를 통해 전 세계의 사설망 시장이 2030년까지 640억 달러(한화 약 73조 5,000억 원) 규모로 성장할 것이라고 예측했다. 특히 중화학 산업에서 사설망 도입이 가장 활발할 것으로 내다봤다.

이런 추세에 발맞춰 최근에는 이동통신사들도 사설망 사업에 적극 진입하고 있다. 이동통신사들은 무선 네트워크를 구축하고 운영해 본 경험이 축적돼 있기에 장비 업체들과 협력해 사설망 도입 업체들을 대상으로 좀 더 효과적인 구축과 운영을 지원할 수 있다. 이 외에도 사설망을 구성하는 일부 요소만을 이동통신사에서 제공하는 경우도 있다.

도표 5-2 과학기술정보통신부가 제시한 5G 특화망 활용 예시

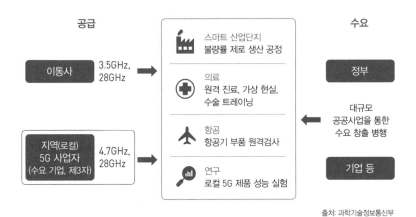

출처: 과학기술정보통신부

    과학기술정보통신부도 2021년 1월 공개한 '5G 특화망 정책 방안'을 통해 국내 5G 사설망 사업을 본격화하기로 했다. 과학기술정보통신부는 초고속, 초저지연, 초연결이라는 특성을 바탕으로 개인을 위한 통신을 넘어 산업 환경 전체를 혁신하고, 공공 서비스의 차원을 높일 수 있는 핵심 경제 인프라로서 5G를 바라보고 있다.

    특히 디지털 뉴딜의 핵심 인프라로서 5G가 타 산업과 융합돼 산업 전반의 디지털 혁신을 본격화하기 위해서는 5G 특화망이 필요하다는 입장이다(〈도표 5-2〉).

    5G 특화망을 위한 주파수는 2021년 11월부터 28기가헤르츠 대역 600메가헤르츠MHz 폭과 4.7기가헤르츠 대역 100메가헤르츠 폭이 공급된다.

과학기술정보통신부는 5G 특화망 활성화를 위해 기존 이동통신 주파수에 대한 할당 심사와는 달리 절차를 간소화했으며, 주파수 이용 대가도 크게 낮췄다.

특히 28기가헤르츠 대역을 이용하려는 특화망 도입 업체에게는 전파 사용료를 크게 낮춰 주고, 교육이나 연구 목적의 비영리 법인에 대해서는 전파 사용료를 면제해 준다고 밝혔다. 상대적으로 투자가 부진했던 28기가헤르츠 대역의 이용률을 높여 더욱 혁신적 서비스가 등장할 수 있도록 유인하려는 목적이라고 볼 수 있다.

이제 업무용으로 5G 특화망을 구축하려는 업체는 정부에 신청해 심사를 거친 후 주파수를 할당 받아 네트워크를 구축할 수 있게 됐다. 또한, 5G 특화망 서비스를 제공하려는 업체는 기간 통신 사업자 등록을 통해 다른 기업에게 5G 특화망과 관련된 서비스를 제공할 수 있다. 이동통신사가 아니더라도 전국적 서비스는 아니지만, 특정 지역에서 이동통신 서비스를 제공할 수 있게 된 것이다.

현재 네이버, 삼성SDS, 한국전력 등이 5G 특화망 사업을 고려 중이다. 한국에서도 이동통신사와 알뜰폰에 이어 5G 특화망 업체들이 등장하면서 국내 이동통신 시장이 더욱 역동적으로 변화할 전망이다.

특히 특화망을 구축한 업체들이 5G의 잠재력을 최대한 활용할 수 있는 애플리케이션을 개발하고, 그 효과를 입증하게 된다면 더 많은 업체가 참여하고 유사 애플리케이션이 연쇄적으로 많이 개발될 것이다. 이는 국내 5G 생태계 전반에 걸쳐 활력을 불러일으킬 것이며 관련 단말,

장비, 소프트웨어 및 서비스 업체들의 글로벌 경쟁력을 한층 더 강화시키는 발판이 될 것이다.

5G 스마트폰의 진화와
UWB 기술의 등장

가격은 내려가고 성능은 올라간다

3G와 LTE의 경우 일상적으로 들고 다니며 이용하는 스마트폰 외에도 태블릿과 PC, 핫스팟, 휴대형 카드 결제기 등 다양한 단말을 주변에서 쉽게 볼 수 있다. 그러나 5G의 경우 아직은 스마트폰 이외에 다른 유형의 단말을 찾아보는 것이 쉽지 않다. 그렇다면 5G 단말로 어떤 것들이 개발되고 있을까?

GSA의 자료에 따르면 지난 2020년 6월까지 발표된 5G 단말은 총 317종이었다. 2021년 8월 초에는 그 수가 938종으로 크게 증가했다. 이 중에서 실제로 판매가 진행되고 있는 상용 5G 단말은 508종으로, 시

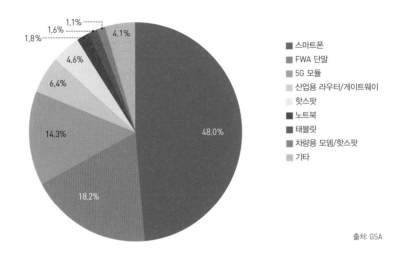

출처: GSA

중에 발표된 단말의 64.8퍼센트에 해당한다(〈도표 5-3〉).

누구나 짐작할 수 있듯이 가장 많은 비중을 차지하는 5G 단말은 스마트폰이다. 5G 스마트폰은 2021년 8월 초 기준으로 총 450종이 발표됐다. 두 번째로 높은 비중을 차지하는 단말은 고정형 무선 접속ᵣᵥₐ 단말이다.

FWA는 국내에서는 다소 생소한 서비스이지만, 북미를 비롯한 해외에서는 5G의 핵심 서비스 중 하나로 지목되고 있다. 이는 외딴 시골 처럼 초고속 유선 인터넷 서비스가 제공되지 않는 지역을 대상으로 무선 기술을 이용해 인터넷 서비스를 제공하는 방식이다. FWA 단말은 일종의 와이파이 핫스팟처럼 작동해 집 안에 있는 여러 기기의 인터넷 접속을 지원한다.

이 외에도 5G 통신 모듈, 라우터, 노트북, 태블릿 등 여러 유형의 5G 단말이 존재한다. GSA는 143개 업체가 총 22개 유형의 5G 단말을 제공 중이라고 밝히고 있다.

이처럼 스마트폰 이외에도 여러 형태의 5G 단말이 존재하지만, 실제로 주변에서 쉽게 찾아볼 수 없다. 아직은 5G가 일반 소비자 이외에는 산업 또는 기업 시장에서 충분히 확산되지 않았음을 말해 준다. 기업들이 원하는 형태의 5G 단말이 충분히 공급되지 않고 있을 뿐만 아니라 가격 역시 LTE 단말에 비해 비싼 수준이다.

그러나 이미 다양한 유형의 5G 단말들이 개발되고 있으며 그 증가 속도도 더욱 빨라지고 있다. 향후 시장이 더욱 확대돼 5G 단말의 가격이 하락하고, 5G의 가치를 살릴 수 있는 혁신적 B2C 및 B2B 애플리케이션이 개발된다면 선순환 효과를 일으키며 더욱 견고한 5G 생태계 시대를 맞이하게 될 것이다.

한편, 스마트폰은 향후에도 5G 단말의 핵심적 입지를 유지할 것이다. 시장 규모 역시 빠르게 성장할 것임이 자명하다. 실제로 코로나19 팬데믹으로 인해 2020년에는 전체 스마트폰 출하량 규모가 감소한 반면, 5G 스마트폰의 출하량은 오히려 증가했다. 특히 삼성전자와 샤오미, 화웨이뿐만 아니라 애플이 5G를 지원하는 첫 스마트폰인 아이폰 12 시리즈를 2020년 하반기에 출시해 엄청난 인기를 끌면서 전체 5G 스마트폰 시장의 성장을 견인했다.

2021년 이후에는 스마트폰 시장이 회복세로 접어들고, 5G에 대한 주요 이동통신사들의 마케팅 확대, 그리고 주요 제조사들이 더욱 다양한 5G 스마트폰을 출시하면서 시장 규모는 당초 예상보다 빠르게 확대될 전망이다. 실제로 스마트폰 역시 펜트업 효과로 인해 판매량이 더 빠르게 늘어나는 양상이다.

특히, 5G 스마트폰의 가격 인하 속도가 매우 빠르다. 중국의 스마트폰 제조사 리얼미Realme는 2020년 9월 판매가 999위안(한화 약 17만 4,000원)의 5G 스마트폰을 이미 발표하기도 했다. 이 단말은 5G 접속을 지원하지만, 기본적으로 저가 단말이기에 하드웨어 스펙 면에서 고가의 플래그십 스마트폰보다 떨어질 수밖에 없다. 하지만 5G 스마트폰의 가격이 크게 하락했음을 보여 주는 대표적인 사례로 충분하다. 또한 5G 스마트폰을 구매할 수 있는 잠재 고객층이 확대되고 있다는 것을 잘 보여 준다.

이러한 추세를 반영해 시장조사 업체 IDC는 전체 스마트폰에서 5G 스마트폰이 차지하는 비중이 2021년 40퍼센트에서 2025년에는 69퍼센트로 증가할 것이라 전망했다. 실제로 일부 국가의 경우 이미 5G 스마트폰의 비중이 상당한 수준에 이르고 있다. 중국은 2021년 초 기준으로 전체 스마트폰 출하량 중 5G 스마트폰의 비율이 80퍼센트 이상이었으며, 미국에서도 2020년 4분기 이후 5G 스마트폰의 판매 비중이 50퍼센트를 넘었다.

한국 역시 2019년 상용화 이후 5G 스마트폰의 판매 비중은 꾸준히

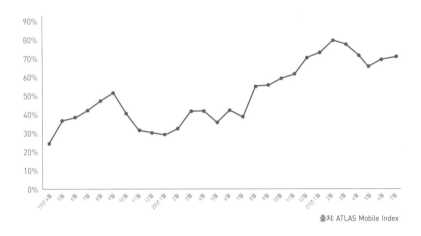

도표 5-4 **국내 5G 스마트폰의 월 판매량 비중**

출처: ATLAS Mobile Index

증가했다. 갤럭시 S21이 출시됐던 2021년 2월에는 80퍼센트 이상을 기록하기도 했다. 최근에는 중저가 5G 스마트폰의 출시가 이어지고 있기에 높은 수준의 5G 스마트폰 판매 비중은 계속 이어질 것으로 전망된다(〈도표 5-4〉).

다만, 국내에서 구매할 수 있는 5G 스마트폰 업체라면 사실상 삼성전자와 애플뿐이다. 여러 업체가 선의의 경쟁을 벌이며 더욱 다양한 가격대와 성능, 디자인의 5G 스마트폰을 선보이면서 고객들의 선택권을 늘려 주고 있는 해외 시장에 비해 다소 아쉬운 부분이라 할 수 있다.

스마트폰, 어디까지 좋아질 수 있을까

스마트폰이 생활 필수재로 자리매김하고 기술 발전이 지속적으로 이뤄지면서 중저가 스마트폰들도 상당한 품질을 보여 주는 등 스펙의 상향 평준화가 이뤄지고 있다.

스마트폰은 디스플레이와 카메라, 충전 기술, 프로세서 등의 다양한 측면에서 계속 업그레이드가 되고 있으며 폴더블폰과 UDC Under-Display Camera 등 새로운 형태도 등장하고 있다. 특히 스마트폰의 발전 과정에서 일반인들이 가장 쉽게 인지할 수 있는 부분은 바로 디스플레이와 카메라다. UDC는 전면 카메라를 디스플레이 아래 부분에 배치해 평상시에는 보이지 않고, 셀카를 촬영할 때면 카메라 부분의 디스플레이가 투명해지는 기술이다.

디스플레이의 경우 점점 더 고품질의 색상 표현력과 고해상도, 높은 재생률 refresh rate 을 도입하는 경향이 나타나고 있다. 몇 년 전만 해도 화면의 크기 자체를 더욱 크게 만드는 경쟁이 심했다. 이제는 화면 크기보다 실제 눈으로 보듯 더욱 편안한 이미지를 재현하는 경쟁으로 변모하고 있다.

특히 재생률은 스마트폰 제조사들이 상당히 강조하는 부분이다. 재생률은 1초 동안 화면에 표시되는 프레임 수를 의미한다. 재생률이 높을수록 화면 전환이 더욱 부드러워 이용자가 편안하게 이미지를 감상할 수 있다. 중저가 스마트폰에는 90헤르츠 이상의 재생률이 적용되고 있으며, 플래그십 스마트폰의 경우 120헤르츠를 넘어 144헤르츠 이상으

● 삼성전자의 갤럭시 폴드3과 갤럭시 플립3 제품 이미지

© Samsung

로 증가하고 있다.

UDC는 중국 통신 기업 ZTE의 '액손 20 5G' 등 몇몇 단말에 시험적으로 적용됐으나, 2022년 이후 플래그십 스마트폰에 도입되는 등 더욱 증가할 것이다. 디스플레이 기술 발전 덕분에 폴더블폰도 출시되고 있지만 아직은 전체 스마트폰에서 차지하는 비중이 매우 적다. 삼성전자가 갤럭시 노트 시리즈를 중단하고 폴더블폰에 더욱 집중하는 전략을 보이면서 시장 규모가 더욱 커질 것으로 보인다.

중국 업체들도 점차 폴더블폰을 선보이고 있다. 애플 역시 상당한 관심을 갖고 제품 개발을 진행 중인 것으로 알려져 있다. 다만 실제 상용 시점은 다른 업체들에 비해 늦어질 것으로 전망된다. 이처럼 참여 업체가 늘어나면서 가격대 역시 점차 하락할 것으로 보인다.

시장조사업체 카운터포인트리서치Counterpoint Research는 2020년 폴더블폰 출하량이 약 300만 대 수준이었는데, 2021년에는 3배 증가한 900만 대 수준이 될 것으로 예상했다. 또한 2023년에는 2020년에 비해 10배 이상 성장하고 삼성전자가 이 시장에서 75퍼센트의 점유율을 차지할 전망이다.

스마트폰의 카메라 기능은 표준 렌즈뿐만 아니라 광각, 망원, 매크로, 심도 등 다양한 기능을 담당하는 렌즈를 여러 개 탑재해 기존 카메라에 뒤처지지 않는 성능을 보이고 있다. 물론 카메라 렌즈 수가 늘어나고 기능이 고도화되면서 스마트폰 뒷면에 위치한 카메라 모듈의 두께가 더 두꺼워지는 소위 '카툭튀'(카메라 부분이 툭 튀어나온 형태) 디자인에 대해서는 호불호가 갈린다. 앞으로 카툭튀 현상을 어느 정도 최소화할 수 있는가, 또는 거부감 없는 디자인을 할 수 있는가 여부에 따라 제조사들의 차별성으로 작용할 것이다.

한편, 스마트폰 기능이 고도화되면서 소비 전력도 늘어나고 있다. 이용자들은 충전 문제에 있어 불편함을 떠안을 수밖에 없다. 제조 업체에서도 각 부품 단위별로 소비 전력을 최소화해 스마트폰 이용 시간을 늘리는 식의 연구를 진행하고 있다. 간혹 대용량의 배터리를 탑재하기도 하지만, 배터리 용량이 커질수록 스마트폰 자체의 크기와 두께가 커지고 무게도 늘어난다는 한계가 있다.

이러한 문제를 해결하기 위해 스마트폰 배터리의 지속 시간에 대한 기술 개발과 더불어 더욱 빠르고 편리하게 충전할 수 있는 기술이 각광을 받고 있다. 주요 단말 업체들은 퀄컴의 퀵차지Quick Charge나 USB-PD 등 표준 급속 충전 기술의 도입 외에도 자체 규격의 급속 충전 기술을 개발해 제공하고 있다.

이 부분에서는 중국 업체들이 상당히 공격적 전략을 취하고 있다. 오포Oppo의 VOOC, 비보Vivo의 슈퍼 플래시차지Super FlashCharge, 원플러스OnePlus의 대시차지Dash Charge, 화웨이의 슈퍼차지Super Charge 등이 대표적이다. 특히 샤오미는 2021년 5월 4,000밀리암페어mAh 용량의 배터리를 8분 만에 완충할 수 있는 200와트W 급속 충전 기술 하이퍼차지HyperCharge를 공개했다.

무선 충전 역시 더욱 빨리 충전할 수 있는 기술 개발을 위한 경쟁이 가열되고 있다. 샤오미의 하이퍼차지 기술은 배터리 완충에 15분이 걸리는 120와트 무선 충전이 가능하다. 또한 오포는 2021년 2월 말 중국 상하이에서 개최된 MWCMobile World Congress 행사에서 자기 공명 방식의 무선 충전 기술을 선보였다. 이 기술을 활용하면 충전 매트에서 스마트폰을 약간 들어올려 여러 방향으로 기울인 상태에서도 충전할 수 있다. 이에 앞서 샤오미도 밀리미터파를 이용해 몇 미터 거리에서도 5와트의 전력을 공급할 수 있는 미 에어 차지Mi Air Charge 기술을 공개한 바 있다.

삼성전자는 갤럭시 노트7의 폭발 사태를 경험한 이후, 중국 업체들과는 대조적으로 배터리 관련 기술 면에서 다소 보수적 입장을 보이고 있다. 발열과 배터리 안전성 등에 문제가 발생할 수 있는 대출력의 급속 충전 기술은 신중하게 접근해야 한다. 하지만 중국 업체들은 전용 어댑터 등을 이용하면 안전성에 문제가 없다는 입장을 취하면서, 이용자들에게 더욱 빠른 충전이라는 큰 편익을 제공하고 있다.

스마트폰은 5G 기술과 결합되면서 이용 가치가 더욱 커질 전망이다. 통신 기술과 마찬가지로 스마트폰 자체보다는 스마트폰에서 이용하는 다양한 서비스로 인해 이용 가치가 발현되기 때문이다.

고품질 디스플레이는 고해상도 동영상이나 이미지를 감상할 때 그 가치를 느낄 수 있다. 또한 더 좋은 이미지를 촬영할 수 있는 카메라 기능도 이를 공유하고 편집할 수 있는 애플리케이션이 있어야 유용성이 높아진다. 이러한 서비스와 애플리케이션이 5G 기술과 결합하면 고차원의 서비스를 더욱 쾌적하게 이용할 수 있다. 급속 충전 기술 역시 LTE에 비해 배터리 소모가 빠른 5G 스마트폰의 이용 편의성을 높이기 위한 요소 중 하나다.

스마트폰은 다양한 IoT 단말을 원격으로 모니터링 하고 조작하는 허브hub로서의 역할도 담당하고 있다. 향후 5G를 기반으로 고해상도 동영상이나 이미지, 빅데이터를 전송하는 서비스가 더욱 확대된다면 첨단 기술력으로 무장한 5G 스마트폰의 활용 가치는 더 높아질 것이다.

UWB, 애플이 주목한 무선통신 최강의 기술

스마트폰에는 여러 무선통신 기술이 접목돼 있다. 3G와 LTE, 그리고 5G와 같은 셀룰러 통신 기술 외에도 와이파이Wi-Fi나 블루투스Bluetooth

같은 근거리 통신 기술도 적용돼 있다. 특히 블루투스는 스마트워치 및 스마트밴드 같은 손목 착용형 웨어러블 단말은 물론, 최근 인기를 끌고 있는 애플의 에어팟AirPod이나 삼성전자의 갤럭시 버즈Galaxy Buds 같은 완전무선이어폰TWS, True Wireless Stereo, 이른바 히어러블hearable 단말의 이용을 가능케 하는 필수 기술이다.

더불어 최근에는 스마트폰에 새로운 무선통신 기술이 적용되기 시작했다. 바로 UWBUltra-Wideband이다. UWB는 500메가헤르츠 이상의 주파수 대역폭을 기반으로 약 2나노초nano second 길이의 펄스pulse를 이용해 수 센티미터의 정확도로 거리와 방향을 측정할 수 있는 근거리 무선 기술이다.

이 기술은 당초 군용 레이더 기술의 하나로 개발이 시작됐다. 이후 기밀 사안에서 해제됐고, 2000년대 초반 표준화 작업이 시작되면서 민간 기업들도 활용할 수 있는 길이 열렸다. 초기에는 UWB 관련 부품의 높은 가격과 낮은 성능으로 인해 일부 의료 기기 등에만 활용됐으나, 기술 개발이 지속적으로 이뤄지면서 적용 범위가 확대됐다.

특히 UWB가 높은 보안성과 데이터 전송 기능을 제공하고, 정확한 실시간 위치 파악을 가능케 한다는 점에서 업계의 관심이 더욱 높아졌다. 지난 2019년 UWB 기술 확산을 위한 'FiRa 컨소시엄'이 설립돼 관련 생태계가 더욱 빠르게 성장할 것으로 전망된다.

새로운 기술 도입에 보수적 입장을 취해 왔던 애플이 다른 업체보다 앞서 2019년에 자체 개발한 UWB 칩인 'U1'을 아이폰 11에 탑재함으로써 UWB의 높은 잠재력을 간접 확인할 수 있었다. 애플은 이후 아이폰 외에도 스마트 스피커인 홈팟HomePod과 애플워치 시리즈 6, 그리고 위치 추적기인 에어태그AirTag에 U1 칩을 탑재했다.

삼성전자는 애플에 이어 두 번째로 2020년 8월 출시한 '갤럭시 노트 20 울트라'에 UWB 칩을 탑재했다. 삼성전자의 스마트폰 사업 수장인 노태문 사장은 2020년 12월에 공개한 글을 통해 '2021년에 주목해야 할 모바일 분야의 혁신 기술' 중 하나로 UWB를 지목했다. 이는 향후 삼성전자의 더 많은 제품에 UWB가 도입될 것임을 의미하는 신호탄인 셈이다.

UWB는 일반인에게는 비교적 생소한 무선 기술이기에 활용 가치가 잘 알려져 있지 않다. 그러나 스마트폰을 시작으로 다양한 가전 제품에 UWB 기술이 탑재되면서 모바일 시장의 새로운 혁신을 이끌 것으로 전망되고 있다.

특히, 2021년 4월 말부터 판매를 시작한 애플의 에어태그는 아이폰을 통해 정확한 위치를 파악할 수 있는 위치 추적기다. 기존의 블루투스를 기반으로 한 위치 추적기는 대략의 위치를 파악하는 데 그쳤지만, UWB를 지원하는 에어태그는 상당한 수준의 정확도로 방향과 거리를 추적할 수 있다(〈도표 5-5〉).

더불어 에어태그는 애플의 '나의 찾기'Find My 네트워크를 지원한다. 아이폰과 맥Mac, 아이패드, 애플워치 등 수십억 대에 달하는 애플 제품들이 서로를 감지해 위치를 파악할 수 있는 기능이다. 만약 이용자가 에

도표 5-5 **주요 근거리 통신 기술의 비교**

기술	정확도	범위	용도	추적	전원 공급 배터리	지속 시간
와이파이	15m	150m 지역 탐색	지역 탐색	👤 📦		중
블루투스 4.0	8m	75m 지역 탐색	지역 탐색	👤 📦 🏗		고
블루투스 5.1	1m					
UWB	30cm	150m 지역 탐색	지역 탐색	👤 📦 🏗		중
RFID		1m 스팟 탐색	스팟 탐색	👤 📦 🏗	(직접 RFID 태그)	(직접 RFID 태그)

출처: Insoft

어태그를 부착한 물건을 분실했을 때 해당 물건 주변에 다른 아이폰 이용자가 있다면, '나의 찾기' 앱을 통해 그 위치를 파악해 분실물을 쉽게 찾을 수 있다.

UWB를 탑재한 스마트폰은 자동차 키로도 활용할 수 있다. 자동차 제조사와 ICT 업체들이 결성한 업계 단체인 CCCCar Connectivity Consortium 는 자동차에 무선통신 기술 도입을 확대하기 위해 블루투스 방식에 이어 UWB 기반의 스마트 키 규격을 개발했다.

애플도 아이폰을 자동차 키로 이용할 수 있는 카키CarKey 라는 기술을 발표했다. UWB 칩이 탑재된 아이폰을 BMW 차량의 키로 활용할 수 있도록 지원한다고 밝혔다. U1 칩이 탑재된 아이폰과 UWB를 지원하는 BMW 차량을 보유한 이용자라면 아이폰을 소지한 채 차량 근처에

● 애플의 에어태그와 아이폰을 통한 위치 확인 모습

© Apple

다가가기만 해도 자동으로 차 문을 열 수 있다.

UWB는 스마트홈 단말과 스마트폰의 연동에서도 유용하게 활용될 수 있다. 샤오미는 2020년 10월 UWB 기술을 적용한 스마트폰을 기존의 적외선 리모컨처럼 이용해 TV와 스마트 전구 등의 가전 기기를 제어하는 시연 영상을 공개했다. UWB를 통해 스마트홈 기기의 위치를 알수 있기 때문에 자신이 제어하려는 기기를 스마트폰으로 가리키기만 해도 곧바로 응용 애플리케이션이 실행되고 기기와 연결돼 쉽게 제어할수 있다고 한다.

애플, 삼성전자, 그리고 샤오미 등의 거대 기업들이 UWB와 관련된 행보를 강화하고 있다는 것을 보면 2021년 이후 ICT 시장에서 UWB가 중요한 화두 중 하나가 될 것임은 분명하다.

아마존과 스페이스 X의
위성 인터넷 전쟁

일론 머스크, 우주에 1,600개 위성을 쏘다

시간과 장소를 초월해 언제 어디서나 다른 사람과 실시간으로 소통하는 것은 통신 기술이 등장한 이후 모든 업체가 목표로 삼았던 것이다. 이 같은 꿈을 현실로 만들기 위해 1990년대 후반 인공위성 기반의 이동 전화 서비스인 이리듐iridium 같은 서비스가 등장했으나 기대와 달리 결국 실패로 끝났다.

무엇보다 위성 시스템을 구축해야 하는 비용이 너무 컸다. 또 이용자 입장에서도 이리듐 단말이 너무 고가였고 이용료도 상당했기 때문이다. 특히 셀룰러 이동통신이 등장하고 글로벌 로밍이 가능해지면서 이리듐 서비스의 가치가 크게 감소했다. 결국 위성통신은 바다를 운행하는 선박이나 이동통신 서비스가 제공되지 않는 오지 등에서만 명맥을 유지하는 수준으로 전락했다.

그런데 최근 인공위성 기반의 위성 인터넷 서비스가 다시금 주목을 받고 있다. 과거와 다른 점이 있다면 고도 1,200킬로미터 이하에서 지구를 선회하는 다수의 저궤도LEO, Low Earth Orbit 위성을 이용해 서비스를 제공한다는 점이다. 저궤도 위성 인터넷은 고도 3만 6,000킬로미터상의 정지 궤도 통신 위성을 이용하는 기존 위성 인터넷 서비스보다 통신 거리가 훨씬 가깝고 위성 간 통신이 가능하기에 고속의 데이터 전송도 할 수 있다.

특히 새로운 위성 인터넷 시장을 이끌고 있는 업체가 바로 일론 머스크가 설립한 스페이스 XSpace X라는 점에서 더 각광을 받고 있다. 스페이스 X는 스타링크Starlink라는 위성 인터넷 사업을 추진 중이다. 500킬로미터 상공에서 지구를 선회하는 소형 저궤도 위성 1만 2,000여 대를 기반으로 지구 어디에서나 초고속, 저지연의 인터넷 서비스를 제공하는 것을 목표로 하고 있다.

스페이스 X는 50~60대의 스타링크 위성을 자체 로켓 발사체에 실어 한 달에 한 번 이상 발사하고 있다. 2021년 5월 기준으로 약 1,600대의 위성을 궤도에 안착시켜 운영 중이다. 2020년 10월부터는 일부 이용자들을 대상으로 제한적 유료 위성 인터넷 서비스를 시작했다. 또 2021년 6월 기준으로 미국 북부 지역과 캐나다, 영국, 독일, 프랑스, 네덜란드,

● **스페이스 X의 스타링크 위성 현황 (2021년 5월 기준)**

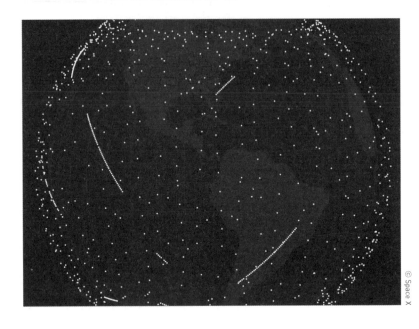

© Space X

벨기에 등 유럽 일부 국가, 그리고 뉴질랜드, 호주 등 12개국에서 서비스를 제공하고 있다. 아프리카 지역과 동남아시아 지역 등으로도 서비스 확대를 추진 중이다.

스타링크 서비스의 월 이용료는 99달러(한화 약 11만 원)이며, 위성 안테나와 와이파이 라우터 등 서비스 이용을 위한 장비는 별도로 499달러(한화 약 57만 원)에 구입해야 한다. 장비를 구입하면 우선 하늘이 보이는 곳에 안테나를 위치시켜야 한다. 그런 다음 전원을 켜면 안테나 스스로 위성의 위치를 찾아 통신을 시작하고, 와이파이 라우터를 통해 여러 기기에서 인터넷을 이용할 수 있다.

일론 머스크는 장기적으로 스타링크 서비스가 다운로드 속도 1기가비피에스Gbps, 지연 시간 20밀리세컨드 이하의 인터넷 서비스를 제공할 수 있을 것이라고 주장한다. 그 말대로라면 현재 통신 사업자들이 제공하는 기가급 유선 인터넷 서비스와 같은 수준의 속도를 어디서나 이용할 수 있다. 다만, 아직까지 완성된 상태가 아니다. 2021년 상반기에 초기 이용자들을 대상으로 조사한 바에 따르면 속도 면에서 상당한 편차가 있다고 한다. 다운로드 속도가 200메가비피에스를 넘는 경우도 있는 반면, 10메가비피에스 이하의 속도를 경험한 일부 이용자들도 있었다.

그렇지만, 시골 지역이나 오지는 다른 유무선 인터넷 서비스가 제공되지 않는 경우가 많다는 점에서 스타링크 서비스는 상당히 유용하며, 수요가 높을 수 있다. 실제로 2021년 6월 일론 머스크는 MWC 2021 행사의 기조 연설을 통해 이용자가 7만여 명에 이르며, 각국에서 승인을 받는다면 2021년 하반기에 전 세계로 서비스를 제공할 수 있다는 사실을 공개했다.

스페이스 X는 2021년 2월부터 사전 가입 신청을 받기 시작했고 예약자가 50만 명을 넘어섰으며 2022년 상반기 내에 이들 전원에게 서비스를 제공할 수 있다고 밝혔다. 사전 예약을 하려면 보증금 99달러(한화 약 11만 원)를 지불해야 한다. 이미 예약자가 50만 명을 넘었다는 점에서 시장의 기대가 매우 높다는 것을 잘 보여 준다.

스타링크는 고정 위치에 안테나를 설치해 이용하는 방식으로 향후 선박이나 비행기, 트럭 등 이동체에서도 이용할 수 있다. 2021년 4월, 일론 머스크가 항공기, 배, 대형 트럭, 그리고 RV 차량에서도 스타링크를 이용할 수 있게 될 것이라고 밝힌 데 이어, 실제로 스페이스 X가 미국 연방통신위원회FCC에 해당 서비스를 위한 승인을 요청한 사실이 밝혀졌다. FCC는 미국의 모든 통신 서비스를 규제하는 기관으로, FCC의 승인이 없다면 서비스를 제공할 수 없다.

다만, 일론 머스크는 안테나 크기 등의 제약으로 인해 테슬라 전기차에서는 당분간 서비스를 이용할 수 없다고 밝혔다. 그럼에도 스타링크가 고정형 서비스가 아닌 이동형 서비스로 발전하고 있으며 향후 안테나 기술 등의 발전을 통해 소형 승용차에서도 위성 인터넷 서비스를 이용할 수 있게 될 것이라는 기대감을 키우고 있다.

스페이스 X 외에도 여러 업체에서 위성 인터넷 사업을 추진하고 있다. 그중에서도 아마존이 상당한 기대를 모으고 있다. 아마존은 2019년 4월 100억 달러(한화 약 11조 4,600억 원) 이상을 투자해 3,236대의 인공위성과 12개의 지상국으로 전 세계 인구의 95퍼센트를 수용할 수 있는 이동통신 네트워크를 구축한다는 프로젝트 카이퍼Project Kuiper 구상을 공개했다.

이를 위해 아마존은 2019년 12월 카이퍼 시스템스를 자회사로 설립하고, 2020년 12월에는 자체 위성 인터넷 서비스를 위한 경량의 고성능 안테나 디자인을 공개했다. 다만, 아마존은 위성 발사 등 여러 측면에서 스페이스 X에 크게 뒤처져 있다.

이에 아마존은 2021년 4월에 더욱 빠르게 위성을 발사하기 위해 발사체 전문 업체 ULAUnited Launch Alliance와 함께 향후 아틀라스 VAtlas V 로켓을 통해 저궤도 위성을 발사하기로 합의했다. 아마존의 제프 베이조스Jeff Bezos는 로켓 발사체 전문 업체인 블루 오리진Blue Origin도 설립했다. 이를 통해 카이퍼 위성 인터넷 서비스의 제공 시간을 단축시킬 수 있을 것으로 전망된다.

아마존과 더불어 스페이스 X의 강력한 경쟁 상대로 부상한 업체는 영국의 위성통신 업체 원웹OneWeb이다. 원웹은 2020년 초 파산 위기에 직면하기도 했으나 영국 정부와 인도 바티Bharti 그룹의 10억 달러(한화 약 1조 원)에 달하는 자금 지원으로 파산 위기를 극복했으며, 이후 소프트뱅크 등으로부터 추가로 투자를 유치했다. 한국의 한화시스템도 지난 2021년 8월 원웹에 3억 달러를 투자했다.

원웹은 648대의 저궤도 위성을 기반으로 인터넷 서비스를 제공한다는 목표를 세우고 있다. 2021년 6월 기준 200대 이상의 위성을 발사해 운영 중이다. 2022년 글로벌 지역을 대상으로 서비스를 제공할 예정이며, 2021년 말 영국, 알래스카, 북유럽 일부 지역에서 먼저 상용 서비스를 시작한다. 원웹은 2021년 3월 위성 서비스 제공을 위해 국내의 위성 안테나 전문 업체인 인텔리안테크놀로지와 823억 원 규모의 계약을 체결하기도 했다.

이 외에도 록히드마틴Lockheed Martin, AST 앤드 사이언스AST&Science, 텔레샛Telesat, 비아샛Viasat 등 여러 업체에서 위성 인터넷 사업을 추진 중이다. 중국에서는 화웨이, 갤럭시 스페이스Galaxy Space, 치이나 유니콤 등이 협력해 위성 인터넷 사업을 추진하고 있다. 특히 중국은 국가적 차원에서 위성 인터넷 사업의 중요성을 인식해 적극 지원하고 있다.

이처럼 여러 업체가 도전장을 내밀면서 전 세계 어디에서나 이용할 수 있는 인공위성 기반의 초고속 인터넷 서비스가 꿈이 아닌 현실이 되고 있다. 다만, 위성 인터넷 사업을 추진하는 업체들이 해결해야 할 과제들도 산적해 있다. 경쟁 업체가 늘어나면서 지구 상공을 선회하는 인공위성의 수가 크게 늘어나고 있다. 그로 인해 자칫 인공위성들이 서로 충돌해 지구로 추락하거나, 파편들이 다른 위성을 파괴하는 연쇄 부작용이 우려된다. 이 같은 연쇄 충돌의 위험성은 2013년에 개봉해 전 세계에서 많은 인기를 끌었던 영화 〈그래비티〉Gravity에서 잘 그려졌다.

실제로 2021년 4월 스페이스 X와 원웹의 인공위성이 불과 58미터 차이로 비켜 간 사실이 알려지기도 했다. 그러나 현재까지 인공위성 간 충돌을 방지하기 위한 조치를 강제할 수 있는 전 세계 차원의 단체가 없는 것이 현실이다. 그런 만큼 실제 충돌 발생 시 책임 소재도 모호한 상황이다. 인공위성의 수는 점차 더 늘어날 것이므로 각 업체들이 쏘아 올린 인공위성을 체계적으로 관리할 수 있는 체계가 반드시 필요하다.

인류에게 도움을 줄 뿐만 아니라 발전된 생활을 누리기 위해 탄생한 위성 인터넷이지만 천문학자들에게는 재앙으로 여겨지도 한다. 인공위성의 수가 너무 많아지면서 별 관측을 방해하는 이른바 빛 공해light pollution가 발생하기 때문이다. 이는 천문학자들이 지상에서 천체 사진을

● 빛 공해가 발생한 천체 관측 사진

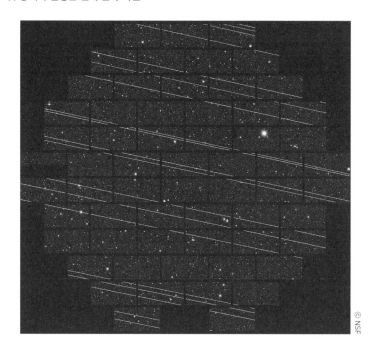

©NSF

촬영할 때 인공위성이 별을 가리거나 햇빛을 반사해 사진에 궤적을 남기는 현상을 말한다. 스페이스 X는 빛 공해를 줄이기 위해 인공위성의 반사율을 낮추는 특수 코팅을 하는 등의 조치를 취하고 있지만 그 효과가 어느 정도일지는 아직 불확실하다.

저궤도 인공위성을 통해 전 세계의 모든 인류가 고속의 신뢰도 높은 인터넷 접속 서비스를 누릴 수 있게 됐지만, 단점도 분명 존재한다. 인류에게 엄청난 파급 효과를 가져올 수 있는 부작용도 발생할 수 있다는 짐을 기억해야 한다.

왜 삼성전자는 6G를 주목하는가

위성 인터넷 사업을 추진하는 업체들이 늘어나고 있으나, 이들이 목표로 삼는 고객층과 사업 모델에는 다소 차이가 있다. 스페이스 X는 소비자들을 대상으로 직접 서비스를 제공하는 사업 모델을 강조하고 있다. 이는 서비스 제공 방식과 제공 지역에서 차이가 있을 뿐 기존의 이동통신사가 추구하는 사업 모델과 상당히 유사하다.

아마존은 아직 구체적 서비스 제공 방식을 공개하지 않고 있지만 스페이스 X와 유사한 사업 모델을 추구할 것으로 예상된다. 특히 아마존은 상품 배송을 위해 자체 배송 차량이나 화물기 등을 운영하고 있으며, 위성 인터넷을 자체 배송 인프라에 적용해 커머스 사업의 효율성을 더 높이는 데 활용할 것으로 기대된다. 위성 인터넷 서비스 자체를 AWS의 일환으로 제공할 수도 있다.

원웹은 소비자 대상의 서비스보다는 기업이나 정부 조직 등을 대상으로 위성 인터넷 사업을 진행할 예정이다. 이미 원웹의 임원들이 언론 매체와의 인터뷰를 통해 B2B 사업 모델에 중점을 둘 것이라는 사실을 직접 언급하기도 했다. 서비스를 제공하는 국가별로 협력 업체를 선정해 서비스를 재판매하는 방식도 유력한 사업 모델이다.

이 외에 텔레샛이나 비아샛 등은 이동통신 사업자와의 제휴에 적극적이다. 이동통신사가 셀룰러 통신 서비스를 제공하지 못하는 지역을 위한 백홀backhaul 망으로 위성 인터넷을 활용하거나 고속 브로드밴드 서비스를 제공하는 방식을 취하고 있다.

텔레샛은 글로벌 통신 사업자인 TIMTelecom Italia Mobile과 협력해 브라질에서 저궤도 위성을 이용한 LTE 백홀 서비스의 테스트를 진행했다. 시골 지역에 위성통신이 가능한 기지국을 설치하고 주변 지역 사람들에게 이동통신 서비스를 제공하는 방식이다. TIM은 브라질 외에도 이탈리아에서 유럽의 위성통신 사업자인 유텔샛Eutelsat과 협력해 100메가비피에스의 속도를 제공하는 인공위성 기반의 브로드밴드 서비스를 테스트하고 있다.

대량의 데이터 전송이 필요하지 않은 IoT 애플리케이션 시장을 겨냥한 위성 인터넷 업체도 있다. 최근 각광받고 있는 스마트 농업 사업의 경우 작물의 상태나 토양 상황을 파악할 수 있는 센서를 밭에 설치하고 일정 시간 간격으로 소량의 데이터를 전송하는 경우가 있다. 이 같은 농장들을 겨냥해 저궤도 위성 기반의 IoT 특화 서비스를 제공하는 업체들도 등장하고 있다.

미국의 스웜 테크놀로지Swarm Technology가 대표적이다. 이미 81대의 나노 위성을 발사해 운영 중이며, 자체 개발한 위성통신 모뎀을 이용해 최대 192바이트의 데이터를 월 750회 전송할 수 있는 서비스를 5달러(한화 약 5,700원)에 제공하고 있다. 특히 지난 2021년 8월 초 스페이스 X가 스웜 테크놀로지를 인수한다고 발표하면서 스웜 테크놀로지는 또 한

빈 인론의 주목을 받았다. 이 외에도 이리듐과 글로벌스터 등 위성통신 시장을 개척한 업체들도 IoT 시장을 겨냥한 서비스를 제공하고 있다.

한편, 몇몇 국가는 국민들의 인터넷 이용을 여러 목적으로 제한하기 도 한다. 더구나 이 같은 국가에서도 위성 인터넷을 통해 검열을 받지 않고 인터넷 이용을 할 수 있어 해외 업체들이 위성 인터넷 서비스를 제 공하는 것에 상당히 부정적 입장을 보이기도 한다.

베트남에서는 외국 기업이 제공하는 인터넷 서비스의 경우 국가 안 보와 관련된 이슈가 생길 수 있음을 지적한다. 그 대신 시골 지역의 인 터넷 제공을 위해 군부가 보유하고 있는 베트남 최대 이동통신사인 비 엣텔Viettel이 자체 위성 인터넷 사업을 추진하는 방안을 고려 중이라고 밝혔다. EU도 저궤도 기반의 위성 인터넷 인프라를 자체적으로 구축할 예정이며 이를 위해 유럽 기반 민간 업체들과의 협력을 확대하고 있다.

모바일 인터넷 서비스가 국가의 핵심 인프라가 된다는 점에서 자국 의 이동통신사와 글로벌 전문 업체가 협력하는 방안으로 위성 인터넷 서비스 제공을 추진하는 국가도 있다. 수많은 섬으로 이뤄져 이동통신 서비스 제공이 어려운 필리핀에서는 현지 최대 이동통신사인 글로브 텔 레콤Globe Telecom이 위성 인터넷 사업을 추진 중이며, 전문 업체와 논의 를 진행했음을 밝히기도 했다.

위성 인터넷 서비스 제공을 위한 위성 개발과 제작, 발사, 그리고 운 영 비용이 지속적으로 하락하고 있지만 위성 인터넷 인프라 구축에 상 당한 비용이 들어가는 것은 사실이다. 따라서 전 세계 개인 고객에게 직접 서비스를 제공하는 것이 아니라, 각 국가와 지역별로 이동통신사 등과의 협력을 추진하는 위성 인터넷 업체들이 증가할 것으로 보인다.

특히 위성 인터넷은 이제 이동통신 서비스를 위한 기술 표준에 포함되고 있다. 3GPP는 서비스 미 제공 지역을 최소화하기 위한 방안으로 기지국을 거대한 타워 등에 설치해 네트워크를 구축하는 방식에서 벗어나 이른바 비지상네트워크NTN, Non-Terrestrial Network를 5G 표준 기술의 일환으로 개발 중이다.

위성보다 고도가 낮은 성층권에 무인 항공기와 열기구 등의 비행체를 띄우고 기지국으로 활용해 넓은 지역에 통신 서비스를 제공하는 고고도 플랫폼 스테이션HAPS, High Altitude Platform Station 기술, 비행기나 드론을 일종의 기지국으로 활용하는 공대지ATG, Air-to-Ground 통신 기술, 그리고 위성통신 기술 등이 포함된다. 즉, 위성통신 기술 자체가 이동통신 기술의 한 부분으로 포함되는 것이다. 이는 향후 5G 사업을 확대하는 과정에서 자연스럽게 위성통신과의 결합이 이루어진다는 것을 의미하며, 대부분의 이동통신사들은 위성 인프라를 자체적으로 보유하기 어렵기 때문에 위성 인터넷 사업을 추진하는 전문 업체들과의 협력을 확대하려 할 것이다.

또한 위성통신은 2030년경 등장할 6G의 핵심 기술 중 하나다. 6G는 현재 5G에서 이용하는 밀리미터파 주파수보다 더 높은 대역인 테라헤르츠THz 대역을 이용할 것이다. 문제는 해당 대역이 밀리미터파보다 전파 도달 범위가 더 적기 때문에 이를 이용하려면 지상의 기지국보다 위

● 6G의 중요한 요소로 작용하는 위성통신

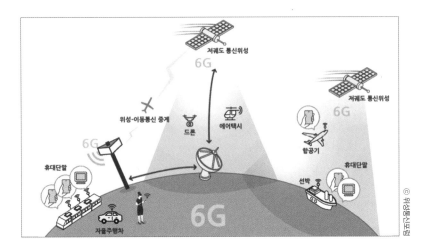

성통신을 활용하는 것이 적합하다는 점이다.

6G는 현재 개념이 정립되는 단계의 기술로서 아직까지 구체적인 기술 요건 등은 전혀 개발되지 않았다. 그러나 이미 삼성전자와 LG전자를 비롯해 전 세계 주요 국가에서 6G 기술 선점을 위해 경쟁을 시작했다.

한국에서는 이미 전 국토 대부분에 LTE 서비스가 제공되고 있으며, 5G 역시 네트워크 인프라를 한층 더 촘촘하게 갖출 것이기에 상대적으로 위성 인터넷 서비스에 대한 수요는 낮을 수 있다. 그러나 2030년 이후 펼쳐질 6G 시대에 대비한다는 점에서 위성 인터넷에 대한 관심과 투자를 확대할 필요성이 있다.

이미 한화그룹이 계열사들을 통해 저궤도 위성 관련 기술 개발을 추

도표 5-6 과학기술정보통신부가 공개한 정부 및 민간 통신위성 개발 R&D 추진 로드맵

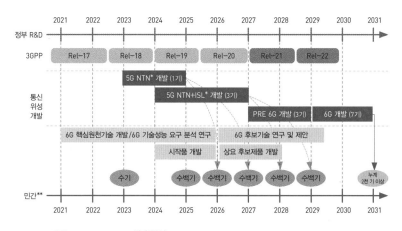

* NTN Non Terrestrial Network: 비지상통신
   ISL Inter Satellite Link: 위성 간 링크
** 민간은 한화시스템 위성통신 사업 추진 계획을 참조한 추정치이며, 2030년 이후 누계 2,000기 이상 발사할 계획

출처: 과학기술정보통신부

진하고 영국의 위성통신 안테나 업체를 인수하는 등 적극적인 행보를 보이고 있다. 이 외에도 위성 인터넷에 관심을 보이는 업체들이 늘어나고 있다. 또한 과학기술정보통신부는 미국 나사NASA가 주도하는 달 탐사 계획 아르테미스Artemis 프로그램에 참여하는 등 한국의 우주 산업도 본격적인 태동기를 맞이하기 시작했다.

나아가 과학기술정보통신부는 2021년 6월 초소형 위성 개발 로드맵과 6G 시대를 준비하는 위성통신 기술 전략을 발표했다. 2031년까지 14대의 저궤도 통신 위성을 발사해 저궤도 군집 위성 시범망 구축을 지원함으로써 국내의 위성통신 기술 경쟁력을 확보하는 것을 목표로 한다

(〈도표 5-6〉).

아직 전 세계적으로 위성 인터넷은 초기 단계다. 장기적 관점에서 국가 경생력을 좌우하는 핵심 기술이 될 것이라는 점을 한국 정부도 중요하게 인식하고 관련 산업을 빠르게 육성해야 할 필요성을 느낀 것이다.

위성 인터넷이 꿈이 아닌 현실로 다가오는 상황을 맞아 국내 업체들이 위성 인터넷과 6G 시장에서 충분한 기술력을 갖추고 글로벌 시장에서 당당히 경쟁하며 시장을 선도해 나가길 바란다.

UWB 기술에 주목하라

UWB는 스마트폰에 적용된 새로운 무선통신 기술로 무한한 가능성이 있다. 처음엔 군용 레이더 기술로 개발됐으나 현재 기술 제한이 풀려 상용화됐다. 정확한 방향과 거리 측정이 가능한 UWB는 위치 추적은 물론, 높은 보안성과 데이터 전송이 가능해 다양하게 활용되고 있다.

위성 인터넷의 승자는 누구인가

위성 인터넷 사업이 본격적으로 가시화되고 있다. 스페이스 X의 스타링크, 아마존의 프로젝트 카이퍼 등 다양한 프로젝트가 등장했다. 머지않아 인공위성 기반의 초고속 인터넷 서비스가 꿈이 아닌 현실이 될 것이다.

금융은 코로나19 팬데믹 이후 가장 많은 변화를 요구 받은 산업이다. 다양한 핀테크 기업이 언택트 흐름을 타고 급속도로 성장했으며, 가상자산의 발전으로 화폐의 개념이 확장되고 있다. 또한 네이버, 카카오 등 빅테크 기업들의 금융 산업 진출로 전통 금융 시스템도 바뀌어야만 하는 상황이다. 이제부터 2022년 금융 산업의 흐름이 어떻게 흘러갈지 자세하게 살펴보자.

CHAPTER 6

금융

진격의 빅테크,
소비자의 지갑을
사로잡다

MZ세대가
움직이면 뜬다

카카오뱅크가 이토록 인기 있는 까닭

인터넷 전문 은행인 카카오뱅크가 2021년 8월 6일 주식 시장에 상장했다. 상장 당일에만 주가가 8.97퍼센트 상승하였고, 8거래일이 지난 8월 20일에는 9만 1,000원을 기록하여 공모가인 3만 3,500원 대비 약 130퍼센트 상승하였다. 8월 20일 기준으로 카카오뱅크의 시가총액은 44조 893억 원으로, 금융 지주 중 1, 2위인 KB금융(21조 4,973억 원)과 신한지주(19조 3,208억 원)를 더한 것보다 크다.

카카오뱅크가 기업 가치를 높게 평가받은 것은 단순 은행업이 아닌 종합 금융 플랫폼으로 인정받았기 때문이다. 아직 규모는 크지 않지만 기본적인 은행 서비스 외에 다른 금융회사와의 제휴를 통해 다양한 연계 서비스를 제공하면서 차별된 플랫폼 전략을 보여 준 것이 좋은 평가를 받았다. 실제 카카오뱅크는 한국투자증권, KB증권, NH투자증권 등 여러 증권사의 주식 계좌 개설 서비스를 제공하고 있으며 카드, 캐피탈, 저축 은행의 대출 상품도 중개해 주고 있다.

반면 카카오뱅크의 성장성이 과대 계산됐다는 반론도 만만치 않다. 카카오뱅크의 2021년 1분기 이익 구조를 보면 전체 이익의 74퍼센트를 대출에서 얻었고, 각종 수수료 수입이 18퍼센트, 다른 금융회사 상품 중개 수익이 8퍼센트로 기존 은행과 크게 다르지 않았다. 일각에서는 기존 은행과 비슷한 사업 구조를 가지고 있지만 모바일 기반의 인터넷 전문 은행이고, 빅테크인 카카오의 자회사라는 이유로 플랫폼 기업으로 분류하는 것은 타당치 않다고 주장한다.

카카오뱅크의 기업 가치에 대해 어떤 주장이 맞는지는 결국 향후 시장이 판단할 것이다. 그러나 논쟁의 주요 키워드인 모바일, 빅테크, 플랫폼이 현 시점의 금융 산업에서 차지하는 위상에 대해서는 큰 이견이 없을 듯하다. 기존 금융회사는 물론, 금융 산업에 진출하려는 비금융회사들도 이 세 가지 키워드를 선점하기 위해 전력을 다하고 있다.

코로나19 팬데믹은 우리 생활 전반에 걸쳐 온라인 서비스를 표준으로 만들었다. 금융 분야도 예외는 아니었다. 한국리서치 설문조사에 따르면 팬데믹 이후 인터넷뱅킹 이용이 늘었다는 응답이 38퍼센트, 온라인 채널을 통한 은행과 증권 계좌 개설률이 늘었다는 응답이 51퍼센트에 달했다. 게다가 2020년 4월 시행된 금융소비자보호법은 오히려 금융회사의 일선 오프라인 지점에서도 고객의 온라인 거래를 장려하는 나비 효과를 불러 왔다.

금융소비자보호법의 주요 내용은 일부 금융 상품에만 적용되던 적합성 원칙, 적정성 원칙, 설명 의무, 불공정 영업 행위 금지, 부당 권유 행위 금지, 허위 과장 광고 금지 등 6대 판매 규제를 전 금융 상품으로 확대한 것이다. 상품 가입 시 소비자에게 설명해야 하는 내용이 대폭 늘었다. 소비자의 투자 성향을 초과하는 위험 상품은 조회도 할 수 없다. 이에 따라 오프라인 지점에서 상품 가입에 걸리는 시간이 크게 늘었고, 필수 절차만 영업점에서 진행하고 투자 성향 분석 등 복잡한 절차는 모바일뱅킹 등 온라인 채널에서 수행하도록 안내하는 금융 기관도 나타났다.

이 같은 상황에서 금융 기관들은 오프라인 지점 수를 점진적으로 축소하고 있다. 주요 시중 은행에서 2021년 하반기 중 통폐합이 예고된 지점은 105곳에 달한다. 오프라인 지점을 방문하는 고객이 지속적으로 감소하고 주된 고객 접점이 온라인, 특히 모바일로 이동하는 상황에서 금융회사들의 이러한 대응은 당연해 보인다. 특히 산업 구조상 아래에서는 핀테크 스타트업이 혁신과 빠른 대응 속도를 무기로 침투하고 있고 위에서는 네이버, 카카오 등 빅테크가 강력한 플랫폼을 앞세워 금융 산업에 진출하는 상황에 따라 대응책을 마련하기 위해 역량을 집중해야 한다.

한편 점포 폐쇄에 따라 디지털 금융 접근성이 낮은 고령층의 금융 소외 문제가 심화될 것이라는 금융 당국의 우려와 노조의 반발로 인해 이마저도 쉽지 않은 상황이다.

앞서 언급했듯이 네이버, 카카오 등 빅테크들의 금융업 진출도 더욱 가속화되고 있다. 금융위원회가 신규 전자 금융 업종인 종합지급결제사업자 도입을 예고한 가운데 빅테크들이 이를 취득할 가능성이 높다.

종합지급결제사업자는 전자 금융업의 모든 업무를 할 수 있고, 금융 결제망에 참가해 결제 기능을 수행하는 계좌 발급 및 관리 업무가 가능한 전자 금융업의 최상위 라이선스다. 대신 금융회사 수준의 강화된 규제를 적용받으며 금융 당국의 자기 자본 요건과 전산 역량 요건을 갖춰야 한다. 종합지급결제사업자 신설은 2021년 8월 기준으로 국회에 계류 중인 전자금융거래법 개정안에 담긴 내용으로, 국회에서 해당 개정안이 통과되면 시행이 확정된다.

은행이나 증권사에서 해당 금융회사 계좌를 급여 계좌로 지정해 월급을 입금받거나 공과금 자동 납입 계좌로 지정하면 이체 수수료 면제 등 각종 우대 혜택을 제공받는다는 설명을 들어 본 적이 있을 것이다. 금융회사 입장에서 급여 계좌나 공과금 자동 납입 계좌는 돈이 수시로 들어오고 나가므로 주거래 계좌로 활용될 가능성이 높아 고객을 묶어 두는 락인Lock-in 효과가 크다. 이에 그동안 할인, 수수료 우대, 캐시백 등 다양한 혜택을 제공해 주거래 계좌에 대한 고객 유치 경쟁을 벌여 왔다. 만약 빅테크 플랫폼이 경쟁에 가세하게 된다면 금융 산업의 판도에 큰 영향을 미칠 가능성이 높다.

물론 종합지급결제사업자가 발급하는 계좌가 은행, 증권사의 계좌와 동일한 것은 아니다. 종합지급결제사업자는 은행과 같이 예금을 받아 이를 재원으로 대출을 해 주는 예대 업무를 할 수 없기 때문에 예금 이자를 지급하는 것은 불가능하다. 그럼에도 고객 자금 유치를 위해 반드시 기존 금융회사와의 협업을 통해 제휴 상품을 내놓을 수밖에 없었던 빅테크 입장에서는 큰 힘이 될 전망이다. 물론 선결 조건인 200억 원의 자기 자본 요건, 금융회사 수준의 강화된 규제 준수는 만만치 않은 진입 장벽이다. 하지만 네이버파이낸셜, 카카오페이, NHN페이코 등 빅테크나 유니콘으로 성장한 비바리퍼블리카(토스) 등은 충분히 심사를 통과할 수 있을 것으로 예상된다.

빅테크가 종합지급결제사업자를 취득하면 예금과 대출을 제외한 거의 모든 은행 서비스를 선보일 수 있는 금융 플랫폼이 등장한다. 기존 금융회사들로서는 일부 고객 기반을 빅테크에 빼앗기는 것을 피하기 어려울 전망이다.

네이버가 보유한 네이버 포털사이트와 카카오가 보유한 카카오톡 메신저는 전 국민이 사용하는 초대형 플랫폼이며, 금융회사보다 한 수 위의 기술과 데이터 역량을 보유하고 있다. 물론 기존 금융 기관도 이와 같은 변화의 흐름은 인지하고 있으나 시스템 전환에 따른 막대한 투자 비용, 지배 구조 안정성 등의 문제로 인해 단기간 내에 디지털 전환을 완수하기에는 한계가 있어 빅테크와의 힘겨운 싸움이 예상된다.

또한 금융회사의 플랫폼 의존도는 점차 증대될 것이다. 이미 중소형 금융회사를 중심으로 대형 플랫폼 사업자와의 협업을 통해 새로운 고객과 판매망을 확보하는 등 상당한 효과를 보고 있다. 이에 향후 다수의 금융회사들이 플랫폼과의 협업을 희망하게 되면 금융회사들의 플랫폼에 대한 협상력은 점차 하락할 것으로 예상된다.

그러나 부정적 측면만 있는 것은 아니다. 지방 은행의 경우 핀테크 플랫폼과의 제휴를 통해 오프라인 영업 기반의 한계를 극복하려는 시도를 하고 있다. 카카오페이, 토스 등 이용자에게 좋은 조건의 금융 상품을 추천해 주는 중개 플랫폼에서는 지방 은행들도 시중 은행들과 동일한 환경에서 경쟁할 수 있기 때문이다. 상품 판매 제휴뿐만 아니라, 교류를 통해 디지털 역량을 흡수하려는 데에도 적극적이다. 2021년 4월 광주 은행은 토스를 서비스하고 있는 비바리퍼블리카에 인력을 파견해 스타트업의 수평적 업무 방식과 조직 문화를 체험하게 했다.

한국은행에서는 향후 국내 금융 산업이 대형 금융회사 위주의 산업 구조를 탈피해 금융회사가 핀테크와의 제휴 협력을 통해 대형 빅테크 플랫폼과 경쟁하는 구도로 재편될 것이라고 예상한다. 기존 은행은 디지털 전환에 소요되는 비용 시간을 절감할 수 있고, 핀테크 기업은 은행의 자본력, 고도화된 리스크 관리 노하우를 활용해 금융 서비스를 안정적으로 공급하는 기반을 마련할 수 있기 때문이다. 또한 빅테크 플랫폼과 기존 은행 간 경쟁으로 전체 금융 서비스의 질적 향상이 일어날 것으로 전망된다(〈도표 6-1〉).

이처럼 경쟁이 격화되는 상황에서 금융회사들은 펜트업 시대의 주도

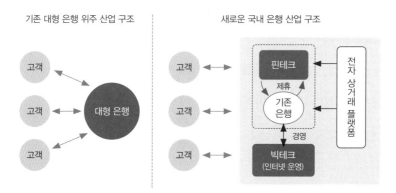

출처: 한국은행

권을 선점하기 위해 가상 현실과 현실 세계를 연결하는 신기술에 주목
하고 있다.

　이제 비대면이 일상이 됐지만, 단순 온라인 서비스 제공만으로는 강
력한 플랫폼을 보유한 빅테크와의 경쟁에서 우위를 점하기가 쉽지 않기
때문이다. 대신 빅테크가 보유하지 못한 오프라인의 강점과 온라인을
연계해 고객에게 새로운 금융 서비스의 경험을 제공하고자 노력하고 있
다. 이와 관련해 이미 국내외 많은 금융회사들이 VR, AR 기술을 활용한
서비스를 제공하고 있다.

　미국의 금융회사 캐피탈 원Capital one 은 AR 기반의 자동차 대출 앱인
오토내비게이터Auto Navigator 를 개발해 서비스 중이다. 고객이 앱을 실행
해 실물 자동차를 찍으면 해당 차량에 필요한 대출 상품 정보를 제공하

며, 고객별 예상 대출 금액 제시 및 실제 대출 실행까지 일괄 처리해 주고 있다. 뉴질랜드의 웨스트팩 은행Westpac Bank은 고객이 소유한 실물 신용카드를 AR앱으로 촬영하면 결제 및 소비 패턴 등을 분석해 개인 맞춤형 서비스를 제공한다. 국내에서는 신한은행이 2018년 VR을 이용한 가상의 영업점인 VR웰스라운지를 선보인 바 있다.

AR, VR에 이어 최근에 주목받고 있는 기술은 메타버스다. 메타버스는 가상 세계와 현실 세계를 연결하는 특성을 가지고 있으며, 메타버스 내에서 유통되는 디지털자산이 현실의 실제 자산과 연동되는 사례도 늘어나고 있다.

예를 들어 가상 부동산 투자 플랫폼인 어스2Earth2에서는 실제 지구를 가상 공간으로 구현하고 이를 가로 세로 각 10미터 크기의 타일로 나누어 자유롭게 사고팔 수 있도록 했다. 가상의 타일을 소유한다고 해서 현실 세계의 해당 토지 소유권이 생기는 것은 아니지만 이미 세계 유명 관광지 타일의 경우 전년 대비 가격이 수십 배나 오를 정도로 큰 인기를 끌고 있다. 어스2에서 타일을 판매한 돈은 얼마든지 현금으로 인출할 수 있어 어스2를 재테크 수단의 하나로 보고 투자하는 사람들도 점차 늘어나고 있다.

지금까지 디지털 금융은 주로 스마트폰 등 모바일 기기 중심으로 발전해 왔고, 이는 일선 지점에서 이루어지는 오프라인 금융을 대체하는 성격이 강했다. 그러나 메타버스에서는 온라인과 오프라인이 공존하면서 상호 작용 하게 된다. 금융권이 메타버스를 잘 활용하면 기존의 온라

● 어스2에서 강남역 인근 가상 타일을 조회한 화면

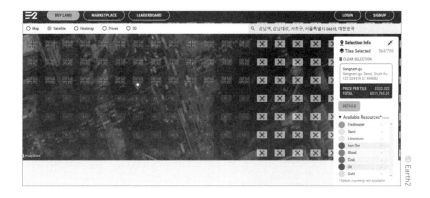

인 및 오프라인 금융으로 구분됐던 단점을 보완할 수 있겠지만, 적시에 대응하지 못하면 메타버스에서 파생되는 새로운 금융 산업의 기회를 타 업권에 빼앗길 수도 있다. 이에 따라 여러 금융회사에서는 메타버스를 연구하고, 새로운 사업 모델을 발굴하기 위해 고심하고 있다.

그런 흐름에 따라 2021년 5월 DGB금융그룹에서는 네이버의 메타 버스 플랫폼인 제페토에서 경영진 회의를 개최했다. 이용자가 직접 맵 을 제작할 수 있는 제페토 빌드잇 서비스를 통해 가상 회의장과 포토월, 파티 연회장을 직접 제작하고, 경영진 회의 참석자들이 직접 자신의 캐 릭터를 생성해 실제 회의를 진행했다.

DGB금융그룹은 메타버스 플랫폼을 활용해 회의, 시무식 등을 개최 해 비대면 업무 처리의 한계를 극복하고 그룹 관련 맵을 만들어 기업 이 미지를 브랜딩 하는 데 활용할 예정이다. 향후에는 메타버스 내 가상 은

● **DGB금융 김태오 회장이 제페토에서 경영진 회의를 진행하는 모습**

행 지점을 운영해 신규 고객을 유치할 수 있는 채널로 활용하는 방안도 검토 중이다.

KB국민은행도 2021년 7월에 직원들의 메타버스 활용과 경험 확산을 위해, 2차원의 가상 세계인 게더 타운 플랫폼에 KB금융타운을 만들었다. KB금융타운은 내부 직원 간 소통과 협업은 물론, 미로찾기 등 게임도 즐길 수 있도록 금융 비즈 센터, 재택 센터, 놀이 공간 등 3개의 공간으로 구성됐다. 또한 KB국민은행은 2021년 중 게더 타운이 아닌 독자적 플랫폼을 구축하고 고객들이 직접 아바타를 생성해 참여할 수 있는 가상 영업점을 시범 운영할 계획이다.

은행뿐만 아니라 가상자산 업계에서도 메타버스를 적극 활용하고 있다. 국내 가상자산 거래소인 코빗은 2021년 7월에 메타버스를 활용한 가상자산 커뮤니티인 코빗타운을 오픈했다. 이용자는 자신의 아바타로 코빗타운에서 다른 사람과 대화할 수 있고 서로 가상자산을 선물하는 것도 가능하다. 특히 대표적 가상자산인 비트코인과 이더리움의 실시간 시세를 코빗타운 내 날씨 형태로 시각화한 것이 특징이다. 예를 들어 비트코인 가격이 상승 중이라면 코빗타운의 하늘은 햇빛이 비치는 맑은 날씨로 표현된다.

모든 은행의 꿈, 금융 플랫폼

2021년 금융회사 CEO들의 신년사에는 공통적으로 '금융 플랫폼'이라는 단어가 등장했다. 대부분의 금융회사들이 전통적 금융회사에서 탈피해 '디지털 금융 플랫폼'으로 거듭나겠다고 선언하고 있는 것이다. 더불어 전통적 금융업과 전혀 관련이 없는 분야에도 과감하게 진출하고 있다. 대표적 사례가 바로 신한은행의 음식 주문 중개 사업 진출이다. 요기요, 배달의민족과 같은 음식 배달 주문 서비스를 신한은행 앱에서 제공한다는 계획을 세우고, 별도의 전문 인력을 채용하는 등 총 140억 원의 사업 비용을 투입했다.

신한은행은 기존 중개 플랫폼의 단점을 보완해 이용자에게 새로운 경험을 제공한다는 계획이다. 기존 배달앱은 음식점이 부담하는 광고비를 수익 모델로 하고 있다. 만약 이용자가 광고가 아닌 추천 리스트에 뜨는 음식점을 선택하면 실패할 가능성이 높았다. 신한은행은 이를 보완하기 위해 광고와 무관한 개인화된 메뉴 추천과 리뷰, 음식 주문을 유기적으로 연결시켜 이용자가 큰 고민 없이 맛있는 음식점을 고를 수 있도록 서비스를 구성했다. 또한 음식을 제공하는 소상공인과 상생을 위해 가맹점 수수료를 대폭 낮추고, 가맹점에서 고객 데이터를 활용해 직접 마케팅을 실시할 수 있는 기능도 제공한다.

신한은행은 2020년 연말 금융위원회의 혁신 금융 서비스의 일환으로 은행의 부수 업무 제한(은행법 제27조의2)에 대한 규제 특례를 적용받아 음식 배달 주문 중개 서비스에 진출할 수 있었다.

KB국민은행도 혁신 금융 서비스 지정을 통해 은행의 금산분리원칙에 대한 특례를 적용받아 2019년 말 알뜰폰 사업인 리브엠을 시작했다. 이를 통해 전용 멤버십 서비스 등을 제공하며 10만 명의 고객을 모집한 바 있고, 최근에는 특례 기간을 2023년 4월까지 연장받았다. 직접 통신 사업을 하지는 않지만 신한은행, 하나은행도 각각 알뜰폰 사업자인 스테이지파이브, SK세븐모바일과 제휴를 맺고 특화 요금제를 출시하는 등 통신과 금융이 결합된 서비스가 점차 늘어날 전망이다.

금융회사의 비금융 사업 진출 확대 움직임이 국내에만 국한된 것은 아니다. 일본에서는 이미 은행이 다양한 비금융 사업에 진출해 비이자 수익을 확보하고, 금융 업무와 시너지 창출을 모색하고 있다. 특히 일본의 지방 은행은 장기간 경기 불황과 저금리가 지속된 데다 지역 인구 감소에 따라 대출 수요가 축소되면서 기존의 예금, 대출 위주의 사업 모델이 위협을 받아왔다. 이에 금융이 아닌 분야로의 진출을 통해 수익 및 비용 구조의 개선을 도모하고 있다.

일본의 히로시마은행은 고객에게 이사, 가사 대행, 집수리, 경조사, 부동산, 성묘, 방역 차량 배차 등 다양한 생활 서비스를 중개해 주는 서비스를 제공한다. 현지 업체는 낮은 수수료로 고객을 유치하고, 고객은 은행이 검증한 우수 업체를 소개받는다는 장점이 있으며, 은행은 소액의 중개수수료를 받는 구조다. 일본의 우체국이라 할 수 있는 야마가타은행은 술과 야채 등 지역 특산물을 발굴해 생산자 대신 판매해 주는 지역 상사를 설립해 운영 중이다. 지역 상사는 생산자에게 위탁 수수료, 입점 수수료를 받으며 은행과 함께 컨설팅을 제공하기도 한다. 이 외에도 일본의 은행들은 건물 임대업, 인력 소개업, IT시스템 판매와 컨설팅 등 다양한 비금융 사업에 진출해 있다.

일본 은행의 비금융 사업 진출이 장기간 불황에 의한 것이라면 국내의 상황은 조금 다르다. 국내 금융회사의 플랫폼 사업 시도는 네이버, 카카오 등 온라인과 모바일에서 강력한 플랫폼을 보유한 빅테크의 금융업 진출에 대응하기 위한 성격이 강하다. 금융위원회가 2020년 말 은행의 플랫폼 사업 허용을 시사한 것도 빅테크의 직·간접적인 금융 산업 진출에 대해 동일 업무, 동일 규제 원칙이 지켜지고 있지 않는다는 기존 금융회사의 반발에 대한 답변에 가깝다.

최근 KB, 신한, 하나, 우리, 농협 등 국내 주요 금융지주사들이 잇따라 지주사 통합 간편결제 서비스를 출시하며 빅테크가 주도하는 간편결제 시장에 도전장을 내미는 것도 이와 무관하지 않다(〈도표 6-2〉). 간편

도표 6-2 5대 금융지주 통합 간편결제 서비스 추진 현황

금융지주명	서비스명	출시일자
KB금융	KB페이	2020년 10월
신한금융	신한페이	2021년 4월
하나금융	원큐페이	2021년 11월
우리금융	우리페이	2021년 하반기 출시 예정
농협금융	NH페이	2021년 8월

결제는 실생활에서 빈번하게 사용하는 서비스인 만큼 고객을 플랫폼 내에 묶어 두기가 용이하기 때문이다.

한국은행에 따르면 2020년 간편결제 이용 금액은 4,492억 원으로 전년보다 41.6퍼센트 증가했다. 이 중 네이버, 카카오, 쿠팡 등 전자 금융 사업자를 통한 이용 금액이 2,052억 원으로 전체의 45.7퍼센트가량을 차지한 반면, 금융회사를 통한 이용 금액은 1,369억 원으로 30퍼센트에 불과했다. 성장률로 비교해 봐도 전자 금융 사업자를 통한 이용은 전년 대비 71.2퍼센트 증가한 반면, 금융회사를 통한 이용은 27.5퍼센트 성장에 그쳤다. 이에 플랫폼 사업자로 성장하고자 하는 금융회사 입장에서는 간편결제 시장에서 점유율을 높일 필요가 있다고 판단한 것이다.

빅테크의 간편결제에 대응하기 위해 금융회사 간에 협력하는 사례도 등장했다. 과거에는 각 신용카드사의 간편결제 앱에서 자사 카드만 연결해 사용할 수 있었다. KB페이 앱에서는 KB국민카드만 연결해 사용할 수 있고, 신한페이 앱에서는 신한카드만 연결해 사용할 수 있는 식이다. 네이버페이, 카카오페이, 삼성페이 등 비금융회사의 간편결제 앱에서 여러 카드사의 신용카드를 모두 등록해 한 번에 사용할 수 있다는 점과 비교하면 불편할 수밖에 없다. 이에 신용카드사들도 경쟁력 확보를 위해 간편결제 시스템을 개방하기로 합의했다. 이르면 2021년 연말에 적용될 예정이며, 각 금융지주사의 간편결제 앱에 타 금융지주사의 신용카드를 등록해 사용할 수 있게 될 전망이다.

빅테크에 대한 금융회사들의 대응 중 하나로 플랫폼 사업자가 되고자 하는 데는 양질의 데이터 확보에 대한 목적도 반영돼 있다. 빅테크 플랫폼은 다수의 쇼핑, 결제 데이터를 이미 확보하고서 이를 바탕으로 이용자의 소비 패턴을 분석해 맞춤형 금융 서비스를 제공하고자 한다. 반면 금융회사들은 재산, 소득 등 금융 관련 데이터 이외에 이용자의 일상생활과 관련된 데이터는 보유하지 못하고 있다. 따라서 자신들이 직접 플랫폼이 돼 이용자의 데이터를 확보하길 원한다. 금융회사들의 플랫폼 진출이 성공적으로 이뤄질지, 이를 통해 빅테크 플랫폼과 어떻게 경쟁해 나갈지에 대해 주목해 볼 필요가 있다.

주식투자도 재밌게 '토스증권 UX 혁신'

간편송금 서비스의 등장은 사람들에게 신선한 충격을 안겨 줬다. 소액을 송금할 때도 일일이 수취인의 계좌 번호를 입력하고, 공인인증서와 보안 카드 확인을 거쳐야 하는 불편함을 감수하던 사람들은 몇 번의 터치만으로 간단하게 송금할 수 있는 새로운 서비스에 열광할 수밖에 없었다. 서비스 초기 주로 젊은 층을 중심으로 유행했던 간편송금 서비스는 점차 전 연령층이 사용하는 기본 서비스로 확장됐다. 이제는 대부분의 금융사 모바일 앱에서 간편송금 서비스를 제공하고 있다.

금융은 돈을 다루는 분야이기에 다른 산업에 비해 보수적이며 새로운 기술을 받아들이는 속도가 느린 편이다. 하지만 핀테크 기업의 혁신으로 시작된 변화가 간편송금을 비롯해 지급결제, 대출, 보험 등 금융업 전반으로 확대되며 그 속도를 더하고 있다.

최근에는 토스증권의 급성장이 화제가 되면서 이러한 트렌드가 증권업으로 퍼져 나가는 분위기다. 토스증권의 가입자 수는 2021년 3월 중순 서비스를 개시한 이래 이틀 만에 20만 명을 기록했고, 출범 한 달 만에 100만 명을 넘겼으며 3개월이 지난 6월 말에는 350만 명을 돌파했다. 2021년 3월 한국예탁결제원이 발표한 전체 주식 거래 활동 계좌 수가 3,962만 개였던 것을 감안하면 서비스 두 달 만에 점유율 8퍼센트대를 기록한 것이다.

토스증권이 고속 성장할 수 있었던 원인으로 우선 언급되는 것은 출시 초기에 실시한 '주식 1주 선물 받기' 이벤트의 대성공이다. '주식 1주 선물 받기' 행사는 신규 계좌만 개설하면 토스가 선정한 주식 중 1주를 랜덤으로 받는 이벤트였다. 당시 인터넷 커뮤니티에서는 본인이 어떤 주식을 받았는지 인증하는 글이 줄줄이 게시되는 등 선풍적 인기를 끌었다. 사실 이러한 주식 증정 이벤트를 토스증권에서 처음 진행한 것은 아니다. 하지만 토스증권이 주요 고객층으로 겨냥한 MZ세대가 이벤트에 대해 즐겁게 반응하며 적극적으로 공유한 점이 주효했다. 실제로 토스증권에 유입된 고객 중 약 70퍼센트가량이 20~30대로 알려졌다.

그러나 토스증권의 진면모는 UI/UX의 과감한 변화에서 찾을 수 있다. 기존 증권 업계에서 관용적으로 사용되던 매수, 매도의 용어를 일반인들에게 익숙한 구매와 판매로 바꿨고, 투자자들이 가장 많이 구매한 주식을 마치 음악 스트리밍 앱에서 인기 차트를 보여주는 것처럼 구매 Top100이라는 이름으로 보여 줬다.

또한 많은 양의 기업 정보를 제공하기보다 주식을 처음 시작하는 투자자들의 눈높이에 맞게 주요 사업, 매출 구성, 영업 이익 등을 시각화해 보여 주는 식으로 구성했다. 또한 주식을 주문할 때 호가창 대신 다양한 기준에 따른 인기 차트를 제공하고, 직관적 인포그래픽을 통해 회사 정보를 상품 소개하듯이 노출하면서 온라인 쇼핑몰에서 쇼핑하는 듯한 경험을 제공했다. 무엇보다 자신들의 철학에만 매몰되지 않고 이용자의 피드백도 적극 받아들이고 있다. 일례로 서비스 초기에는 기술적 분석에 널리 활용되는 캔들 차트를 제공하지 않다가 이후 이용자 요청에 따라 추가했다.

토스증권의 성공 사례가 증권업 전반을 단숨에 바꾸지는 못할 것이다. 매매를 자주하는 전문 투자자들에게는 불편한 UI이며 투자에 필요한 정보를 충분히 제공하지 못한다는 비판도 많다. 그러나 토스증권의

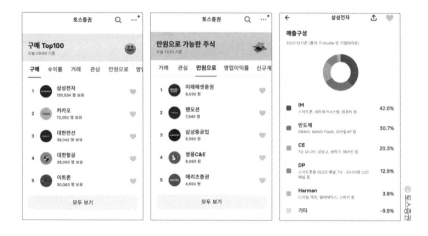

● 다른 증권 앱보다 직관적인 화면을 제공하는 토스증권

인기가 불러일으킨 혁신의 바람은 이미 증권 업계 전반에 영향을 미치고 있다.

간편하고 직관적인 UI/UX를 제공하는 것이 증권사들의 핵심 경쟁력 중 하나로 떠오른 가운데, 각 증권사에서는 모바일트레이딩시스템MTS 개편을 서두르고 있다. 신한금융투자는 2021년 4월 인공지능 기반 고객별 맞춤 상담과 손쉬운 정보 제공에 초점을 맞춘 MTS '신한알파'를 새롭게 선보였고, NH투자증권도 2021년 6월에 사용자별로 원하는 정보에 따라 세 가지 종류의 홈 화면 중 하나를 고를 수 있도록 MTS를 개편했다. 키움증권은 100억 원을 투입해 2021년 하반기 중 출시를 목표로 대대적인 차세대 MTS를 추진 중이며, 주로 카카오페이 앱을 통해 서비스를 제공하고 있는 카카오페이 증권도 2021년 내 별도의 MTS를 출시할 예정이다.

몇 년 사이에 전 세계적으로 재정 지출을 확대하고 초저금리 정책을 시행하면서 시장에 많은 돈이 풀렸다. 이는 부동산, 주식 등 자산 가격의 상승으로 이어졌다. 그 결과 아직 모아 놓은 자산이 적은 MZ세대를 중심으로 월급 등 근로소득을 저축하는 것만으로는 자산 가격 상승을 따라잡기 어렵다는 인식이 널리 확산됐다. 이에 MZ세대에게 투자는 계층 이동을 할 수 있는 유일한 사다리로 여겨지고 있다.

실제 한국예탁결제원에 따르면, 2020년에 주식 투자를 새로 시작한 투자자 중 30대 이하가 53.5퍼센트로 절반 이상을 차지했다. 주식 보유자 중 30대 이하 비중도 2019년 말 25.3퍼센트에서 2020년 말에는 34.6퍼센트로 크게 증가했다.

펜트업 시대는 우리나라 역사상 젊은 층이 투자에 가장 많은 관심을 갖는 시대가 될 것으로 보인다. MZ세대는 수익을 낼 수 있다면 가상자산 같은 위험한 자산에 투자하는 것도 마다하지 않는다. 이들의 투자 욕구를 누가 어떻게 충족시킬 수 있을 것인지 주목할 필요가 있다.

요즘 것들의 블록체인
돈 벌기 기술

투자은행이 바라본 비트코인 가격 전망

2017년 말부터 2018년 초까지 가상자산이 급등하면서 많은 사람의 주목을 받았다. 또한 가상자산에 대한 다양한 논의와 비즈니스가 등장하는 계기가 됐다.

그러나 이후 가상자산 시장의 기축 통화인 비트코인 가격이 급락했고, 약 2년 가까이 가격이 횡보를 거듭하면서 사람들의 관심도 점차 사그라들었다. 그 과정에서 황금빛 전망으로 가득했던 다수의 ICO 프로젝트들이 로드맵을 지키지 못한 채 사라졌고, 투자자들은 손실을 감수해야 했다. 우리 정부는 블록체인 기술의 발전을 장려하면서도 블록체

도표 6-3 투자은행의 비트코인 가격 전망

기관명	가격 전망	도달 시기	전망 근거
ARK 인베스트	50만 달러	미정	· 인플레이션 발생이 유력함에 따라 기관 투자자들이 한 자릿수의 포트폴리오 비중을 비트코인에 배분 시 상승이 가능한 가격
씨티은행	31만 8,000달러	2021년 12월	· 지난 세 차례의 비트코인 상승장을 기술적 측면(차트 분석)에서 분석한 결과
J.P. 모건	14만 6,000달러	미정	· 금 ETF를 포함해 투자자들이 사적으로 보유한 금의 가치를 약 2조 7,000억 달러로 추산하고 비트코인이 금의 지위를 확보 시 도달할 수 있는 가격을 추산
스카이브릿지	10만 달러	2021년 12월	· 기관 투자자 수요 대비 공급이 부족한 상황으로 가격 상승 전망
UBS	위험요소 발생 시 0달러 가능	미정	· 대체 코인의 등장, 급격한 규제 환경 변화 위험 등으로 향후 가치가 0달러로 수렴할 가능성 경고

인과 가상자산은 별개라는 의견을 견지했다.

그런데 2020년 하반기부터 변화가 나타나기 시작했다. 각국 중앙은행이 통화 완화 정책을 적극적으로 실시하면서 시장에 막대한 유동성이 공급됐고, 이에 따라 화폐 가치 하락에 대한 우려가 증대됐다. 이와 같은 상황에서 비트코인을 보유하는 것이 화폐 가치 하락 위험에 대응한 헤지hedge 수단의 하나로 부상하기 시작했다.

비트코인은 희소성과 불변성을 가지고 있어 전통적 가치 저장 수단인 금을 대체하는 '디지털 금'으로 평가받는다. 이에 따라 기관 투자자들이 포트폴리오에 비트코인을 일부 편입하기 시작했고 긍정적 가격 전망도 잇따라 발표됐다(〈도표 6-3〉).

여기에 나스닥 대형 상장사들이 비트코인 투자를 발표하면서 기름을 부었다. 2020년 8월, 데이터 분석 프로그램을 제공하는 기업인 마이크로스트레터지가 2억 5,000만 달러어치(한화 약 2,865억 원)의 비트코인을 매수한 이후, 2020년 10월 간편결제 서비스 기업 스퀘어가 5,000만 달러(한화 약 573억 원)를 매수하고 2021년 1월 테슬라가 15억 달러(한화 약 7,190억 원)를 투자하면서 비트코인의 상승을 견인했다. 비트코인의 급상승은 가상자산 시장에 대한 대중의 관심을 불러일으키며 이더리움 등 다른 가상자산의 가격 상승으로도 이어졌다(〈도표 6-4〉).

비트코인 시세가 들썩임에 따라 국내에서도 가상자산 투자 열풍이 다시 불기 시작했다. 2021년 3월 중순, 국내 주요 4대 거래소의 일 거래 금액이 연내 최초로 코스피 일 거래 금액을 추월했다. 4월 17일에는 도지코인 하나의 일 거래 금액이 전일 코스피 일 거래 금액을 넘어서기도 했다. 2021년 5월 초에는 국내 가상자산 일 거래량이 약 45조 원가량으로 치솟으며 코스피와 코스닥을 합친 국내 증시 일 거래량의 약 2배를 기록하는 등 가상자산 투자에 대한 관심이 사회 전반으로 확대됐다.

2021년 1분기 국내 가상자산 거래로 인해 발생한 은행 입출금액은 약 64조 원에 달했다. 2020년 전체 입출금액인 37조 원 대비 1.7배에 달하는 규모다. 한때 자본 확충이 어려워 신규 고객 유치에 어려움을 겪었던 케이뱅크는 2020년 6월에 국내 최다 거래량을 자랑하는 가상자산

도표 6-4 비트코인을 많이 보유한 기업 리스트

기업명	시가총액 (달러)	BTC 구매금액 (달러)	보유한 BTC (개수)	시총 대비 BTC 비중
마이크로스트레티지	5,097,822,504	2,740,000,000	105,484	66%
테슬라	757,554,688,042	1,500,000,000	43,200	0.2%
스퀘어	108,159,151,817	220,000,000	8,027	0.2%
마라톤 디지털 홀딩스	2,324,463,545	161,539,500	5,425	7%
코인베이스 글로벌	46,951,057,974	172,573,550	4,487	0.4%

출처: Bitcoin Treasuries(2021.7.18. 기준)

거래소 업비트에 실명확인가상계좌를 제공하기 시작했다. 불과 8개월 만에 케이뱅크는 수신 잔고가 1조 8,500억 원에서 12조 1,400억 원으로 약 6.5배 증가했고, 고객 수는 135만 명에서 537만 명으로 약 4배가 증가하는 등 확실한 양적 성장을 이뤄냈다.

이처럼 국내 가상자산 거래 규모가 급증함에 따라 가상자산 시장을 법의 테두리 내로 가져와 체계적으로 관리 감독해야 한다는 목소리에 힘이 실리고 있다. 2021년 8월 기준으로 국내 가상자산 사업자와 관련된 법률은 2021년 3월에 시행된 '개정 특정 금융거래정보의 보고 및 이용에 관한 법률'(이하 특금법)이 유일하다.

특금법은 비트코인, 이더리움 등을 가상자산으로 정의하고 가상자산을 취급하려는 자에게 신고 의무, 자금 세탁 방지 의무 등을 부과하는 것을 주 내용으로 하고 있다. 특금법에서 많은 사람이 관심을 가지는 부분은 가상자산 거래소의 신고와 관련된 부분이다. 가상자산 거래소는 한국인터넷진흥원의 정보보호관리체계의 인증 획득, 은행과 실명확인 가상계좌의 계약 체결 등의 요건을 갖춰 2021년 9월까지 금융위원회에 신고해야 영업을 지속할 수 있다. 신고하지 않거나 신고가 수리되지 않은 가상자산 거래소는 폐업을 피할 수 없다.

하지만 은행들이 가상자산 거래소와 실명확인가상계좌의 계약을 꺼리는 탓에 요건을 맞추기가 매우 어렵다. 은행 입장에서는 실명확인가상계좌 계약 시 수수료 수입이 일부 발생하기는 하지만 해당 가상자산 거래소에서 금융사기 및 자금세탁 등의 문제가 발생하면 관리 책임을 떠안을 우려가 있다. 그에 따른 수익 대비 위험이 크기 때문에 신규 계약을 할 유인이 떨어질 수밖에 없는 실정이다.

2021년 8월 기준 은행과 실명확인가상계좌 계약을 체결한 가상자산 거래소는 업비트, 빗썸, 코인원, 코빗의 네 곳에 불과하다. 2020년 6월에 기업은행에서 케이뱅크로 변경한 업비트를 제외하면 2018년 이후 신규 계약이 이루어진 사례는 없다.

이에 한국블록체인협회 등 관련 업계를 중심으로 가상자산업을 신규 금융 업종으로 인정하는 가상자산업법을 제정해야 한다는 목소리가 커지고 있다. 특금법이 최소한의 가이드라인 역할을 하고 있지만 본질적으로 자금세탁 방지를 위한 법에 불과하기 때문에 가상자산업법 신설을 통해 가상자산 산업의 육성과 투자자 보호를 위한 제도적 뒷받침이 이뤄져야 한다는 것이다. 2021년 8월 다수의 가산자산업법 제정안이 발의된 상황이며 법안 간 상세 내용에 다소 차이는 있으나 대체로 가상자산업의 범위와 인허가 기준, 투자자 보호 방안 등의 내용을 담고 있다.

디파이 '이자 농사' 한 번 해볼까

디파이DeFi는 탈중앙화 금융Decentralized Finance의 약자로, 신뢰를 보증하는 중앙 기관이 존재하지 않는 금융 서비스를 의미한다. 은행과 금융 거래를 하는 경우를 생각해보자. 은행에 예금을 하거나 대출을 신청한 내역은 은행이 관리하는 중앙화된 전산 시스템에 모두 기록돼 관리된다. 만약 예금한 돈을 찾거나 대출을 상환하려 할 때는 해당 기록을 근거로 신뢰해 돈을 주고받게 된다.

탈중앙화 금융에서는 정보를 집중 관리하며 거래를 보증하는 중앙기관이 없는 대신, 블록체인 기술을 통해 참여자 간 상호 신뢰를 확보한다. 공개된 블록체인 원장에 거래 내역을 기록하면 누구나 접근해 열람할 수 있어 투명성을 보장한다. 또한 원장을 네트워크 참여자가 공동으로 소유하기 때문에 거래 내역을 조작하기가 어렵다.

그러나 블록체인 원장만으로는 탈중앙화 금융이 작동되지 않는다. 거래 내역의 투명성과 무결성을 확보하더라도 당초 제시된 거래 조건의 달성 여부를 확인하고, 이에 따라 이행을 강제할 수 있는 중개자가 필요하기 때문이다. 이때 필요한 것이 바로 스마트 계약Smart contract이다. 스마트 계약이란 특정 조건을 충족할 경우 계약이 이행되도록 해당 내용을 코딩해 블록체인 네트워크에 기록하는 것을 말한다.

스마트 계약을 활용하면 자동차를 임대할 때 차 키 대신 자동으로 디지털 키를 전달하고, 임대료를 미납하면 디지털 키를 자동으로 회수할 수 있는 등 계약 서비스를 효율적으로 자동화할 수 있다.

또한 블록체인에 계약 내용이 기록되기 때문에 누구도 처음에 명시된 조건을 바꿀 수 없다. 조건문과 반복 명령어 등 여러 가지 실행 코드를 포함시켜 다양한 계약 패턴에도 적용할 수 있다. 특히 코드에 적힌 계약 조건을 만족시키면 자동으로 계약 내용이 즉시 실행돼 거래 상대에 대한 검증이나 거래에 대한 신뢰를 보증하는 중앙 기관을 대체할 수 있다.

디파이를 적용하는 데 있어서도 중개자의 유무 이외에 금융 서비스의 매개체가 무엇인지를 고려해야 한다. 금융이란 기본적으로 돈을 주고받을 수 있어야 거래가 이뤄진다. 하지만 디파이 환경에서는 현실에서 사용하는 원화, 달러화 등의 법정 화폐로 스마트 계약을 맺을 수 없다. 법정 화폐 대신 비트코인, 이더리움 등의 가상자산을 매개로 사용한다. 즉, 디파이란 블록체인 네트워크상에서 스마트 계약을 적용해 가상자산을 매개체로 작동하는 탈중앙화 금융 서비스로 정의할 수 있다.

그런데 간혹 가상자산을 활용한 금융 서비스를 모두 디파이로 통칭하는 경우가 있다. 가상자산을 활용하더라도 거래가 블록체인 원장에 기록되지 않고, 별도의 중개 기관 없이 개인 간 거래도 불가능하다면 디파이라고 할 수 없다. 가상자산을 활용하지만 중앙화된 금융 서비스를 보통 씨파이CeFi, Centralized Finance라고 부른다. 최근 국내 일부 가상자산

도표 6-5 전통 금융, 씨파이, 디파이 비교

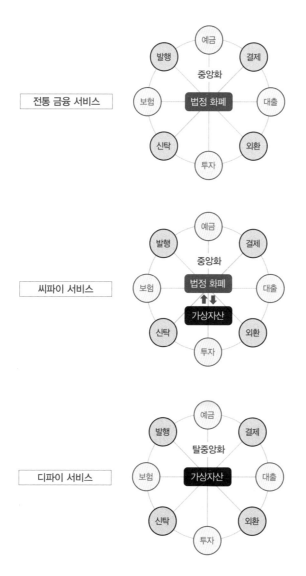

전통 금융 서비스

씨파이 서비스

디파이 서비스

출처: 〈블록체인 기반 혁신금융 생태계 연구보고서〉(2021.1, 과학기술정보통신부)

거래소에서 제공하는 비트코인을 예치하면 이자로 비트코인을 지급하거나, 비트코인을 담보로 이더리움을 대출해 주는 서비스가 대표적 씨파이다. 또 거래소에서 법정 화폐로 가상자산을 매수하거나, 가상자산을 매도해 법정 화폐로 교환하는 것도 씨파이로 분류된다(〈도표 6-5〉).

디파이는 2020년 하반기부터 본격적으로 주목받기 시작했다. 저금리 시대에 상대적으로 고수익을 낼 수 있는 투자처로 각광을 받으면서 자금이 몰리기 시작했다. 디파이 서비스에 예치된 총 자산 규모를 나타내는 TVLTotal Value Locked은 2020년 초에 7억 달러(한화 약 8,022억 원) 수준이었으나 2021년 5월에는 880억 달러(한화 약 101조 원) 규모로 늘어나 불과 1년 반 만에 120배 이상 상승했다. 디파이와 연동돼 있는 가상자산 지갑의 숫자를 뜻하는 순활동지갑 수Unique Active Wallets도 2020년 8월 2만 건에서 2021년 3월 4.2만 건으로 반년여 만에 2배로 증가했다.

디파이를 활용해 수익을 내는 가장 기본적인 방법은 은행에 돈을 예금하고 이자를 받는 것처럼 가상자산을 디파이 플랫폼에 예치하고 이자를 받는 것이다. 디파이에서는 이를 이자 농사Yield Farming라고 부른다(〈도표 6-6〉). 사용자가 가상자산을 디파이 플랫폼에 예치하고 스마트 계약을 통해 플랫폼이 자신의 자산을 사용하는 데 동의하면, 디파이 플랫폼은 그 대가로 이자에 상응하는 디파이 플랫폼 토큰을 보상으로 제공하는 방식이다.

컴파운드Compound나 아베Aave와 같은 디파이 플랫폼에 접속하면 실시간으로 특정 가상자산에 대한 예치 이자율과 대출 이자율을 확인할

출처: 델리오

수 있다. 가상자산별로 이자율 차이가 큰 편이라 높은 이자를 주는 가상 자산을 예치한다면 은행 예금 대비 높은 이자를 받는 것이 가능하다. 하 지만 예치 기간 중 해당 가상자산의 가치가 하락할 위험성도 염두에 둬 야 한다.

디파이 플랫폼인 컴파운드에서 인센티브를 제공하면서 이러한 이자 농사의 인기를 대중적으로 확산시켰다. 컴파운드는 2020년 6월 컴파운 드 플랫폼에서 이더리움 블록이 1개 생성될 때마다 자체 발급한 가상자 산인 COMP를 모든 사용자에게 0.5개씩 배분하는 인센티브 제공 정책 을 시작했다.

1억 달러에도 미치지 못했던 컴파운드 플랫폼의 가상자산 예치액은 인센티브 정책 실시 이후 일주일 만에 6억 달러를 돌파하는 등 큰 호응 을 얻었다. 동시에 인센티브로 제공된 COMP의 가치도 급상승해 탈중 앙화 거래소인 유니스와프를 시작으로 코인베이스, 바이낸스, 오케이엑 스 등 글로벌 수요 거래소에 연달이 상장되며 컴파운드 플랫폼 사용자에게 막대한 이익을 안겨줬다. 이는 디파이 플랫폼에 투자하는 것이 큰 돈이 된다는 인식으로 이어졌고, 이후 시장에서 유사한 서비스와 플랫폼이 다수 생겨나는 계기가 됐다. 그런 경험 덕분에 현재 디파이 사용자들은 주로 예치, 대출 서비스, 탈중앙화 거래소를 중심으로 활발하게 활용하고 있다.

디파이의 장점은 중개자가 없는 데서 오는 높은 효율성이다. 불필요한 중개 비용을 절감할 수 있으며 스마트 계약으로 자동 실행되는 탓에 속도도 빠르다. 기존 금융 상품과 달리 약정 기간이 없고, 상품을 가입할 때 본인 인증 과정이 필요 없어 이용자가 수월하게 접근할 수 있다. 국경을 초월해 다른 나라의 상품에 투자하는 데도 제약이 없다.

반면 이용자가 직접 가상자산 지갑을 설치하고 가상자산을 입금한 후 디파이 플랫폼에 연동해야만 서비스를 이용할 수 있다. 이처럼 진입 장벽이 높다는 점은 개선돼야 할 부분이다. 또 만약 가상자산 지갑의 비밀번호를 잊어버리면 매우 곤란해진다. 비밀번호를 찾는 것은 거의 불가능할뿐더러 탈중앙화 서비스인 만큼 고객센터도 존재하지 않기 때문이다.

규제 측면의 불확실성도 디파이가 대처해야 할 부분이다. 관련 규제가 미비하기 때문에 대부분의 디파이 플랫폼은 기존 금융 서비스와 달리 고객 신원 확인의 의무를 이행하지 않는다. 스마트 계약 프로토콜에 대해서도 사전 검증을 받지 않는다. 향후 디파이의 규모가 커질수록 세계 각국의 규제와 감시가 늘어날 것으로 예상되며, 이에 대응하는 과정에서 디파이가 가진 효율성이 상당히 희석될 가능성이 높다.

　다만 여러 잠재적 불안 요소에도 불구하고, 금융 산업에서 디파이가 갖는 의미는 특별하다. 최근 금융 산업은 디지털 전환을 서두르면서 사람이 직접 수행하던 기존의 업무를 전산으로 대체하는 등 업무 자동화를 적극 도입하고 있다. 서로 목적은 다르지만 디파이에서도 탈중앙화를 구현하기 위해 기존 금융업을 무인화, 자동화하려는 시도를 하고 있다. 서비스의 영역도 이미 활성화된 예치, 대출 등의 분야에서 자산운용, 파생상품, 보험 등 전 금융 분야로 확대 중이다. 이처럼 현재 디파이에서 블록체인 기술을 이용해 금융업을 프로그래밍으로 구현하는 여러 방법론들은 향후 전통적 금융 산업에서도 유용하게 활용될 가능성이 높다. 가상자산의 미래가 긍정적이지 않더라도 디파이를 계속 주목해야 하는 이유가 바로 여기에 있다.

소액으로 강남 빌딩도 사고 예술품도 산다

최근 블록체인 기반으로 예술품, 부동산 등을 디지털화, 유동화하는 사례가 속속 등장하고 있다. 국내에서도 2020년 12월 부동산 투자 플랫폼 기업인 카사코리아가 부동산 DABSDigital Asset Backed Securities 거래 서비스를 최초로 제공하기 시작했다. DABS란 블록체인 기술을 활용해 실물자산을 전자적 형태로 발행한 디지털 유동화 증권을 의미한다.

　DABS를 활용하면 수백억 원이 넘는 강남 빌딩의 투자 지분을 몇천

원 단위로 잘게 쪼개어 유통할 수 있다. 누구나 소액으로 강남 빌딩에 투자해 가격 상승에 따른 차익과 임대 수익을 얻을 수 있는 것이다. 실물 증권을 발행하지 않으므로 이에 소요되는 비용을 줄일 수 있고, 발행 기간 및 상장 소요 기간 단축을 통해 투자 자금을 빨리 회수할 수 있어 투자의 효율성도 높일 수 있다.

증권의 도난 및 분실 위험과 위변조를 막을 수 있다는 장점도 있다. 거래소에 상장할 경우 가격의 움직임을 실시간으로 확인할 수 있어 거래의 투명성도 높아진다. 본래 현행 자본시장법하에서는 부동산 기반의 디지털 수익 증권 발행은 불가능하다. 하지만 카사코리아는 부동산 DABS 플랫폼 서비스를 금융위원회의 혁신 금융 서비스로 지정받았다. 한시적으로 관련 규제를 적용받지 않게 되면서 이를 추진하게 된 것이다.

부동산 DABS의 발행 및 상장 과정은 이렇다. 우선 부동산 소유주가 보유 부동산에 대한 감정 평가를 받은 뒤, 이를 기반으로 거래소에 상장을 신청한다. 그 과정에서 부동산의 소유권은 관리처분신탁계약을 통해 부동산 신탁사로 이전된다. 신탁사와 해당 부동산을 운영하면서 은행과 함께 감정 가격을 기초로 DABS를 발행 및 상장한다. 이후 일반 투자자는 거래소에서 DABS를 일반 주식처럼 실시간으로 거래한다(〈도표 6-7〉).

거래의 모든 과정은 블록체인 기술을 활용해 전자 증권 형태로 거래소와 은행에 공동으로 기록돼 안전성을 확보한다. 이 같은 과정을 거쳐 카사코리아에서 2020년 11월에 실시한 역삼 런던빌 빌딩의 수익 증권

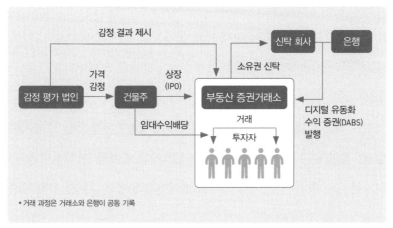

출처: 한국금융연구원

공모는 10일 만에 101억 원에 완판됐고 수익 증권은 12월에 유동화돼 카사 플랫폼에 상장됐다. 2021년 6월 기준 역삼 런던빌 빌딩은 1DABS 당 4,600원선에 거래되고 있으며 누구나 카사 모바일 앱을 통해 이를 구입할 수 있다.

부동산 외에도 예술품처럼 쉽게 유동화되지 못했던 자산을 디지털로 증권화해 거래하는 시장이 열리고 있다. 신한은행은 2021년 5월 디지털 지분 취득 방식을 통해 고가 실물 자산을 소액으로 투자할 수 있는 플랫폼을 출시했다. 서울옥션블루가 유명 화가의 미술품과 한정판 스니커즈 등 소장 가치가 있는 자산을 제공하고, 이에 대한 디지털 지분을 소액으로 사는 형태나. 신한은행은 단순히 고가 실물 자산을 디지털 지분으로 분할해 판매할 뿐만 아니라 디지털 지분을 기초 자산으로 하는 새로운 금융 상품의 출시도 검토하고 있다.

디지털자산의 유동화에 따라 대체 불가능한 토큰, 즉 NFT Non-Fungible Token 가 각광을 받고 있다. 기존 가상자산이 일반 동전이라면, NFT는 고유의 일련번호가 부여된 기념주화에 비유할 수 있다. 보통 기념주화는 액면에 적힌 금액과는 별개로 한정성과 고유성을 인정받으면 실제 거래할 때 훨씬 높은 가격을 받곤 한다. 희귀 게임 아이템, 한정판 수집품, 디지털 아트 등 그동안 시장 가치를 평가받지 못했던 디지털 무형 자산들도 NFT를 통해 한정성을 부여하고 소유권을 명확히 밝힐 수 있다면 시장에서 자유롭게 거래할 수 있게 된다.

이러한 NFT에 대한 관심이 증대되면서 이를 사고팔 수 있는 거래 시장에도 큰 관심이 쏠리고 있다. 댑레이더 DappRadar 에 따르면 2020년 상반기 NFT 거래량은 24억 7,000만 달러(한화 약 2조 8,429억 원)에 달한다. 2019년 상반기 거래량이 1,370만 달러(한화 약 157억 원)였던 것에 비교하면 1년 만에 약 18배가량 증가한 것이다.

가장 대표적인 NFT 거래소는 오픈시 OpenSea 다. 오픈시에서는 블록체인 게임의 아이템, 이더리움 네트워크의 도메인 주소, 디지털 아트 등 다양한 종류의 NFT가 거래되고 있다. 거래 방법도 다양하다. 판매자는 일반 오픈마켓에서 상품을 판매하듯 고정 가격을 제시할 수도 있고, 거래 종료 시점에 임박할수록 가격이 점차 하락하도록 설정할 수도 있다. 유명인사의 작품처럼 인기가 많은 NFT라면 가장 높은 가격을 제시한 사람이 낙찰받는 경매 방식도 적용할 수 있다.

오픈시는 이더리움 기반의 플랫폼이므로 NFT 거래를 하려면 이더리움 전자 지갑을 개설하고 오픈시에 연동해야 한다. 이용자 간에 거래할 때는 중개자 없이 스마트 계약을 통해 이뤄지며 NFT 토큰은 판매자의 지갑에서 구매자의 지갑으로 자동 전송된다. 자신이 가지고 있는 디지털 파일을 손쉽게 NFT로 발행할 수 있는 기능도 제공한다.

오픈시에서는 약 2,000만 개가량의 NFT가 거래되고 있으며 2021년 3월에는 월간 거래 금액이 1억 달러(한화 약 1,151억 원)를 돌파했다. 가상 자산의 가격이 주춤하면서 거래 금액이 약간 하락하기도 했다. 하지만 NFT에 대한 관심이 지속되면서 2021년 5월에는 하루 거래 금액이 2,300만 달러(한화 약 264억 원)를 기록하는 등 연일 새로운 기록을 작성하고 있다. 오픈시는 NFT 플랫폼으로서의 가치를 인정받아 2021년 3월에 2,300만 달러(한화 약 264억 원)의 투자를 유치하기도 했다.

NFT 거래소에 대한 수요가 증가함에 따라 국내 가상자산 거래소들도 NFT 거래 서비스에 뛰어들고 있다. 국내에서는 업계 최초로 코빗이 NFT 마켓을 오픈했다. 아직 해외 거래소에 비하면 등록된 NFT가 많지는 않지만 게임, 콘텐츠 등 다양한 지식재산권을 보유한 기업들과 함께 NFT 마켓 입점에 대한 논의를 활발하게 하고 있다.

업비트 운영사 두나무는 미술품 경매사 서울옥션의 관계사인 서울옥션블루와 NFT 사업 협력에 대한 업무 협약을 체결하고, NFT 관련 콘텐츠 발굴에 나섰다. 국내 거래량 1위를 자랑하는 가상자산 거래소인 업

비트에서 향후 NFT 거래 서비스를 제공한다면 그 파급력이 상당할 것으로 보인다.

국내 NFT 거래 시장은 해외에 비하면 거래량이나 거래 금액 면에서 모두 걸음마 단계에 불과하다. 하지만 국내 가상자산 투자자들이 블록체인 기술에 대한 이해도가 높다는 점과 세계에서 손꼽히는 가상자산 시장 거래 규모로 볼 때 향후 높은 성장이 기대된다. 또한 NFT는 최근 부상하는 메타버스와도 긴밀한 관계가 있는 만큼 메타버스의 대중화에 따라 NFT 거래시장도 더욱 활성화될 전망이다.

펜트업 시대 금융과
인증의 변화

CBDC는 비트코인을 위협할까

중앙은행이 발행하는 디지털 화폐, CBDCCentral Bank Digital Currency란 지폐나 주화와 같은 실물 화폐를 대체하거나 보완하기 위해 중앙은행에서 발행하는 전자적 화폐를 의미한다. 표현이 다소 어색할 수도 있겠지만 전자적 형태의 중앙은행 화폐가 완전히 새로운 개념은 아니다. 이미 중앙은행과 시중은행 간에는 실물 종이 화폐를 발행하지 않고도 전자적으로 돈을 주고받고 있기 때문이다. CBDC의 발행은 디지털 화폐를 새로 만드는 것이 아니라 전자적 법정 화폐를 민간에도 허용하는 것이라 볼 수 있다.

최근 한국은행을 비롯한 세계 주요국의 중앙은행에서 CBDC 발행을 적극 검토하는 이유는 무엇일까? 우선 지급결제의 디지털화로 실물 화폐를 거의 사용하지 않는 현금 없는 사회가 가속화된 점이다. 특히 우리나라는 예전부터 세원 확보나 자금 세탁 방지 같은 정책 목적에 따라 신용카드 등 비현금 수단의 사용을 제도적으로 권장해 왔다. 더불어 기술 발전에 따른 핀테크 서비스의 등장과 비대면 서비스가 일상적으로 이뤄지면서 실생활에서 현금 사용의 비중이 급격히 감소했다.

두 번째, 민간에서 발행되는 가상자산이 부상하면서 중앙은행의 고유 권한인 화폐 발행 능력이 위협받고 있기 때문이다. 가장 대표적인 사건이 글로벌 빅테크 기업 페이스북이 주요 국제 통화와 가치가 연동되는 가상자산인 리브라 발행 계획을 발표한 것이다. 또 달러화와 일대일로 가치가 연동되는 스테이블 코인인 테더USDT의 등장이었다. 이들은 가상자산이면서 현실의 법정 화폐와 연동되는 특성을 가질 뿐만 아니라 그 파급력이 갈수록 확대될 것으로 예상돼 중앙은행 차원에서 대응해야 할 필요성이 제기됐다.

중국의 적극적 CBDC 발행 추진도 세계 주요국의 CBDC 도입 논의에 불을 붙였다. 중국은 일찍이 2014년부터 CBDC 도입을 검토해 왔으며, 2022년 베이징 동계올림픽 개막에 맞춰 디지털 위안화의 발행을 적극 추진하고 있다. 이미 중국 중앙은행이 선전과 베이징 등 대도시 시민들을 대상으로 CBDC 유통 테스트를 진행했다. 또한 자국민들이 디지털 위안화를 자연스럽게 받아들일 수 있도록 무상으로 디지털 위안화를 배포하는 행사도 실시하고 있다.

중국의 적극적인 움직임은 국제 시장에서 위안화의 활용을 장려해 달러화 중심의 글로벌 무역 금융 체제에 도전하고, 민간 기업인 알리바바와 텐센트가 장악한 지급결제 인프라를 국가 주도로 재편하는 등 다양한 효과를 염두에 둔 것으로 풀이된다. 중국의 CBDC 발행이 가시화됨에 따라 그동안 유보적인 입장을 취하던 미국, 유럽 등도 CBCD 발행을 적극 검토하기 시작했다. 한국은행도 CBDC 연구의 배경으로 '스웨덴, 중국 등 해외 국가들의 발행 준비 상황'을 꼽은 바 있다.

이런 배경 속에서 중앙은행이 CBDC를 통화 정책에 활용할 가능성도 제기된다. 중앙은행이 직접 CBDC의 공급량을 조절해 민간의 구매력에 직접 영향을 미칠 수 있다면 기준 금리 조정, 양적 완화 정책 이외에 새로운 정책 수단으로 활용될 수 있다는 것이다.

CBDC는 위기 상황에서 더욱 효과적인 수단이 될 수 있다. 세계 각국에서는 코로나19의 유행으로 경제적 타격을 입은 사람들에게 재난 지원금을 주는 정책을 시행하고 있다. 보통 보조금을 받는 쪽에서는 자유롭게 사용할 수 있는 현금 보조를 원하는 반면, 보조금을 주는 쪽에서는 지급 목적 달성의 극대화를 위해 실물이나 서비스 이용권을 지급하는 현물 보조를 선호한다.

이러한 상황에서 CBDC로 재난 지원금을 지급하면 사용자에 따라 사용 장소 및 기한을 설정할 수 있고, 정책 목표에 맞게 세밀한 조정을 할수 있다. 또한 은행 계좌나 수표 등 전통적 지급 수단에 비해 더욱 빠르게 재난지원금을 지급할 수 있다는 장점도 있다.

2019년 1월에 한국은행은 CBDC 발행의 필요성이 크지 않다고 이야기한 바 있으나 여러 이유로 세계 각국의 주요 은행이 CBDC 연구에 속속 뛰어들자 CBDC 발행을 전제로 연구 및 파일럿 테스트를 진행하는 등 이전보다 적극적인 행보를 보이고 있다.

2020년 2월 금융결제국 내에 디지털 화폐 연구팀 및 기술반 신설을 시작으로, 2020년 6월에는 관련 기반 업무의 설계 및 구현 기술 검토를 완료했다. 2021년 2월에는 CBDC 발생과 관련한 법적 이슈를 검토해 향후 CBDC 발행을 위해 어떤 법령의 제·개정이 필요한지를 발표하기도 했다.

그렇다면 우리나라에서 앞으로 발행할 CBDC는 어떤 형태일까? 우선 CBDC는 이용 주체에 따라 개인 등 모든 경제 주체가 이용할 수 있는 소액 결제용과 금융 기관 간 자금 결제에 활용되는 거액 결제용으로 구분할 수 있다. 운영 방식에 따라서는 중앙은행이 직접 개인에게 법정 화폐와 CBDC를 교환해 주는 직접 운영 방식과 은행 등 민간 금융 기관에 CBDC를 교부하고 이들이 개인에게 CBDC를 교환해 주는 간접 운영 방식으로 구분할 수 있다.

2021년 현재까지 한국은행에서 어떠한 형태로 CBDC를 발행하겠다고 공식 발표한 바는 전혀 없다. 다만 2021년 5월에 공개된 CBDC 모의실험 연구 용역 사업자 선정을 위한 제안 요청서를 보면 대략적으로 유추해 볼 수 있다(〈도표 6-8〉). 현재 CBDC 모의실험 연구 용역 사업자로

도표 6-8 한국은행의 CBDC 운영 구조도

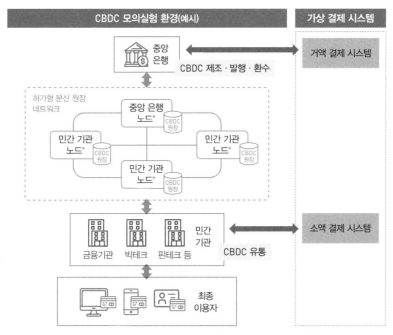

* CBDC 원장을 기록·관리하는 서버이며, 기존 거액 결제 시스템과는 별도로 설치하여 운영.
  기존 거액 결제 시스템 참가 기관이 노드가 되지 않는 경우도 있을 수 있음.

출차: 한국은행

카카오의 그라운드X와 삼성전자가 선정돼 2022년 6월까지 연구를 완료할 계획이다.

실험 환경의 설계 방안에서 한국은행은 CBDC 제조, 발행, 환수 업무를 직접 담당하고 금융 기관, 빅테크, 핀테크 등 민간에서 이를 유통하는 2계층의 운영 방식을 가정하고 있다. 블록체인 기반의 허가형 분산 원장을 구축해 한국은행과 인가를 받은 민간 참가 기관이 공동으로 거래 검증 및 기록 권한을 보유해 기록의 신뢰성을 유지한다. 이용자가 사용할 전자 지갑은 기존 예금과 CBDC와의 교환, 송금, 결제 등의 기능을 제공하며 모바일 앱 형태로 민간 참가 기관이 각자 개발해 공급할 전망이다.

CBDC가 도입되면 우리 사회에 어떤 영향을 미칠까? 우선 사회적으로 현금 발권 및 유통과 관련된 비용이 절감돼 ATM 제조사 등 관련 산업은 다소 위축될 것으로 보인다. CBDC 발행 및 유통에 블록체인 기술이 적용될 것으로 추정되는 만큼, 관련 소프트웨어 산업은 수혜를 입을 수 있다. 거래 기록이 전자 원장에 기록된다는 측면에서는 불법 자금의 유통을 억제하는 효과를 기대할 수 있는 반면, 개인 정보 침해에 대한 우려의 목소리도 있다. CBDC가 국가 간 지급결제에 활용될지는 미지수다. 만약 활용된다면 현재 민간에서 이뤄지는 환거래 사업은 타격을 받을 수 있다.

은행을 비롯한 금융 기관은 CBDC 발행으로 인해 다소 타격을 받을 수밖에 없다. CBDC가 발행되면 개인이 자유입출식 통장에 대기시켜 놓았던 자금의 일부를 CBDC로 교환해야 하고, 금융 기관은 그만큼의 자금을 시장에서 조달해야 하기 때문이다. 이에 따라 대출이 감소하고 시스템 리스크가 증대되는 등 부정적인 영향이 있을 것으로 예상된다(〈도표 6-9〉).

CBDC가 도입되면 비트코인 등 가상자산은 어떻게 될까? 지금도 가상자산은 높은 가격 변동성, 신용카드를 비롯한 기존 결제 수단 대비 느

도표 6-9 **CBDC로의 자금 이동에 따른 금융 기관 영향 예상**

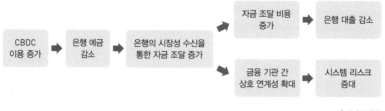

출처: 한국은행

린 처리 속도로 인해 지급결제 시장을 장악하지 못하고 있다. 이런 상황에서 빠르고 간편하며 중앙은행이 보증하는 지급결제 수단인 CBDC가 등장하게 되면 가상자산의 몰락을 부추긴다는 비관론적 의견이 있다.

반면 가상자산에 대해 낙관론을 취하는 사람들은 별다른 영향 없이 CBDC와 가상자산이 공존할 수 있다는 입장이다. CBDC의 등장으로 인해 가상자산이 가진 지급결제 수단으로서의 역할은 다소 축소될 수 있다. 그러나 이미 기관 투자자의 대체투자 수단으로 비트코인이 각광을 받는 등 가치저장 수단으로서의 위상이 강화되고 있어 여전히 그 가치를 인정받을 것이라고 예상된다.

한편 지금까지 신뢰성을 이유로 가상자산 결제를 사용하지 않았던 사람들도 중앙은행이 보증하는 CBDC를 이용한 결제를 사용할 가능성이 높다. 이로 인해 디지털 화폐에 대한 인식 개선으로 이어지면서 관련 시장이 확대될 것이다. CBDC를 이용하기 위해 이용자가 스마트폰에 실치해야 하는 전자 지갑의 역할과 기능에도 주목해야 한다. 전자 지갑을 통해 CBDC뿐만 아니라 가상자산, NFT 등 다양한 디지털자산을 통합 관리할 수 있도록 접근성이 크게 개선된다면 일반인들도 거부감 없이 디지털자산을 소유할 수 있기 때문이다. 이와 같이 전자 지갑은 디지털자산 종합 플랫폼으로 확장될 잠재력이 충분한 만큼 향후 전자 지갑 시장에서 주도권을 잡기 위한 경쟁이 치열하게 전개될 것으로 예상된다.

아직도 공인인증이 불편한 까닭

2020년 12월, 개정 전자서명법의 시행을 앞두고 언론에는 공인인증서와의 이별을 알리는 기사가 가득 실렸다.

그러나 이후 많은 시간이 흘렀음에도 사람들은 매일 사용하던 공인인증서가 공동인증서나 금융인증서로 이름만 바뀌었을 뿐 바뀐 것이 없다고 이야기하고 있다. 여전히 대부분의 금융 기관과 공공 기관 홈페이지에서는 금융인증서만을 요구하고 있기 때문이다.

이러한 현상이 벌어지는 원인은 간단하다. 개정 전자서명법의 시행으로 공인인증제도가 폐지돼 공인인증 기관은 사라졌다고 해도 이를 대체하기 위해 도입된 새로운 인정평가제도를 통과한 사업자가 아직 등장하지 않았기 때문이다. 새 심사 제도에서는 민간평가기관이 운영 기준을 평가해 인정 여부를 결정한다. 하지만 이 심사 절차가 아직 진행 중이다. 반면 금융결제원, 한국정보인증, 코스콤 등 기존의 공인인증기관들은 평가를 1년 유예받으면서 한시적으로 과기정통부가 인정한 인증 사

도표 6-10 전자서명인증 사업자 인정 평가 제도 평가 절차

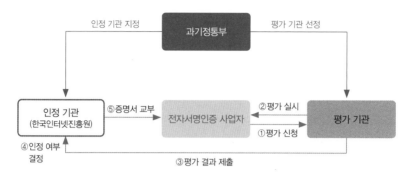

출처: KISA

업자의 지위를 보유하고 있다. 아직 새 인정평가제도를 통과한 1호 사업자가 나오지 않은 시점에서, 기존 공인인증기관이 발급한 인증서 외에는 다른 선택지가 없게 됐다. 연말정산이나 정부24 등 일부 공공 기관 웹사이트에서 사용 가능한 사설인증서비스는 행정안전부의 공공 분야 전자서명 시범사업에 의한 것으로 과기정통부의 인정평가제도와는 무관하다(〈도표 6-10〉).

2021년 8월부터 시행되는 마이데이터 서비스의 통합 인증 수단으로 금융결제원, 한국정보인증, 코스콤 등 기존 공인인증 사업자의 공동인증서만이 선정된 것도 이 때문이다. 어떤 사설인증서가 인정평가제도를 통과할지 미지수인 상황에서 공동인증서를 선정할 수밖에 없었던 것이다. 혁신 서비스로 기대를 모으고 있는 마이데이터 서비스에서 이미 폐지된 공인인증제도가 부활하며 비판이 거세지자, 정부는 관계 부처 간 협의를 통해 마이데이터 서비스 시행 이전에 인정평가제도를 통과한 사설인증서가 나올 수 있도록 노력하고 있다.

그럼에도 개발 일정을 감안할 때, 대부분의 마이데이터 사업자들은 우선 공동인증서만으로 마이데이터 통합 인증을 시작하기 위해 고려 중인 것으로 알려졌다. 다만 과기정통부도 마이데이터의 본격 시행과 발맞춰 인정평가를 서두르고 있다.

2021년 8월 말 페이코가 민간 인증사업자 중 최초로 '전자서명인증사업자' 인정 자격을 획득하였고 네이버, 뱅크샐러드, 한국정보인증, 신한은행 등 4개사가 심사결과를 기다리는 중이다.

과기정통부의 인정을 받은 전자서명은 표준 규격 등 요건을 만족할 경우 금융 마이데이터의 통합인증수단으로 활용 가능하다. 이에 2021년 하반기에는 다양한 민간의 사설인증서를 만나 볼 수 있을 것으로 예상된다.

민간 사설인증서의 등장과 더불어 인증 분야에서 주목해야 할 변화는 모바일 운전면허증의 등장이다. 행정안전부는 2021년 말까지 모바일 운전면허증 시스템을 구축해 시범 사업을 통해 편의성과 안전성을 검증하고, 2022년에는 적용 범위를 전국으로 확대할 계획이다. 사용자는 전용 앱을 통해 디지털 운전면허증을 자신의 스마트폰으로 발급받아 사용할 수 있다. 모바일 운전면허증은 오프라인과 온라인에서 모두 사용 가능하며, 우선 관공서 등 공공기관에서 실물 운전면허증과 동일하게 신원 확인 용도로 사용될 전망이다.

도표 6-11 **중앙 집중형 신원증명과 자기주권형 신원증명 비교**

중앙 집중형 신원증명

신원 확인 요청   신원 확인 요청

신원 확인   신원 확인

서비스
요청   서비스
요청

회원가입

서비스
제공   서비스
제공

* 정부 등이 신원 정보를 보유 및 제공

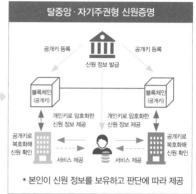

탈중앙·자기주권형 신원증명

공개키 등록   공개키 등록

신원 정보 발급

블록체인
(공개키)   블록체인
(공개키)

개인키로 암호화한
신원 정보 제공   개인키로 암호화한
신원 정보 제공

공개키로
복호화해
신원 확인   공개키로
복호화해
신원 확인

서비스 제공   서비스 제공

* 본인이 신원 정보를 보유하고 판단에 따라 제공

출처: 과학기술정보통신부

모바일 운전면허증에서 주목할 만한 부분은 자기주권 신원증명Self-Sovereign Identity 개념의 적용과 분산 ID 기술이 사용된다는 점이다. 자기주권 신원증명은 신원정보의 소유 및 이용 권한을 개인이 직접 통제하는 것을 말한다. 정부 등 중앙 기관에 의해 보편적으로 이용되고 있는 중앙 집중식 신원증명과 대조되는 개념이다. 이를 구현하기 위해 사용되는 기술이 바로 분산 ID다.

분산 ID란 본인의 신분증, 자격증 등 신원정보를 개개인이 스스로 관리할 수 있는 디지털 신원증명 기술로, 블록체인 기술을 활용해 누구나 투명하게 정보를 검증할 수 있는 것이 특징이다. 분산 ID 기술을 사용하면 정부가 모바일 운전면허증의 공신력을 보증하면서도, 개인의 사용 이력을 멋대로 들여다보거나 수정할 수 없어 사생활 침해에서 안전할

도표 6-12 모바일 운전면허증 오프라인 사용 절차

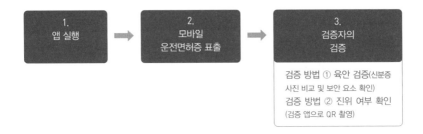

도표 6-13 모바일 운전면허증 온라인 사용 절차

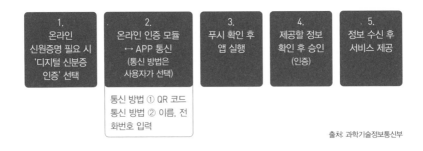

출처: 과학기술정보통신부

것으로 기대되고 있다(〈도표 6-11〉).

　행정안전부는 2021년 말까지 시범 사업 과정을 거쳐 2022년 이후 모바일 운전면허증이 전 범위에 적용될 수 있도록 관계 기관 간 협의를 추진한다는 계획이다(〈도표 6-12〉, 〈도표 6-13〉). 만일 모바일 운전면허증이 금융 분야에도 적용된다면 모바일 금융 앱을 통한 상품 가입 절차도 더욱 간소화될 전망이다. 그동안 신원을 증명하려면 스마트폰 카메라로 신분증 사진을 찍고, 이를 금융회사에 제출해 검증을 받아야 했다. 이 과정에서 사진의 글자가 잘 인식되지 않으면 사진을 다시 찍어야 하는 불편함이 있었다.

모바일 운전면허증이 도입되면 간편하게 앱을 실행시켜 자신의 신분증을 클릭하는 것만으로 금융 기관에 신분증을 제출할 수 있다. 앞으로는 모바일에서의 신원 확인 절차가 더욱 편리해져 모바일 금융 서비스를 이용하기 위해 신규 가입할 때의 편의성과 고객 경험이 크게 개선될 것으로 예상된다.

'나는야, 접종자' 백신 여권으로 인증 완료

2021년 6월 초 여행사 노랑풍선은 홈쇼핑을 통해 '유럽 인기 일정 3선' 여행 패키지를 판매했다. 당시 한 시간 동안 5만 2,000명이 예약하며 주목을 받았다. 결제 대금의 총액은 200억 원으로 국내에서 홈쇼핑을 통해 판매된 여행 상품 중 사상 최고치를 기록했다.

백신의 보급으로 코로나19 유행의 끝이 보이면서 많은 사람이 해외 여행에 관심을 보이고 있다. 특히 잔여백신예약 제도의 시행으로 우선 접종 대상이 아니더라도 누구나 선착순 신청을 통해 백신을 접종할 수 있게 되면서 전 연령대에서 해외 여행에 대한 수요가 급증하는 추세다. 그동안 코로나19로 인해 억눌렸던 해외 여행 대기 수요가 펜트업 효과로 폭발하고 있다는 분석이다.

이와 함께 주목받고 있는 것이 바로 백신 여권이다. 백신 여권이란 백신을 맞은 사람에게 각국 정부가 상호 인증하는 문서를 발급해 주고 해외 출입국이나 공공장소 출입을 허용해 주는 여권을 의미한다. 주로 백신의 종류와 접종 날짜 등 소유자의 코로나19 백신 접종 관련 정보와 코로나 음성 확인서 등의 정보가 포함된다.

백신 여권은 대표적 펜트업 서비스로 자유로운 해외 여행을 가능하게 해 줄 전망이다. 해외 여행이 자유로워지면 직접적인 영향을 받는 관광, 항공 업계는 물론 유명 관광지의 지역 경제 등에 미치는 파급 효과가 상당히 클 것으로 기대된다. 2021년 5월 전국경제인연합회에서 실시한 설문 조사에 따르면 백신 여권을 도입하면 우리 경제 활성화에 도움이 될 것이라 답한 사람은 67.4퍼센트에 달했다. 반면 별 도움이 안될 것이라고 답한 사람은 11.7퍼센트에 불과했다.

세계 최초로 백신 여권을 발행한 나라는 북유럽의 아이슬란드다. 2021년 1월에 백신 접종을 완료한 자국민 4,800명을 대상으로 '코로나 백신접종증명서'를 발급했다. 백신 접종이 가장 빠른 나라로 주목받았던 이스라엘도 2021년 2월 접종을 마친 자국민을 대상으로 백신 여권인 '그린패스'를 발급했다. 그린패스를 보유한 국민은 모든 격리 의무에서 벗어날 수 있으며 특별한 제한 없이 체육관, 교회 등 공공시설을 이용할 수 있다.

중국도 2021년 3월 '국제여행건강증명서'라는 백신 여권을 출시했다. 별도의 전용 앱 대신 중국의 국민 메신저인 위챗에서 실행할 수 있으며, 백신 접종 이력과 함께 핵산 검사와 혈청 항체검사 결과가 담겨

● **질병관리청 COOV의 백신 접종 증명 화면**

있는 것이 특징이다. EU도 2021년 7월부터 백신 여권을 도입하고 소지자에 한해 27개 회원국을 격리 없이 자유롭게 출입국할 수 있다.

우리나라도 2021년 4월 '전자 예방접종증명서'를 출시했다. 이용자가 '질병관리청 COOV' 앱을 다운받아 본인인증을 마치면 자동으로 접종한 백신의 종류와 접종 일자가 표시된다. 블록체인 기술이 적용돼 위변조가 어렵고, 진위 여부 확인을 위한 공개키 정보만 원장에 기록되는 등 최소한의 개인정보만을 활용해 접종 사실을 인증할 수 있는 것이 장점이다.

민간에서도 다양한 백신 여권 서비스를 출시하고 있다. SK텔레콤 주도로 라온시큐어, 아이콘루프, 코인플러그 등 다양한 기업들이 참여한

SKT컨소시엄은 과기부가 주관하는 블록체인 기반 코로나19 백신 접종 증명서 개발 사업에 사업자로 선정되어 서비스를 준비 중이다.

삼성전자는 사사 스마트폰의 삼성페이 앱에 백신 접종 증명서가 담길 수 있는 '스마트 헬스 카드' 기능을 도입했다. 이 기능은 우선 미국에만 도입되지만 삼성전자의 스마트폰 생태계가 전 세계에 널리 퍼져 있는 만큼 향후 백신 여권으로 발전할 수 있는 가능성이 충분하다.

다만 우리나라를 비롯해 대부분의 백신 여권들이 실제 국가 간에 사용되기에는 좀 더 시간이 필요할 전망이다. 우리나라의 백신 여권이 타 국가에서 인정받을 수 있으려면 상호주의 원칙에 따라 타 국가의 백신 여권도 우리나라에서 인정해 줘야만 한다. 그러나 국가별로 의료 정보 관리 체계와 도입 백신의 종류가 상이한 상황에서 범세계적으로 통용되는 백신 여권의 도입은 현실적으로 쉽지 않다는 지적이다. 또한 백신 여권에 활용되는 기술에 대한 국제 표준 마련도 필요하다.

백신 여권의 국제 검증을 위한 표준 기술로는 분산 ID 기술이 주목받고 있다. 분산 ID를 활용하면 중앙 기관이 ID를 검증하는 대신 제3의 기관이 ID를 검증할 수 있게 된다.

현재 인증 방식으로는 우리 국민이 우리나라에서 발행된 백신 여권을 가지고 미국으로 건너갔을 때 미국에서 해당 증명서의 진위를 확인하기가 쉽지 않다. 양국 간 사전 협의를 통해 확인할 수 있는 별도의 채널을 개설할 수 있겠지만 이 방식을 전 세계의 모든 국가에 적용할 수는 없다. 그런데 분산 ID 기술을 활용해 모두가 신뢰할 수 있는 제3의 기관

도표 6-14 백신 여권에 분산 ID기술 적용 예시

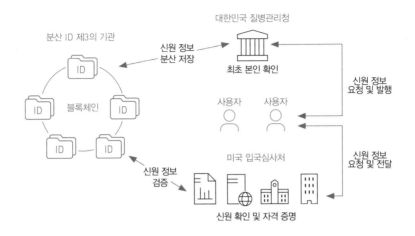

도표 6-14 백신 여권에 분산 ID기술 적용 예시

에 인증 정보를 올리고 세계 각국에서 이곳을 통해 백신 여권의 진위 여부를 검증한다면 국경을 뛰어넘는 백신 여권 인증을 손쉽게 구현할 수 있다. 다만 2021년 8월부터 세계보건기구WHO 와 국제전기통신연합ITU 가 백신 접종 증명에 활용되는 분산 ID 기술의 국제 표준을 마련하는 작업을 시작한 관계로, 실제 실용화에는 다소 시일이 소요될 것으로 예상된다(〈도표 6-14〉).

그렇다면 국제적으로 통용되는 백신 여권이 등장하기 전까지는 해외여행이 어려운 것일까? 그렇지는 않다. 자국 내 방역 시스템이 어느 정도 정비된 국가들끼리 개별 협정을 맺어 당사국끼리는 자가 격리를 면제하는 트래블 버블이 형태로 제한적인 해외 여행을 허용할 가능성이 크다. 실제 우리나라 정부도 싱가포르, 태국, 괌, 사이판 등 일부 여행지에 대해 개별 협의를 통해 해외 여행을 허용하는 방안을 검토하고 있다. 가장 먼저 현실화될 것으로 예상되는 여행지는 사이판이다. 2021년 6월 30일, 사이판과 우리 정부는 트래블 버블 시행 합의문 서명식을 가졌다.

또한 백신 여권 발행이 갖는 의미에 대해서도 생각해 볼 필요가 있다. 본래 나라별로 제도와 인증 체계가 다르기 때문에 전 세계에서 통용될 수 있는 디지털 증명서의 발급은 꿈같은 이야기였다. 또 각 나라의 이해관계가 얽혀 있어 통일된 국제 표준을 정하는 것도 불가능했다.

그러나 코로나19 바이러스의 전 세계적 유행이라는 미증유의 사태가 발생하면서 상황이 바뀌었다. 국가 간 이동을 재개하기 위해 서로 협력할 수밖에 없게 된 것이다. 때마침 블록체인과 분산 ID의 발전 덕분에 누구나 납득할 수 있는 방식으로 구현할 수 있는 기술도 마련됐다. 쉽게 말해 백신 여권의 발행은 국제적으로 증명서를 발행하고 증명할 수 있는 인프라를 구축하는 작업이다.

향후에는 일단 구축된 백신 여권의 인프라를 활용해 전 세계에서 공통적으로 사용되는 신분증, 운전면허증, 자격증이 등장하는 것도 충분히 예상할 수 있다.

모바일
인사이트

금융사, MZ세대를 공략하지 않으면 멸종한다

핀테크 기업의 성장으로 기존 금융사를 대체할 만한 재밌는 서비스들이 등장하면서 기존 금융사들은 변화에 나섰다. 메타버스 플랫폼을 통한 가상 영업점을 운영하거나, MZ세대가 좋아하는 LOL 리그에 후원을 하는 등 여러 기술들을 활용해 그들의 삶에 스며들기 위해 고군분투 중이다. 은행이 어디까지 진화할지 귀추가 주목된다.

NFT, 대체 불가능한 토큰으로 새로운 시장이 열리다

NFT는 그동안 시장 가치를 평가받지 못했던 디지털 무형 자산들도 소유권을 명확히 할 수 있게 되면서 새로운 시장을 창출됐다. 도메인 주소, 디지털 아트 등 여러 디지털자산의 소유와 투자가 모두 가능해진 것이다. NFT 관련된 시장은 계속 확장될 전망이다.

MOBILE FUTURE REPORT